Éducation impossible

Du même auteur

AUX ÉDITIONS DU SEUIL

L'Enfant arriéré et sa Mère
1964, coll. « Points Essais », 1981

L'Enfant, sa « Maladie » et les Autres
1967, coll. « Points Essais », 1974

Le Psychiatre, son « Fou » et la Psychanalyse
1970, coll. « Points Essais », 1979

Un lieu pour vivre
1976, coll. « Points Essais », 1984

La Théorie comme fiction
1979

D'un impossible à l'autre
1982

Le Symptôme et le Savoir
1983

CHEZ D'AUTRES ÉDITEURS

Le Premier Rendez-vous avec le psychanalyste
préface de F. Dolto
Denoël-Gonthier, 1965
Gallimard, coll. « Tel » 1988

Secrète enfance
en collaboration avec Guy Seligmann
Épi, 1979

Un savoir qui ne se sait pas
postface de P. Guyomard
Denoël, 1985

Bonneuil, seize ans après
Denoël, 1986

De la passion de l'être à la « folie » de savoir
postface de A. Vanier et P. Guyomard
Denoël, 1987

Ce qui manque à la vérité pour être dite
Denoël, 1988

Le Nommé et l'Innommable
Denoël, 1991

Amour, haine, séparation
Denoël, 1993

Maud Mannoni

Éducation impossible

avec une contribution
de Simone Benhaïm, de Robert Lefort,
et d'un groupe d'étudiants

Éditions du Seuil

LA PREMIÈRE ÉDITION DE CET OUVRAGE A PARU
DANS LA COLLECTION « LE CHAMP FREUDIEN » EN 1973.

EN COUVERTURE : Dessin d'un enfant de Bonneuil. (D.R.)

ISBN 2-02-022879-3
(ISBN 2-02-002762-3, 1re publication)

Aux étudiants, aux éducateurs
et aux enfants de Bonneuil

Remerciements

Ce livre est le résultat d'une recherche collective.
Différents chapitres ont été soumis aux critiques de Mustapha Safouan, François Wahl les a revus.
Nous avons bénéficié du concours de Simone Benhaïm, Robert Lefort et Pierre Fedida, ainsi que de celui de O. Mannoni.
Notre reconnaissance va aussi à ceux qui dans la pratique ont partagé notre expérience, aux amis de province (en particulier les habitants du Grand-Fougeray) et d'Angleterre qui ont accueilli les enfants à différents moments de l'année, aux psychiatres, enseignants et éducateurs venus de l'étranger animer notre recherche à Bonneuil et à l'École freudienne de Paris.

Les questions abordées dans ce livre ont fait l'objet de conférences et débats à
– l'Université libre de Bruxelles (Institut de sociologie, sous la présidence des professeurs J.-M. Faverge et Paul A. Osterrieth)
– à la Société uruguayenne de psychanalyse (sous la présidence de Mercedès F. de Garbarino)
– à Buenos Aires (sur l'initiative des « Cuadernos Sigmund Freud », avec la collaboration des spécialistes représentant les différents mouvements de psychanalyse en Argentine, Arminda Aberastury, Diego Garcia Reynoso, Emilio Rodrigue, Fernando Ulloa, Maria Langer, José Bleger).

Ont collaboré à ce livre :
Claudine Ach, Dominique Aubert, Jean-Jacques Bouquier, Anne-Marie Crommelynck, Gérard Dana, Micheline Fodor, Françoise Petitot-Fort, Annie Grosser, Rose-Marie et Yves Guérin, Hélène Hauvuy, Boris Koltirine, Annie Lohéac, Robert Lefort, Hélène Marchadier, Marie-José Richer, Guy Sapriel, Florence Stevenin, Ninette Succab, Denise Simon, Christiane Truel, Catherine Waysfeld.

École expérimentale de Bonneuil-sur-Marne
École freudienne de Paris
septembre 1969-septembre 1972.

Avant-propos

Ce livre suit de près un engagement dans une pratique que je m'efforce de théoriser. Cette recherche a pris naissance bien avant *L'Enfant arriéré et sa Mère* et les ouvrages qui l'ont suivi. Je renoue aujourd'hui d'une certaine façon avec l'expérience des années 1940 : j'avais bénéficié à l'époque d'une formation qui dut tout à la désorganisation des études, voire à leur absence. J'ai eu en psychiatrie une formation sur le tas, et j'ai vécu jeune une expérience hospitalière privilégiée : c'était la guerre, on m'autorisa à emmener des patients hors de l'hôpital dans des lieux « déshabités ». C'est là, dans une position marginale, que s'est effectuée ma première rencontre avec ces êtres que l'on nomme anormaux, pervers ou fous, rencontre qu'il faut situer dans son contexte, celui d'une époque où le monde extérieur était en proie à une violence ouverte ou cachée, mais toujours terriblement présente : on ne pouvait trouver de sécurité que dans des positions précaires, de repli. L'enseignement universitaire vint pour moi après la pratique. Un savoir (de l'inconscient) était déjà là, pourrait-on dire ; on ne m'avait pas empêchée d'y avoir accès.

Vingt ans après, quelque chose de l'ordre d'une répétition me poussa à revenir vers ce monde des asiles, et c'est Hélène Chaigneau qui me le permit [1]. Je lui dois d'avoir été sensibilisée à l'actualité de la situation psychiatrique. Médecins et patients se trouvent administrativement les prisonniers de l'institution. Le même mouvement qui

1. CTRS de l'hôpital de Ville-Evrard, Neuilly-sur-Marne.

m'amena chez Chaigneau me porta ensuite à Kingsley Hall. De cette double rencontre est né *Le Psychiatre, son « Fou » et la Psychanalyse.* J'y amorçais une ouverture sur l'anti-psychiatrie dans un cadre de références strictement lacanien. On peut dire que cette ouverture était, sans que je le sache peut-être, présente dans *L'Enfant arriéré et sa Mère.* L'idée centrale de ce livre, tirée de l'expérience analytique, était qu'à vouloir traiter le symptôme on refuse le patient.

En axant ma recherche sur l'étude de l'arriération mentale, telle qu'elle se présente dans le fantasme de la mère, je n'avais pas tant cherché à rendre la mère responsable du handicap qu'à mettre en lumière les effets, au niveau de l'enfant, d'un certain mécanisme d'occultation qui fonctionne chez la mère. Je montrais comment une maladie, fût-elle la plus organique, peut ainsi prendre chez l'autre (parent ou soignant) une fonction, se voir conférer un statut qui sera cause d'une aliénation supplémentaire de « l'handicapé ». Une situation peut ainsi se créer où parents, rééducateurs, médecins, loin de chercher à entendre l'enfant comme sujet désirant, l'intègrent comme objet de soins dans des systèmes divers de récupération, lui « raptant » toute parole personnelle. Cette mentalité collective face à l'anormal était dénoncée dans *L'Enfant arriéré et sa Mère.* Il n'était pas question pour moi de nier l'existence de l'arriération mentale ou de la psychose ; je m'interrogeais sur la façon dont on l'aborde techniquement dans notre société et dont on l'aggrave en la transformant en aliénation.

J'ai cherché ensuite dans *L'Enfant, sa « Maladie » et les Autres*, à retrouver, à la suite de Lacan, ce qui dans le savoir psychanalytique, et sous l'influence de l'idéologie médicale, s'est soustrait à une démarche scientifique. J'ai montré comment notre vision du « malade » est gênée par l'idée que nous nous en faisons. Si le patient se présente à nous derrière un masque, nous mettons de notre côté un écran qui fausse notre rapport à l'autre.

Cet ouvrage, écrit à partir de l'externat médico-pédagogique de Thiais, posait à l'époque les problèmes propres à l'institution. C'est même pour les avoir posés avec assez de rigueur et sans cacher leurs implications pratiques, que nous nous heurtâmes alors à la surdité de l'administration — surdité qui aboutit à une démission forcée de l'équipe tout entière. Dans *Le Psychiatre, son « Fou » et la Psychanalyse*, je repris l'étude des problèmes laissés là en suspens, les replaçant dans un débat plus général concernant les institutions, la psychiatrie et la psychanalyse [1].

Je notais que la psychanalyse, loin d'avoir fait fonction de subversion de la psychiatrie (les effets de l'énorme travail de Lacan étant restés, en ce domaine précis, lettre morte), était récupérée par la psychiatrie comme technique d'appoint. La psychanalyse en institution, dans les applications déformantes que nous lui connaissons, sert de garant à l'ordre institutionnel lui-même et participe alors à sa conservation : où la psychanalyse trahit sa vocation. C'est ce que met en lumière le mouvement anti-psychiatrique (mouvement né du fait que la psychiatrie elle-même est, et depuis longtemps, en crise dans le monde), tandis que les solutions psychiatriques réformistes ne changent guère les bases idéologiques de la psychiatrie.

La distinction étanche que l'on veut introduire — à la suite d'un accident historique : Freud ne supportait pas les psychotiques — entre névrose et psychose déplace la barrière entre le « normal » et le pathologique en sacrifiant les psychotiques. Elle perpétue le danger de pronostics pessimistes, qui empêchent en pratique la compréhension des cas et le travail de recherche. Il arrive ainsi que l'on porte sur un enfant de trois ans un diagnostic qui fige les parents dans une attitude d'impuissance — et enferme l'enfant dans un destin institutionnel.

On dit « anti-psychiatrie » comme on dit « anti-roman ». Il s'agit d'une attitude nouvelle, laquelle tend de toute façon à s'instaurer dans le monde et ne se constituera qu'avec le temps. Le plus grand danger que nous courons (annoncé dès *L'Enfant arriéré et sa Mère*), c'est que des mesures administratives, qui peuvent se prendre hâtive-

1. Le problème de la formation (des analystes, mais aussi des soignants) abordé dans *Le Psychiatre, son « Fou » et la Psychanalyse* se trouve repris dans ce livre-ci.

ment, anticipent sur le progrès des connaissances réelles, progrès auquel, comme on le sait, la recherche non officielle a toujours contribué pour une grande part.

La frontière qui passe entre l'administration de la folie[1] et la thérapie proprement dite n'est pas aussi facile à tracer qu'on pourrait le croire, car elle ne se confond pas avec celle qui sépare les autorités administratives du corps médical. Il arrive fort souvent, en effet, que les médecins n'aient d'autre attitude que celle d'administrateurs de la folie. Quand tel IMP renvoie l'analyste qui s'est opposé à l'hémisphérectomie imposée à un enfant de dix ans suivi par lui en analyse, quand tel autre établissement décide de lobotomiser tout enfant un peu trop agressif et licencie l'analyste « qui met en cause l'institution dans ses projets sur les enfants[2] », un pouvoir médical fonctionne là à la façon du pouvoir administratif. Partagé entre une pression administrative impérative et l'interrogation analytique, le psychiatre choisit souvent de se ranger du côté du « maintien de l'ordre » : ce faisant, il se met du côté des autorités, non au service du patient ni de la société.

On peut regretter qu'en France le mouvement de psychothérapie institutionnelle ainsi que le mouvement favorable à une « psychiatrie de secteur » soient généralement demeurés prisonniers d'une idéologie médicale. Les intentions humanitaires des auteurs forcent le respect mais on doit constater la portée conservatrice de leur entreprise. Dès l'instant que les psychiatres acceptent l'idée d'administrer la « santé mentale », ils se privent de toute possibilité réelle d'innovation. Là même où il n'y a pas une administration pour le bloquer, c'est le psychiatre qui trop souvent se fait l'administrateur de la vie d'autrui.

On trouve normal (dans certains milieux d'avant-garde[3])

1. Développé dans *Folie pour folie*, in *Partisans*, n°s 62-63, éd. Maspero.
2. Documents publiés dans les *Cahiers de l'Aire*, n° 5.
3. Milieux dont les théories révolutionnaires, pour fascinantes qu'elles soient, sont souvent bien loin d'avoir quelque effet sur une pratique qui demeure d'inspiration « médicale » (électrochocs, chimiothérapie intensive, etc.).

que des jeunes de dix-huit ans puissent être soignés à vie dans des microsociétés, le droit au risque leur étant refusé. L'absence de murs asilaires peut laisser en place des clôtures morales qui sont encore plus répressives. Telle jeune fille, *V.*, demande en vain à pouvoir cohabiter à l'extérieur avec un ami ou une amie, et qu'on veuille bien l'aider à trouver un emploi. Non seulement sa demande n'est pas entendue, mais encore on fait le jeu de sa famille en la maintenant, « guérie », dans l'institution sous le régime de la gratuité des « soins »... afin que rien de fâcheux ne lui arrive (à l'extérieur). La famille, aisée (mais économe), en vient à refuser de payer un logement indépendant qui permettrait le retour à une vie normale. On en arrive même à disposer de la chambre de *V.* dans l'appartement parental, pour signifier « qu'il n'y a plus de place pour elle ». Il n'y a plus de place dans la famille, ni hors de la famille (puisque le loyer ne serait pas remboursé par la Sécurité sociale !). Le psychanalyste, dans ce cas précis, a su entériner très tôt le refus chez *V.* de poursuivre une cure : ce qu'elle exigeait, c'était « sa » vie à l'extérieur... Les psychiatres, administrant la vie de *V.*, lui ont fourni d'autorité un autre analyste, sapant ainsi un droit à la « révolte » qui avait à ne pas se laisser récupérer « médicalement »... On peut dire que dans ce cas c'est une vie qui a été confisquée par l'institution familiale et hospitalière.

Le mérite de l'anti-psychiatrie est de s'être insurgée contre toute idée d'une administration de la « folie », laissant ainsi le champ libre à une diversification d'expériences qui n'ont de sens qu'à échapper à toute planification.

Le plus souvent, ce problème de l'anti-psychiatrie n'a été abordé, dans la presse française, que sous son aspect folklorique, afin de mieux faire ressortir le sérieux de la position médicale officielle. On s'est empressé, à partir de phrases épinglées hors de tout contexte, d'agiter le spectre du suicide et de la mort. Fasciné par l'effet désorganisateur d'un conflit, le public saisit mal ce qui peut se constituer comme tentative de réorganisation à partir d'une désorganisation.

Le désordre ne s'administre pas. C'est à partir de lui qu'une dialectique est rendue possible.

Ce qui dans notre système (de monopole administratif des « soins ») mérite d'être dénoncé, c'est la façon dont il tend à faire du médecin le garant du maintien de l'institution.

Rien ne peut être entrepris dans le domaine de la psychiatrie et de l'enseignement si l'on ne commence par mettre radicalement en question le monopole médical, pédagogique, administratif (monopole des diplômes et de l'administration des « soins »), source de tous les abus de pouvoir.

Le monopole est au service de la hiérarchie — ce qui ne veut pas dire de la collectivité. L'exemple des Chinois rend cette distinction particulièrement claire : ils ont su renforcer à l'extrême l'esprit collectif, en réduisant à presque rien la hiérarchie administrative.

J'ai situé, en commençant, le cadre de mes activités présentes en référence à la crise des années 40 ; aujourd'hui, le monde entier se trouve parfois ressenti comme concentrationnaire — c'est du moins l'opinion des jeunes que l'on dit « fous ». Sur ce fond global d'insécurité, de suspicion, de brimades, s'inscrit dès lors notre pratique, une pratique qui s'avère de jour en jour plus difficile à poursuivre, voire impossible à soutenir.

J'ai expliqué, dans *Le Psychiatre, son « Fou » et la Psychanalyse*, dans quelles circonstances nous avons créé à Bonneuil-sur-Marne[1] un lieu de vie pour des enfants dits

1. L'école de Bonneuil (lieu-dit d'anti-psychiatrie, fondé en 1969) s'est de plus en plus reconnue comme « institution éclatée » et comme lieu de pratique théorique prêt à s'ouvrir sur d'autres lieux. Des difficultés internes sont toutefois apparues lorsque les auteurs de ce livre ont cherché à intégrer l'économique dans leur champ de recherche. Le projet scientifique s'est heurté, à ce moment-là, à l'idéologie de la libre entreprise à quoi était attachée l'association de gestion.

Les effets politiques du combat mené par l'équipe tout entière se sont trouvés, par la même occasion, singulièrement réduits. Lorsqu'un lieu ne peut fonctionner que grâce au bénévolat (des stagiaires, du

psychotiques, débiles ou caractériels. Je m'étends plus longuement sur cette expérience dans la deuxième partie de ce livre-ci. On y verra notamment développée la notion d'*institution éclatée.* Le paradoxe de Bonneuil est qu'on n'y fait pas de psychanalyse (cela va de pair avec un refus de l'institution) : mais tout ce qui s'y fait est fondé rigoureusement sur la psychanalyse — celle-ci ne venant pas comme une technique d'appoint mais bien comme subversion d'un savoir et d'une pratique.

Cette expérience n'a rien de limitatif. L'intérêt de notre recherche réside dans le fait que nous pouvons à partir d'elle poser les vrais problèmes. Ainsi avons-nous pu aborder les questions posées par une a-scolarisation et par un travail manuel à l'extérieur.

L'obligation scolaire prolongée jusqu'à seize ans est

---

médecin, du psychanalyste), une situation criticable se trouve créée, qu'on le veuille ou non. Il aurait fallu que l'association de gestion ait, comme l'équipe, le souci de se mettre au service d'une cause qui dépasse la sienne propre : car il est exigible que l'expérience de Bonneuil puisse profiter aux classes les plus défavorisées. (Simone Benhaïm s'était proposé de démontrer que Bonneuil était économiquement viable avec l'aide de la Sécurité sociale, l'association de gestion ne lui a pas donné la possibilité de pousser sa démonstration jusqu'au bout.) Le reproche que l'on pourrait faire à R. Lefort et à moi-même — celui d'avoir négligé, en fondant Bonneuil, d'associer la gestion elle-même à l'orientation commune de recherche —, ce reproche est justifié. Nous avons, en tant qu'analystes, voulu ignorer l'économique ; mais c'est l'économique exclu qui s'est rappelé à nous au moment où nous nous y attendions le moins. Nous avons été concernés par Bonneuil en tant qu'analystes. Ce n'est qu'après coup que nous nous sommes aperçus de l'erreur d'exclure « l'administratif » du champ de l'analyse. Cette erreur, qui s'est produite au moment de l'acte même de fondation de Bonneuil, prendra peut-être pour d'autres valeur d'enseignement. (Si R. Lefort et moi-même avions, en tant qu'analystes, soutenu dès le départ la demande des stagiaires concernant un « budget institutionnel », nous nous étions sur le plan administratif privés de toute possibilité réelle qu'il y soit répondu. Notre impuissance dans ce domaine a été vécue de façon persécutive par certains, qui y voyaient une « collusion » avec la direction. On nous mettait en demeure de prendre parti contre l'un ou l'autre. Mais, de notre position d'analystes, que pouvions-nous faire d'autre qu'attendre que les choses se dénouent *avec* l'un ou avec l'autre, respectant le « temps de comprendre » de chacun ?)

nuisible à une catégorie d'enfants demeurés rebelles à toute scolarisation. Ces enfants, sachant à peine lire et calculer à quatorze ans, ont un passé d'échecs lourd à porter. Ils se sentent différents de leurs camarades et s'imaginent déjà que leur vie est ratée : à ce point ratée qu'ils ont envie d'arrêter le temps pour que la fatigue de vivre leur soit épargnée. Pour ce type d'enfants, toute vie en institution est destructrice, ils ont besoin de pouvoir quitter un lieu donné, soit pour faire, s'ils le désirent, des séjours dans des lieux « déshabités » où rien ne leur est demandé, soit, au contraire, pour des séjours dans le monde du travail. A treize, quatorze ans, c'est la vie avec les adultes qui donne aux adolescents des possibilités d'intérêts nouveaux, parce qu'elle les sort d'une ségrégation de classes d'âge. Des stages chez le mécanicien ou le coiffeur, au restaurant ou dans une boutique d'alimentation les valorisent, et c'est à partir d'une réussite dans un métier adulte [1] (fût-ce celui de balayeur) qu'ils en viennent à réinterroger leur passé scolaire, voire à exiger qu'on leur apprenne à calculer les 12 %, se remettant parfois à la préparation du certificat d'études, le jour où l'adulte a renoncé pour eux à tout espoir de ce genre.

Beaucoup d'enseignants acceptent l'idée qu'un travail à l'extérieur de l'école (la possibilité de manier de l'argent, d'en parler) est nécessaire à l'adolescent ; mais ceux qui en province ont cherché à nous suivre se sont heurtés à un veto administratif catégorique : l'administration choisit toujours le circuit spécialisé (IMP professionnels) où la formation professionnelle est manifestement insuffisante et inadaptée à la réalité du travail.

Il existe un texte de loi autorisant des stages pratiques sous la responsabilité d'un établissement scolaire. Cette autorisation n'est cependant accordée qu'aux seules sections spécialisées des CET ; et ne peuvent en bénéficier que

1. Le travail avec l'adulte n'a de sens que si ce n'est pas un travail *aliéné*. Dès que prime le souci de rendement, l'intérêt humain de l'entreprise disparaît. Le plaisir pris dans le travail est devenu aujourd'hui un luxe ; c'est ce luxe qui se trouve revendiqué par les jeunes.

les écoles qui acceptent les structures éminemment ségrégatives qui leur sont imposées (une certaine catégorie de débiles à l'exclusion de toute autre). Pour avoir refusé d'accepter pareille limitation, précisément, nous avons longtemps eu de sérieux ennuis avec l'administration ; à certains moments celle-ci a délibérément sacrifié l'intérêt des enfants à celui, arbitraire, d'une réglementation inadaptée.

Notre expérience anti-ségrégative abolit la conception traditionnelle de l'équipe médico-psychologique, elle anéantit les fonctions de psychologue testeur, d'analyste institutionnel, voire d'enseignant (lorsqu'il y a scolarisation, elle se fait sous forme de cours par correspondance avec l'Éducation nationale [1], avec parfois l'aide réduite d'un étudiant à l'*extérieur;* tout ce qui se passe hors de l'institution est valorisé par l'adolescent). L'expérience de Bonneuil met à ce point en question les structures administratives traditionnelles que la multiplication de lieux de vie comme celui-ci poserait un problème politique (celui des monopoles éducatifs, médicaux [2], etc., ici remis en cause).

La première partie de ce livre aborde, sous le titre d'*Une éducation pervertie*, les problèmes de l'*autorité* tels qu'ils se sont posés au XIXe siècle aux enseignants et aux médecins. On y verra exposée l'origine d'une prise de pouvoir idéologique par l'institution *scolaire* et l'institution *médicale*, décidées à réaliser une « mission civilisatrice » (on aurait pu dire colonisatrice).

On y trouvera l'exemple du Dr D. G. M. Schreber, père du président Schreber [3] qui, à cette époque, avait mis en

1. Nous avons une dette de reconnaissance à l'égard des maîtres du CNTE. Ils ont accepté de se mettre au rythme de l'élève et non à celui de l'administration. Ils ont pu supporter des périodes d'a-scolarité radicale.

2. La fonction du médecin, à Bonneuil, est avant tout celle d'un consultant. Dans tous les cas (même dans ceux relevant de ce qu'on appelle la psychiatrie lourde) les médicaments ont été supprimés.

3. Cf. S. Freud, *Le Président Schreber*, in *Cinq Psychanalyses*, PUF.

pratique dans sa famille les règles de vie dont il devait ensuite se faire le théoricien dans des ouvrages de pédagogie et de médecine célèbres en Allemagne longtemps encore après sa mort. Cet exemple montre de façon grossie comment l'institution familiale et l'institution médicale conjuguées ont développé jusqu'à l'absurde ce qu'on est en droit d'appeler un *abus de pouvoir,* qui a trouvé à se fonder sur une perversion du savoir. L'idéologie nazie n'a eu d'ailleurs qu'à s'en inspirer. La lecture de tels ouvrages nous permet de suivre de quelle façon on peut fabriquer en bonne conscience des enfants susceptibles de devenir à l'âge adulte ces patients que l'on nomme paranoïaques.

Il ne s'agit là que d'un exemple : nous en sommes partis parce qu'il éclaire de façon saisissante un processus que nous ne cesserons pas de retrouver tout au long de notre travail.

Rappelons enfin que les problèmes du savoir, de l'autorité et du pouvoir sont abordés dans ce livre dans une perspective psychanalytique : et c'est la psychanalyse qui est amenée, le moment venu, à poser un problème politique[1].

1. Nous avons été amenés à livrer ici une recherche effectuée à propos, et à partir, de Bonneuil : loin de nous, cependant, l'idée de décrire un lieu idéal. C'est simplement d'un lieu en marge de l'établi que des questions ont pu se poser, une recherche s'ordonner ; et une expérience se vivre.

I

La théorie questionnée

Pour acquérir des connaissances, il faut participer à la pratique qui transforme la réalité. Pour connaître le goût d'une poire, il faut la transformer en la mangeant.

MAO TSÉ-TOUNG

1

Une éducation pervertie

I. UN DISCOURS COLLECTIF

Si les rapports de l'homme à son prochain sont marqués, comme Lacan le souligne, du sceau d'une division *originelle* à rendre responsable des tensions agressives et de la rivalité meurtrière présentes dans tout lien à l'autre, on ne saurait pour autant faire abstraction du *contexte* socio-économique et politique dans lequel ils prennent place.

L'enfant n'apporte pas le conflit amour-haine, il le *rencontre* chez des parents qui lui demandent de leur donner de l'amour *par devoir.* Pris dans le drame de leur propre histoire, les adultes sont également pris dans les paradoxes de l'univers dans lequel ils vivent[1] : ils n'arrivent pas à en faire la lecture, devenant ainsi étrangers à ce dans quoi ils ont été piégés.

Dans l'analyse du *petit Hans* et dans celle de *Dora,* Freud a été, plus qu'on ne l'a généralement souligné, du côté de l'*autorité parentale* ; de la même façon, dans son analyse de *Schreber,* il a étudié le délire du patient sans se préoccuper de le situer vraiment dans son contexte.

Autour de tout symptôme, se tient un discours collectif. Un malaise peut toujours être objectivé dans un patient, mais on ne saurait faire abstraction de la manière dont l'autre (ami, parent, médecin) se représente la maladie, le patient. Or, dans le diagnostic posé par le médecin, il est rarement fait état des paroles ou plaintes du patient. Même si elles demeurent présentes dans l'« observation médi-

1. Michel Foucault, *Maladie mentale et Psychologie*, PUF, 1966.

cale », elles sont comme soustraites à ce qui a été amené dans la rencontre médecin-patient. Les paroles du médecin, dans la mesure où elles transforment l'histoire du sujet en un *mythe mort*, laissent le dire du patient sans conséquence, il cherchera alors à s'exprimer dans le symptôme.

C'est cette question que je voudrais d'abord approfondir à travers l'étude du rapport de Daniel Schreber à son père et à son médecin, le professeur Flechsig.

Une éducation idéale : la famille de Daniel Paul Schreber.

Il s'agit de cerner les effets d'un type d'éducation qui fut donné dans son temps en exemple au monde comme l'image même d'une éducation idéale.

Le Dr Daniel Gottlieb Moritz Schreber s'était, comme on sait, rendu célèbre par ses ouvrages d'anatomie, de physiologie, d'hygiène, de culture physique et de pédagogie. Son autorité, de son vivant (et longtemps après sa mort), était grande. Il avait l'écoute des éducateurs, des médecins et des parents. On lui doit l'élaboration de *règles de vie* fondées sur une discipline sans faille et sans bavure.

Lorsqu'on connaît le soin avec lequel le Dr D. G. M. Schreber mit en pratique, dans son propre foyer, les principes éducatifs dont il tira ensuite une théorie qui conquit la notoriété, on doit se poser la question : par *quel accident* le fils d'un père aussi exceptionnel a-t-il pu devenir psychotique[1] ?

A quel moment, s'interroge Lacan[2], s'est produit ce quelque chose qui a joué comme un défaut dans la fonction formatrice du père ? (Le délire de Daniel Paul Schreber tournant autour de la métaphore paternelle, qu'en fut-il pour lui de son rapport à la *fonction* du père ?)

On sait que pour qu'il y ait symptôme[3] il faut que *deux conflits* soient en cause, un actuel et un ancien : le matériel

1. Le premier livre pédagogique du Dr D. G. M. Schreber paraît l'année de la naissance de son *premier fils* (le frère aîné de Daniel Paul), qui se suicidera à l'âge de trente-huit ans.

2. Jacques Lacan, *Séminaire sur Schreber*, 18 avril 1956 (inédit).

3. Jacques Lacan, *Séminaire* du 1er février 1956 (inédit).

même du délire de Schreber nous désigne les éléments primaires qui y sont en jeu.

Quel est le conflit actuel ? Apparemment, il n'y en a pas.

Daniel Paul Schreber a souffert en 1884 d'une série de malaises que l'on a pu qualifier depuis du terme vague d'état « psychosomatique », voire hypocondriaque. A part cela, rien d'anormal dans sa vie, il poursuit comme juriste une carrière brillante, et en 1893 est nommé président de la Haute Cour de Saxe, occupant là une *position d'autorité.* C'est à ce moment que les malaises « psychosomatiques » le reprennent. Il revoit le professeur Flechsig qui l'avait si bien soigné quelques années auparavant ; et puis, c'est brusquement l'*éclosion du délire.*

Comment survient cette éclosion ? Ce serait, nous dit-on, le vertige du succès, et non un quelconque conflit avec le père (mort depuis longtemps), qui aurait mis Daniel Paul Schreber en danger, créant chez lui ultérieurement une difficulté à assumer une *position paternelle d'(autorité).* Mais peut-on qualifier de conflictuel ce « vertige du succès » ? et n'y a-t-il pas eu un autre élément déterminant ? nous reviendrons sur ce point.

Essayons de cerner d'abord ce qui a pu exister au titre de *conflit du passé.*

Dans *Moïse et le Monothéisme*[1], Freud se pose la question de savoir comment se fait chez l'homme l'entrée dans la dimension de la *vérité.* Sa réponse est que cette entrée se fait par la voie de quelque chose qui est *l'idée de père.*

A son tour, cette vérité du père n'entre, dans l'économie humaine, qu'à travers une dramatisation (qui recouvre la notion de la mort du père), de nature symbolique (il s'agit de la rencontre d'un *signifiant*).

Pour Lacan, c'est de rencontrer un signifiant *qui ne peut être reçu*, qui amène le psychotique à rejeter ce signifiant[2]

1. Développé par Jacques Lacan dans le *Séminaire* du 2 mai 1956 (inédit).

2. Le *Nom-du-Père* est pour Lacan le signifiant de la « fonction du père ».

« Pour que la psychose se déclenche, il faut que le Nom-du-Père,

et à produire à la place une floraison imaginaire — le délire.

Le problème du père a-t-il eu effectivement quelque importance dans la vie de Daniel Paul Schreber ? Le père était célèbre, avons-nous dit ; mais est-ce suffisant pour qu'il ait mis, tant d'années après sa mort, ses fils en danger (on sait que le frère de Daniel s'était d'autre part suicidé) ?

L'homme « réalise » la fonction d'être père en copulant (bien que jamais rien ne puisse, dans la réalité, indiquer qu'il est le père). Mais être père, c'est avant tout occuper une position de père à un niveau *signifiant* (ce qui s'indique très bien dans certaines cultures primitives, où l'âme du père peut se retrouver dans la nature avoisinante, par exemple dans l'eau de quelque fontaine).

Daniel Paul Schreber réalise, dans son délire, la fonction de père (dans la réalité, il est stérile) en se situant comme une femme qui porte quelque chose dans son ventre. Ensuite, il va pouvoir abandonner toute marque de virilité, en se faisant l'objet d'amour de Dieu. Lacan fait remarquer à ce propos que le problème de la castration (qui avait été par lui forclos), il a pu l'accepter au prix de remanier la réalité du monde, voire de la reconstruire.

Cette position homosexuelle passive que Daniel Paul Schreber a été amené non sans luttes à accepter n'est-elle pas le pur produit d'une éducation ?

---

verworfen, forclos, c'est-à-dire à jamais venu à la place de l'Autre, y soit appelé en opposition symbolique au sujet. C'est le défaut du Nom-du-Père à cette place qui, par le trou qu'il ouvre dans le signifié, amorce la cascade des remaniements du signifiant d'où procède le désastre croissant de l'imaginaire, jusqu'à ce que le niveau soit atteint où signifiant et signifié se stabilisent dans la métaphore délirante.

Mais comment le Nom-du-Père peut-il être appelé par le sujet à la seule place d'où il ait pu advenir et où il n'a jamais été ? Par rien d'autre qu'un père réel, non pas du tout forcément par le père du sujet, par Un-père.

Encore faut-il que cet Un-père vienne à cette place où le sujet n'a pu l'appeler auparavant. Il y suffit que cet Un-père se situe en position tierce dans quelque relation qui ait pour base le couple imaginaire *a-a'*, c'est-à-dire moi-objet ou idéal-réalité, intéressant le sujet dans le champ d'agression érotisé qu'il induit. »

J. Lacan, *Traitement possible de la psychose*, in *Écrits*, éd. du Seuil, p. 577.

C'est une question que nous sommes amenés à nous poser, tout en hésitant à élaborer, à partir de seuls textes (ceux de Daniel et ceux de son père), une *reconstruction* du passé, qui ne pourrait qu'être éminemment contestable (car même si la reconstruction d'un passé donnée par un patient est *fausse*, cela n'empêche pas qu'une vérité puisse se dégager de ce mensonge, de cette défense ou de ce procès).

Dans trois livres précédents, j'ai plutôt laissé dans l'ombre tout ce qui avait trait au père, pour n'étudier que la place occupée par la *parole du père dans la mère.* J'ai montré comment l'enfant, par son symptôme, arrivait à échapper au père, vivant avec la mère une situation éminemment duelle, situation qui risquait d'avoir des effets psychosants [1].

Le schéma que j'ai développé, valable pour certains aspects de l'arriération et de ce qu'on nomme psychose (en particulier l'autisme), n'avait pas la prétention de recouvrir toute la symptomatologie psychiatrique, d'autant moins que seule m'intéressait la *trame* (les repères utilisables dans le déroulement d'une cure posée comme procès dialectique).

Mon expérience des paranoïaques était limitée, et lorsque j'ai rendu compte d'un cas de paranoïa dans *Le Psychiatre, son « Fou » et la Psychanalyse*, c'était beaucoup plus sous l'angle incomplet d'une expérience vécue avec le patient qu'avec le souci d'examiner le passé de ce patient.

Des analyses récentes d'adolescents que l'on qualifie de paranoïaques m'ont amenée à porter mon attention sur la réalité d'une situation vécue avec le père, qui souvent se trouvait être, lui, le vrai paranoïaque, mais admirablement adapté à une vie professionnelle (brillante dans chaque

1. « Au sein de l'expérience analytique existe, nous dit Lacan, un mythe, qui ne peut être transmis dans la définition de la vérité.

Cette valeur de mythe (de l'Œdipe) vaut comme repère, elle ne saurait s'aplatir au niveau d'une “ réalité papa-maman ”. Ce dont il s'agit, c'est du discours collectif dans lequel l'enfant se trouve englobé dès avant sa naissance. C'est ce que Lacan appelle “ la légende de la tradition familiale ” » (*Le Mythe individuel du névrosé*, 1953, compte rendu anonyme, CDU).

cas). Les pères des adolescents dont je parle avaient réussi à construire un système théorique, philosophique, pédagogique ou politique, qui les mettait à l'abri du doute (et de la crise psychotique de rupture avec la réalité extérieure). Les fils avaient reçu, en quelque sorte, la charge impossible d'incarner la vérité du père : la charge de crier au ciel l'envers de la construction délirante paternelle, masquée dans une théorie ou une profession de foi.

C'est donc avec un regard neuf (la « nouveauté » de tout enseignement clinique) que j'ai relu les *Mémoires* de Daniel Paul Schreber, ainsi que les ouvrages de son père. Ce sont ces textes qui peuvent nous éclairer sur ce que fut l'enfance de Daniel Paul, décrite comme « heureuse » par certains. Un « bonheur » qui d'emblée apparaît comme un critère subjectif, peu sûr, à moins de parler de cette sorte de « bonheur » ou « jouissance » qui existe de façon indéniable dans tout couple sadomasochiste. Peut-on qualifier de la sorte le couple Daniel Paul-Daniel G. M. Schreber ?

Je ne m'arrêterai qu'à certains points, ceux qui très exactement pourront être repris lors de l'examen du rapport entre Daniel Paul Schreber et Flechsig. Le Dr D.G.M. Schreber était un homme d'*autorité*. Cette autorité morale, il semble l'avoir exercée pleinement dans son foyer. La femme, déclarait-il, doit demeurer inexistante, *effacée, ne laissant de place qu'à la seule voix du père*[1]. « Peu de personnes, nous dit Daniel Paul, ont été élevées dans des principes moraux aussi stricts que je l'ai été. » On peut émettre l'hypothèse (qui se vérifie dans les cures des adolescents paranoïaques) qu'il existait chez les Schreber une telle *inflation du père réel*, qu'il n'y avait plus de place pour sa parole dans la mère — celle-ci était en quelque sorte rayée, l'éducation ne regardant que le père[2].

1. D. G. M. Schreber, *Kallpädie oder Erziehung Zur Schönheit durch Naturgetreue und Gleichmässige Förderung Normaler Körperbildung*, Leipzig, Fleischer, 1958, cité par Morton Schatzman, *Fire*, n°s 3-9.

2. Il eût été intéressant de faire une étude comparative des écrits de Daniel Paul Schreber et des écrits de tel autre patient condamné à l'époque par un tribunal à l'internement à vie dans un asile pour un

L'autorité morale du père se doublait en l'occurrence de l'autorité (magique) que lui conférait sa position de *médecin* éminent, annonce déjà d'une époque où on assistera, en Occident, à une véritable offensive des médecins pour une prise du pouvoir idéologique[1]. L'institution scolaire et l'institution médicale chercheront à partir de 1880 à réaliser une « mission civilisatrice » ; à cet égard, D.G.M. Schreber est à peine un précurseur. Ses ouvrages annoncent la période où ce ne sera plus un art de vivre qu'on dispensera aux populations, mais des règles de vie qu'on leur imposera d'autorité. Les ouvrages de vulgarisation médicale prendront ainsi, à la fin du XIXe siècle, la place de la religion ; certains porteront même le titre de « Catéchisme » (du Dr Demirleau).

Le Dr D.G.M. Schreber incarnait un savoir scientifique (un éducateur, disait-il, est un homme qui a réponse à tout), ayant pouvoir de guérison. Encore fallait-il, pour que ce pouvoir puisse s'exercer, un patient capable de soumission totale, d'abandon radical de son corps et de son être. Ce type de soumission, qui s'acquiert par un entraînement physique et moral des plus précoces (dès les premiers mois de la vie), permet seul qu'en cas de maladie l'enfant soit sauvé de la mort — par un père dans les mains de qui il remet sa vie. Renoncer à l'obéissance serait ainsi renoncer à la vie. Une morale « terroriste » sert de fondement à ce qui se donne comme une démarche scientifique proposée aux parents, éducateurs et médecins.

Ce terrorisme pédagogique participait pour une part à la *situation paranoïaque* de l'époque ; dans cette mesure le Dr Schreber n'a fait que systématiser ce qui était déjà dans l'air du temps. Pour une autre part, le même zèle porté à élaborer un corps de doctrine médico-pédagogique lui a

---

triple meurtre commis à vingt ans (sur sa mère, son frère et sa sœur). Il ne s'agissait pas ici d'un père autoritaire, mais d'un père défaillant, dont on allait, avec l'aide de Dieu, rétablir la puissance en tuant celle qui le bafouait. Le meurtre, dans ce cas, permit la restauration rêvée d'une figure paternelle autoritaire, celle mise en place dans les écrits pédagogiques du Dr Schreber.

1. Luc Boltanski, *Prime Éducation et Morale de classe*, éd. Mouton, 1969.

permis de se construire une armature de protection contre le doute (et le risque de décompensation psychotique). Son fils, Daniel Paul, n'a pu, lui, élaborer que dans le délire une nouvelle construction de l'univers, construction qui représentait ainsi, en quelque sorte, l'autre face de la doctrine paternelle.

Les principes éducatifs du Dr D.G.M. Schreber.

1. *L'enfant est mauvais de naissance,* il faut le couper de sa nature et le soumettre à un dressage moral et physique (alternance d'ablutions d'eau froide et chaude dès l'âge de trois mois, alternance de terreur et de séduction).

2. *L'enfant doit acquérir précocement l'art du renoncement.* On s'emparera donc de son être pour s'en assurer la maîtrise. « Pleurer et pleurnicher sans raison n'exprime rien qu'un caprice, une humeur et la première émergence de l'entêtement. Ces faits doivent être traités par un détournement rapide de l'attention, des paroles sévères, des coups frappés sur le lit. Ce sont des actions qui généralement surprennent l'enfant et arrêtent ses pleurs. Et si tout cela ne réussit pas, on administrera des punitions corporelles relativement douces, répétées à intervalles. Il est essentiel que le traitement soit continué jusqu'à ce que le but soit atteint. Une telle procédure est nécessaire seulement une fois, au plus deux fois. Dès lors, on est le maître de l'enfant pour toujours. A partir de ce moment-là, un regard, un mot, un simple geste de menace seront suffisants pour gouverner l'enfant[1]. »

Tout le problème de l'enfant qui pleure, des humeurs qui viennent ensuite et de l'entêtement peut ainsi être réglé, selon le Dr D.G.M. Schreber, dans la première année de la vie[2]. C'est aussi, ajoute-t-il, le meilleur moment pour exercer l'enfant dans « l'art du renoncement ». Il s'agit de

1. D. G. M. Schreber, *Das Buch der Gesundheit*, Leipzig, Friess, 1839 ; *Kallpädie oder Erziehung zur Schönheit*, Leipzig, Fleischer, 1858, cités par Niederland in *Psychoanalytical study of a child*, n° 14.

2. Développé par William C. Niederland, *The Miracled-up World of Schreber's Childbood*, in *Psychoanalytical Study of a Child*, n° 14.

faire en sorte que l'enfant ait une envie, pour lui refuser ensuite ce qu'il ne manquera pas de demander. La nourrice, l'enfant sur les genoux, est ainsi invitée à manger et à boire dans le seul but d'opposer ensuite un refus à la demande orale de l'enfant. Il faut supprimer le désir pour ne laisser subsister que des automatismes (une faim à heure régulière). Le Dr Schreber raconte comment il a renvoyé une nourrice sur-le-champ pour avoir enfreint la règle en donnant à son fils un petit bout de poire. L'affaire fit un tel bruit dans Leipzig qu'il n'eut plus aucun problème avec les nourrices suivantes.

3. La maîtrise que l'adulte acquiert sur les tendances de l'enfant, il doit pouvoir l'acquérir *également sur le corps*, d'où le développement de toute une idéologie corrective du corps qui trouve son expression dans la gymnastique médicale et des applications orthopédiques diverses. Daniel Paul Schreber a été soumis à ce que Sylvester[1] appelle *gadget experience*, c'est-à-dire à l'usage mécanique continu de la coercition corporelle, laquelle n'a pas pu ne pas laisser chez Schreber de distorsions au niveau de l'image du corps[2].

On peut dire, sans risquer de se tromper beaucoup, que Daniel Paul Schreber a été soumis, dans sa relation au père, à une *perversion de la demande d'amour*. Il était aimé

1. E. Sylvester (1959), Int. panel : *Psychological consequences of physical illness in childhood*, reporter by V. Calef, *J. am Psa. Ass.*, VII.

2. Parmi ces nombreux appareils orthopédiques, citons le *Schrebersche Geradehalter* qui assure une position correcte du corps de jour et de nuit, au moyen de barres de fer verticales et horizontales attachées à la poitrine et à la table.

Le *Kopfhalter* sert à soutenir la tête, tout en exerçant une pression sur la mâchoire et les dents. Une *ceinture lourde* employée au coucher se noue autour de la poitrine et se fixe au lit, pour maintenir l'enfant dans la position souhaitée par le père.

Des *prescriptions ophtalmologiques* font état d'exercices oculaires imposés à l'enfant.

Ce qui allait faire *autorité* comme règle médicale, c'est la nécessité imposée à l'enfant d'avoir à se tenir toujours droit, aussi bien dans le jeu que dans la marche. Au moindre fléchissement, la position couchée devenait à nouveau exigible. (Développé par Niederland et par Schatzman.)

prix de n'être pas ; ou plutôt au prix de laisser son désir entièrement gouverné par son père. (C'est ce qui plus tard va nourrir son délire notamment dans sa lutte pour se soumettre à une position féminine, par amour de Dieu.)

Ce problème de la perversion de la demande d'amour, avec sa face idéalisée de « mission civilisatrice », peut surgir tout aussi bien dans une relation de maître à élève : nous reviendrons sur ce point ultérieurement.

Voilà situé de façon systématique ce que l'on pourrait appeler le *conflit du passé* de Daniel Paul Schreber. Daniel Paul semble avoir été un garçon docile, nullement révolté. Son père avait admirablement réussi son *dressage*. Daniel Paul était devenu un homme brillant, paranoïaque il est vrai ; mais il aurait pu demeurer tel toute sa vie sans inquiéter le moins du monde son entourage.

Interrogeons-nous à présent sur le *conflit actuel*, responsable de l'éclosion délirante[1].

La rencontre avec l'autorité médicale.

Est-ce, comme on l'a dit, la promotion professionnelle de Daniel Paul Schreber qui fut en elle-même responsable de l'accès délirant ?

Je ne le crois pas.

Essayons de relire les textes, éclairés par ce que nous connaissons de l'enfance de Daniel, soumis, nous l'avons vu, à la tyrannie douce et implacable d'un père que personne ne qualifiait de délirant. L'homme qui émerge de cette enfance-là ne peut qu'être sensibilisé à tout problème concernant le *savoir* et l'*autorité*. C'est en tout cas à travers cette sensibilité qu'il ne peut manquer d'établir sa relation au médecin.

1. Cette interrogation nous oblige à garder en mémoire ceci : c'est lorsque le père essaie de se mesurer avec des tâches impossibles (comme celles de changer l'ordre du monde), qu'il apparaît au fils insuffisant — et c'est aussi dans la mesure où le père exerce son autorité comme un caprice qu'il apparaît au fils comme son double : de cette place-là, le père fait défaut pour toute rectification de la position naturelle du désir (position qui, comme on le sait, est pour l'enfant de se trouver au principe même du plaisir de la mère).

Or, rappelons les faits : Daniel Paul Schreber consulte, comme on l'a vu, le professeur Flechsig en 1884. Il sort du traitement *guéri,* mais fait dès ce moment une réserve : sa guérison aurait été plus rapide si sa valeur avait été mieux reconnue par le spécialiste. En 1893, Daniel Paul Schreber retourne consulter le professeur Flechsig, il souffre à nouveau d'insomnies et il se dira « profondément affecté » par la « remarquable éloquence » avec laquelle lui répond Flechsig. L'avancement dont lui, Schreber, a bénéficié dans sa carrière paraît aux yeux de Flechsig de peu d'importance devant l'avancement de la neurologie dont il fait lui-même état[1]. Flechsig réduit les problèmes de Schreber à leur aspect neurologique — reprenant ainsi à sa façon la position du Dr D.G.M. Schreber. Daniel Paul Schreber répond à ce conflit de prestance par un redoublement de ses symptômes, qu'aucune drogue n'arrive à soulager. L'entrée à la clinique se fait alors sous le signe de l'apocalypse. Schreber assiste à la fin du monde, son corps vole en éclats, l'âme de Flechsig, impossible à digérer, siège dans son ventre. Il réussit, non sans mal, à la vomir.

C'est manifestement la lutte de prestance autour du *savoir,* du *pouvoir* et de l'*autorité* dans la relation Schreber-Flechsig qui a été l'élément déterminant de l'éclosion du délire[2]. Cet élément déterminant est, bien sûr, sur-déterminé. En toute innocence, Flechsig a bel et bien fourni à une haine méconnue du père l'occasion de se réveiller. Pour préciser, c'est en parlant le langage du *moi* que Flechsig a provoqué l'éclosion du délire chez Daniel Schreber, dont il s'était révélé en quelque sorte le reflet. Daniel Schreber rencontrait en lui ses propres prétentions à tout faire, ou plutôt celles de son père qui le traversaient.

L'incompréhension dont Daniel Paul Schreber fait l'objet va avoir des effets dans le symbolique. Devant le

1. O. Mannoni, *Schreber als Schreiber*, in *Clefs pour l'imaginaire*, éd. du Seuil, 1969.

2. Quand Schreber voulait se peser lui-même, Flechsig s'y opposait, à l'abri derrière une forme de condescendance ; Flechsig demeurait dans le non-entendre : il y avait au cœur de la persuasion dont il usait, une contrainte camouflée.

risque d'une perte de tous repères d'identité, Schreber fait surgir de l'imaginaire la vérité du délire : « Il y a à la base, écrit-il, une incompréhension radicale, basée sur le fait qu'au sein de l'Ordre du Monde, Dieu n'a pas réellement compris l'être humain et n'a aucun besoin de le comprendre, parce qu'en accord avec l'ordre du monde il ne s'occupe que des corps[1]. »

(Rappelons qu'en réponse à l'insomnie du patient, Flechsig avait vanté les mérites des drogues liées à l'avancement de la neurologie, *rejetant* ce que le patient pouvait avoir à dire concernant son propre avancement.)

Telle la parole d'un hypnotiseur, la parole de Flechsig le neurologue, « la langue des nerfs » s'impose dès lors à Daniel Paul Schreber, lequel passe son temps à se défendre contre le danger « d'assassinat d'âmes », qui le guette. « Toute tentative de commettre un assassinat d'âmes en m'émasculant[2], par exemple pour des fins contraires à l'ordre du monde (c'est-à-dire pour la satisfaction sexuelle de l'être humain) et plus tard en cherchant à détruire ma raison, ont échoué. De cette bataille inégale entre un être humain faible et Dieu, j'ai émergé non sans souffrance et privations, victorieux, parce que l'ordre du monde était de mon côté. »

Les voix qui le critiquent s'imposent sans cesse dans la « *langue fondamentale* », Schreber leur oppose un refus blasphématoire, comme dans une tentative désespérée de maintenir encore quelque part une position de sujet.

Toute reconnaissance à un niveau symbolique lui ayant été refusée, Schreber fait émerger une construction nouvelle, imaginaire, du monde afin de trouver là une place qui, ailleurs (dans le transfert), lui a été retirée. Schreber se fait dès lors théologien et prophète, « mère d'une nouvelle

1. Daniel Paul Schreber, traduit par I. Macalpine, *Memoirs of my Nervous Illness*, Londres, Dawson & Son, 1955.

2. On a négligé le fait que Flechsig dès 1884, dans ses articles scientifiques, expliquait le bénéfice que les malades mentaux tiraient de la castration, qu'il faisait pratiquer réellement par un chirurgien. Schreber avait sûrement lu ces articles (William G. Niederland, *Schreber and Flechsig*, in *Journal of the american association* 16-4-1968, p. 740-748).

humanité [1] » et ce qu'il nous livre dans ses écrits est comme le commentaire de sa folie.

Ce problème de la *non-écoute,* de la part du médecin, de ce que le patient vient lui dire (et l'aveu le plus secret de ce qu'il y a à dire se trouve masqué dans le discours qui se tient) est d'une importance que nous ne soulignerons jamais assez. « Le sujet, dit Lacan [2], cherche à se faire reconnaître dans son authenticité symbolique. Si ceci est méconnu, cela ne laisse de place qu'à une forme de reconnaissance imaginaire, c'est la situation idéale qui aboutit au déclenchement d'un délire. » Ayant senti qu'il se trouve avec son médecin dans une situation sans issue, Daniel Paul Schreber va s'exprimer dans un jugement auquel on n'attachera guère d'importance : le professeur Flechsig en tant que spécialiste des nerfs (de l'autopsie) *n'est qu'un médecin des morts ne comprenant rien aux vivants* [3]. Comment rompre ce cercle dans lequel il se trouve avec l'autre enfermé, autrement que par la violence ?

Une « maladie mentale », nous l'avons rappelé ailleurs [4], *n'appartient pas au sujet.* Il y a un *espace psychotique* dans lequel le sujet fait son entrée et se perd (et où un père, pour se protéger de sa propre folie, en viendra éventuellement à désigner son fils comme « fou »). Dans le cas de Schreber, le père s'est fait missionnaire d'une âme à sauver (voire d'une humanité à sauver du désordre), et, ce faisant, il a laissé à ses fils si peu de chose en propre que l'un ne trouve d'issue que dans la mort (suicide), et l'autre de possibilité de survie que dans une tentative désespérée de reconstruction du monde [5].

1. Avant ses démêlés avec Flechsig, il était venu en rêve à Schreber, cette phrase « qu'il serait beau d'être une femme en train de subir l'accouplement ». C'est cette phrase qui s'est révélée ultérieurement comme le noyau du véritable délire.

2. Jacques Lacan, *Séminaire* du 16 novembre 1955 (inédit).

3. O. Mannoni, *Schreber als Schreiber*, in *Clefs pour l'imaginaire*.

4. Maud Mannoni, *Le Psychiatre, son « Fou » et la Psychanalyse*, éd. du Seuil, 1970.

5. C'est lorsque le père prend une position de prestance qui coïncide avec le fantasme de père grand et unique, que l'enfant est

Si l'on s'interroge sur l'éducation qu'a reçue Daniel Paul Schreber, on est tenté de répondre dans les termes mêmes où Cooper répond à la question : qu'est-ce que l'*éducation* ?, en général *c'est d'abord une entreprise de destruction.*

Un autre exemple : l'univers kafkaïen.

Le malentendu père-fils avait pris, chez Daniel Paul Schreber, la forme de ce qu'on peut appeler une psychose ; Kafka illustre de façon tout aussi exemplaire le drame d'un non-entendre [1].

« Je n'étais bon à rien. Tu m'encourageais, par exemple quand je marchais au pas et saluais bien, mais je n'étais pas un futur soldat ; ou bien tu m'encourageais quand je parvenais à manger copieusement ou même à boire de la bière, quand je répétais des chansons que je ne comprenais pas ou rabâchais tes phrases favorites, mais rien de tout cela n'appartient à mon avenir. Et il est significatif qu'aujourd'hui encore tu ne m'encourages que dans les choses qui te touchent personnellement, quand ton sentiment de ta valeur est en cause, soit que je le blesse (par exemple, par mon projet de mariage) soit qu'il se trouve blessé à travers moi (par exemple quand Pepe m'insulte)... à quoi pourrait me servir l'encouragement s'il n'apparaît que là où il ne s'agit pas de moi en premier lieu ? »

Une plainte est ici formulée (que l'on retrouve dans bien des situations familiales conflictuelles) : sous le masque de *libéralisme,* « l'encouragement » paternel dissimule une autorité fondée sur la violence. Le père attend de son fils

---

susceptible de devenir psychotique. On peut se demander si Daniel Schreber n'a pas cherché à réaliser le rêve mégalomaniaque du père qui se disait « tyran éclairé » (vraisemblablement en identification à la toute-puissance de sa propre mère. Celle-ci s'appelait réellement *Friederike Grosse*, mais D. P. Schreber la surnomme *Friederike der Grosse*). Le fils dès lors n'a eu d'autre choix que celui d'engendrer une nouvelle humanité.

1. Franz Kafka, *Lettre au père* (t. VII, *Œuvres complètes*).

qu'il exécute ce qui a été prévu pour lui. La liberté laissée au fils est illusoire : celui-ci n'a d'autre issue que dans l'adaptation au monde paternel. Lorsque les méthodes libérales de manipulation échouent, le père revient à la force physique :

« L'impossibilité d'avoir des relations pacifiques avec toi eut encore une autre conséquence, bien naturelle en vérité : *je perdis l'usage de la parole*[1]... Très tôt tu m'as interdit de prendre la parole : « pas de réplique ! » cette menace et la main levée qui la soulignait m'ont de tout temps accompagné. Devant toi – dès qu'il s'agissait de tes propres affaires, tu étais un excellent orateur – je pris une manière de parler saccadée et bégayante, mais ce fut encore trop pour ton goût et je finis par me taire, d'abord par défi peut-être, puis parce que je ne pouvais plus ni penser ni parler en ta présence. Et comme *tu étais mon véritable éducateur*[2] les effets s'en sont fait sentir partout dans ma vie. »

La pédagogie oscille ici entre des idées de liberté héritées du XIXe siècle et les principes de discipline issus de la tradition religieuse (cf. l'influence des jésuites au début du XVIIe siècle). L'enfant dans sa famille et à l'école se trouve pris entre la séduction et la punition comme méthode éducative. L'alternative est d'ailleurs toute relative : la conduite autoritaire ou libérale procède en effet d'une même violence, ouverte ou masquée[3]. Ce qui est demandé à l'enfant : se soumettre aux exigences et aux stéréotypies d'un code de bonne conduite ; le discours dans lequel il est pris n'est ainsi rien d'autre qu'un rituel définissant des conduites à tenir, déterminant des rôles à remplir[4].

« Si je t'avais moins bien obéi, tu serais sûrement

1. Je souligne.
2. Je souligne.
3. Dans une formulation existentialiste : « Une éducation sévère traite l'enfant en instrument, puisqu'elle tente de le plier par la force à des valeurs qu'il n'a pas admises ; mais une éducation libérale, pour user d'autres procédés, n'en fait pas moins un choix *a priori* des principes et des valeurs, au nom desquels l'enfant sera traité » (Sartre, *L'Être et le Néant*, éd. Gallimard, p. 480).
4. Michel Foucault, *L'Ordre du discours*, éd. Gallimard, 1970.

beaucoup plus satisfait de moi. Contrairement à ce que tu penses, ton système pédagogique a touché juste ; je n'ai échappé à aucune prise ; tel que je suis, je suis le résultat de ton éducation et de mon obéissance... Tu disais : « pas de réplique ! » voulant amener par là à se taire en moi les forces qui t'étaient désagéables, mais l'effet produit était trop fort, j'étais trop obéissant, je devins tout à fait muet.

« ... Se marier, fonder une famille, continue Kafka, accepter tous les enfants qui naissent, les faire vivre dans un monde incertain et même, si possible, les guider un peu, c'est là, j'en suis persuadé, l'extrême degré de ce qu'un homme peut atteindre... Il n'y en a pas tellement qui y réussissent vraiment, et ensuite ce petit nombre ne " fait " généralement rien, mais " subit " quelque chose. »

Derrière les plaintes de Kafka se profile la révolte contre la peur comme moteur d'une éducation. L'autorité paternelle recouvre un système de manipulation dont l'effet est d'ôter à l'enfant toute possibilité d'opposition : une hostilité mêlée au désir de plaire au père le fige dès lors dans un retrait de parole, sous forme de mutisme ou de bégaiement.

Cette lettre de reproches ne parvint jamais, nous dit-on, à son destinataire. A quelle instance paternelle était-elle donc destinée ? Il n'est jamais facile de faire la part entre le *père réel* et le *père imaginaire*.

Comme Lacan l'a montré [1], le père réel ne relaie qu'imparfaitement *le père symbolique* : « conçu comme transcendant, comme une donnée irréductible du signifiant... (le père symbolique) est nulle part... C'est en ce sens qu'il faut lire *Totem et Tabou,* comme un mythe qui éternise le vrai père, le place en quelque sorte avant l'histoire ».

Quant à la rivalité avec le père, qui apparaît toujours à un moment ou un autre de l'histoire de l'enfant, c'est généralement une rivalité avec un *père imaginaire,* très différent du père réel : c'est avec ce père imaginaire que

1. Jacques Lacan, *La relation d'objet et les structures freudiennes. Bulletin de psychologie* (séminaire 1956-1957).

s'engage toute la dialectique de l'agressivité et de l'identification.

Lorsque le père est trop présent dans la crainte qu'il inspire au niveau de la réalité, l'enfant se trouve en danger de se sentir comme enfermé dans un ghetto, toute issue bloquée par le poids de l'interdit, de la peur, de la force. Il se trouve ainsi perdu dans ses repères, risquant, selon les cas[1], de confondre à ce point les registres du réel, de l'imaginaire et du symbolique, qu'il ne saurait plus *avec quoi* parler. L'autorité, dans la mesure où elle se fait trop pesante dans la réalité, *disparaît de fait,* pour ne laisser de place qu'à une insécurité (mais aussi hostilité) fondée sur la peur.

Or, il n'y a pas — nous l'avons vu — de différence fondamentale entre l'éducation autoritaire et l'éducation « progressiste », toutes deux fondées sur une *contrainte* qui prend dans un cas la forme d'une violence physique, dans l'autre une forme plus subtile de violence psychique cachée : il s'agit de persuader l'enfant qu'il est consentant. On en vient ainsi à une situation où l'enfant, privé d'une possibilité réelle de choix, pris et piégé dans le système de l'alternance (l'obéissance *ou* la mort, pour Schreber ; l'obéissance *ou* le retrait d'amour, pour Kafka), *subit* un état de fait en croyant qu'il en a l'initiative.

On peut certes émettre l'hypothèse que c'est par un fait de *structure*[2] que le paranoïaque organise, d'une façon qui lui est propre, son monde objectal, mais on aurait tort de réduire le problème de ce que l'on appelle paranoïa à des

1. Le drame de Kafka demeure dans le champ de la névrose : l'image d'un père tout-puissant est le fantasme du névrosé. La dénonciation du père peut n'être alors que la dénonciation par le sujet de ses propres fantasmes de toute-puissance. C'est lorsque la position du père coïncide dans la réalité avec cette position du père terrifiant du fantasme que l'enfant devient psychotique.

2. On peut toujours se poser la question de savoir si la structure correspond à une réalité objective ou si elle n'est qu'une hypothèse opératoire. D'un point de vue psychanalytique, le recours à une référence structurale est recours à des repères qui se montrent avoir une valeur opératoire dans la mesure justement où l'analyste ne leur fait pas subir une réduction médicale (superposant par là un autre langage au langage psychiatrique).

considérations d'agressivité « intra-subjective » — ce que Lacan se garde bien de faire. S'en tenir comme le font certains à cette *solution* qu'il manquerait au psychotique un signifiant essentiel, c'est imiter en termes psychologiques un mode de pensée médical (par exemple : il manque un chromosome). Toute crise psychologique, y compris le délire, doit être située dans son contexte. C'est d'abord et avant tout d'une *situation* qu'il s'agit : celui que l'on « interne » est, comme nous l'avons rappelé, rarement le plus « malade » ; il est celui qui expie pour que le reste de la famille puisse tenir ensemble.

Entré dans un *espace délirant,* Daniel Paul Schreber a, quant à lui, été amené à s'y perdre. On a vu comment sa rencontre avec Flechsig, dans ce qu'elle réveilla comme *épreuve de force* nouée autour d'un *savoir* — dont Flechsig le dépossédait — et autour d'une *autorité* — qui le supprimait comme sujet —, fit éclater ce qui jusqu'alors avait réussi à se taire : la haine de Daniel Paul à l'égard d'une tyrannie dont il avait été victime, et dont il devint le *témoin* dans la transposition apocalyptique de ses *Mémoires* — dossier écrit, ne l'oublions pas, à l'intention du tribunal qui avait à se prononcer sur l'utilité ou la non-utilité de son maintien en asile.

L'idéologie autoritaire du Dr D.G.M. Schreber a été, comme on l'a dit, exploitée par les nazis. Il n'est pas inutile de relever le caractère *mythique* d'une pédagogie qui fait du maître (et du père) le dépositaire d'un savoir et de l'élève (et du fils) l'ignorant à « sauver » de son inculture. Et l'on sait combien ce type de situation « ségrégative » favorise la *haine* masquée à l'égard d'un maître, d'un père situé inconsciemment comme oppresseur.

L'éducation idéale selon le maître.

L'enseignement est généralement conçu pour nier les questions qui se posent à partir du transfert : la barrière ségrégative maintenue entre un enseignant « qui sait tout » et un enseigné « qui ne sait rien » a pour fonction de garantir et contenir un ensemble de protections et de résistances[1]. On en voit les effets jusque dans le contenu des matières scolaires, toutes soumises à des limitations.

La pédagogie fonctionne comme *drame* et rappelle certaines situations familiales qu'on peut rencontrer, par exemple, dans les cas d'anorexie. (Lorsque la mère attend trop de son enfant celui-ci se dérobe : pour ne pas être détruit dans son *désir* il abandonne son corps.) Dans l'enseignement, le *désir de savoir* de l'élève se heurte au *désir du maître...* que l'élève sache, annulant ainsi ce qui pourrait valablement soutenir le désir de l'élève. Le maître, en même temps, attend confusément que l'élève lui donne le savoir qui lui manque, ce qui amène l'élève à se défendre : comme s'il risquait de se voir frustré du produit de son travail (une telle frustration étant ressentie comme une menace d'aliénation). Le malentendu maître-élève (qui se superpose bien souvent au malentendu père-enfant) participe toujours de quelque *situation paranoïaque* ; les effets en sont stérilisants ou destructeurs.

Le drame a généralement pour enjeu l'exercice d'un pouvoir. Ionesco en donne une illustration dans cette pièce devenue classique : *La Leçon*[2]. On y voit comment l'*ardeur d'apprendre* chez la jeune élève se transforme (de par l'intervention du maître) en dégoût. D'intelligente, elle devient stupide et aphasique. Le maître, de son côté, met en scène une haine sadique, masquée par l'idéalisation de l'élève ; lorsque la haine apparaît, c'est sous la forme d'un passage à l'acte, meurtrier : le combat qui s'engage a tout, en effet, d'une mise à mort de l'élève, dont il faut, dit le maître, *tuer l'amas d'ignorance.* On voit là (et cela se vérifie dans notre pratique quotidienne) comment la mise en place d'une relation enseignante peut (comme en psychiatrie) se trouver pervertie : par le désir inconscient du maître.

Dans notre système, l'élève, paradoxalement, est *empêché* d'apprendre. L'école, après la famille, est devenue aujourd'hui le *lieu électif pour la fabrication de la névrose* — que l'on « traite » ensuite dans des écoles

1. Développé par O. Mannoni, *Psychanalyse et Enseignement*, in *Psychologie et Sciences de l'éducation*, vol. 5, n° 2, 1970, Louvain.
2. E. Ionesco, *Théâtre* I, éd. Gallimard.

parallèles, dites hôpitaux de jour. « L'adaptation scolaire, écrit F. Dolto[1], est maintenant, à part de très rares exceptions, il faut le dire, un *symptôme majeur de névrose.* » Les analystes ont alors affaire à une nouvelle forme de « maladie » qui, elle, n'a pas à être « traitée », il s'agit du refus d'adaptation, *signe de santé* chez l'enfant qui refuse ce mensonge mutilateur dans lequel la scolarité l'emprisonne. On envoie ce type d'enfants grossir le rang des dyslexiques et retardés scolaires, mais aussi celui des caractériels et délinquants. Quant aux psychotiques, c'est nous qui les asilisons.

II. L'INSTITUTION FAMILIALE

Le groupe réduit formé par la famille moderne développe des formes spécifiques d'insécurité[2] : Max Weber[3] a mis ce point en lumière lorsqu'il a cherché à expliquer les difficultés de l'époque moderne en analysant le passage de la *communauté du Moyen Âge* (avec l'existence dans la cité de ce que l'on pourrait appeler la *classe des pères*) à la *société moderne* (dans laquelle subsiste la seule figure *d'un père*, réalité ou image, à la fois redoutable et tyrannique, soumise et impuissante). Dans ce passage de la communauté à la société s'est trouvé perdu ce qui dans le fonctionnement de la « classe des pères » pouvait demeurer comme garant d'un ordre symbolique[4], au-delà de la réalité d'un père tyrannique ou déficient. Ainsi l'autorité, à l'époque de la communauté, se trouvait-elle moins en

1. F. Dolto, préface à notre *Premier rendez-vous avec le psychanalyste*, éd. Gonthier, 1965.
2. Jacques Lacan, *Les complexes familiaux dans la formation de l'individu*, t. VIII de l'*Encyclopédie française*, sur la *Vie mentale*, 1938.
3. Max Weber, *L'Éthique protestante et l'Esprit du capitalisme*, éd. Plon, 1964 ; trad. J. Chavy.
4. Au sens où l'entend Lacan, et qui n'est pas l'ordre symbolique des sociologues !

danger d'être fondée sur l'arbitraire qu'au temps de la famille moderne.

L'enfant avait par ailleurs la ressource d'échapper à ses géniteurs, certain de trouver toujours un interlocuteur parmi les différents pères et mères qui demeuraient à sa disposition — comme c'est encore le cas dans les sociétés dites primitives. Cela permettait la dispersion précoce des attaches libidinales et évitait la cristallisation de conflits entre parents et enfants. Si l'enfant se trouvait en difficulté avec un parent, il pouvait toujours lui trouver un remplaçant. Les parents le sachant, leur attitude à l'égard de l'enfant s'en trouvait modifiée, il n'y avait pas le genre de conflit que nous connaissons. La structure même des communautés protégeait l'enfant contre les aléas d'un amour parental exclusif et lui évitait les risques de solitude et de rejet. L'enfant avait toujours quelqu'un à qui parler.

Il n'en va pas de même dans la société moderne et, plus précisément, dans une structure comme celle de la *famille conjugale,* ramenée au seul couple des géniteurs avec leurs enfants. Réduite à l'isolement, la famille nucléaire bourgeoise peut, paradoxalement, être définie comme un lieu de *non-rencontre* (Cooper[1]). La famille conjugale ne courait pas les mêmes risques d'aliénation au temps de la *communauté.* Aussi dans les mises en question actuelles concernant la famille peut-on se demander si c'est le mariage qui doit être considéré comme pathogène, ou le *contexte* dans lequel il prend place : se trouverait alors mise en question la structure même de la société moderne.

Le cadre de l'institution familiale.

Dans l'institution familiale (aussi bien que dans l'institution scolaire, hospitalière, etc.), la *contrainte* est au cœur de toute éducation, qu'elle soit libérale ou autoritaire : la violence, nous l'avons vu, est toujours présente, masquée (sous forme d'une manipulation morale), ou ouverte.

La pression exercée par le cadre de l'institution (fami-

1. David Cooper, *Mort de la famille*, éd. du Seuil, 1972.

liale) n'est pas sans rapport avec la stéréotypie des membres d'une même famille[1]. Par sa relative immobilité, l'institution familiale introduit une permanence, facteur de régulation (de la conduite), de formation (du caractère), de reproduction (d'individus semblables aux parents) — facteur, aussi, de *sclérose*.

L'institution familiale réduite à la famille conjugale est essentiellement conservatrice. C'est ce trait conservateur qui se trouve reproduit à l'école, à l'usine, à l'armée, à l'église, à l'hôpital. Les effets, comme on le sait, s'en lisent au niveau d'un blocage, ou d'un désordre appelé « maladie ».

Un conformisme se trouve, en fin de compte — promu — « pour le bien » du sujet — comme condition de sa promotion sociale[2].

L'idéologie de l'institution familiale, comme de toute institution, participe étroitement — à travers des formes subtiles de domination[3] — au maintien d'un ordre moral et social (dont nous verrons plus loin que c'est aujourd'hui celui du rendement).

David Cooper n'a pas tout à fait tort lorsqu'il reproche à la famille, dans la métaphore sociale à laquelle elle va donner lieu, de rendre ses membres *anonymes*. C'est même la qualité requise pour un type de rendement industriel ou d'adaptation bureaucratique. Ainsi l'anonymat est-il la constante que l'on retrouve dans toute structure institutionnelle. Lacan a rappelé que du sujet uniquement défini par la famille il ne reste de nom que sur une pierre tombale.

La *stéréotypie* dans les attitudes des membres d'une même famille a été étudiée par Éric Berne[4]. Il note avec

1. José Bleger, *Psychoanalysis of the Social Frame*, in *International Journal of psychoanalysis*, vol. 48, n° 4, 1967.
Maud Mannoni, *Le Psychiatre, son « Fou » et la Psychanalyse.*

2. A toutes les époques on exige un conformisme. Mais la part d'originalité permise dans certains domaines est plus ou moins grande. Et le conformisme n'a pas toujours été conçu comme une condition de promotion.

3. Jacques Donzelot, *Le Troisième Age de la répression*, in *Topique*, n° 6.

4. Eric Berne, *Games People Play*, éd. Penguin, 1964.

quelle précocité — entre la première et la septième année de vie — se fixent les positions du sujet face aux situations extérieures qui le menacent. Des attitudes, statiques, pas forcément conflictuelles, peuvent être définies ensuite comme défenses (du moi). En quoi elles ont du moins leur part de « bénéfices secondaires » — elles procurent un « gain » au sujet.

Reste que ce n'est pas par hasard que Sade[1] nous rappelle que le *masochique* est par essence éducateur — le même qui forme la femme despote —, et que le *sadique* ne s'exprime qu'en termes d'institutions : il les réclame et les souhaite idéales dans leur fonctionnement — tout pour lui peut être ainsi institutionalisé, y compris le meurtre et l'inceste.

De nos jours se trouve mis en question le conservatisme d'un système dont l'effet est de créer des enfants abrutis, débiles ou psychotiques.

« Le monde est en train de devenir fou, changeons notre *style de vie*. Nous ne pouvons qu'*incarner le refus* dans l'institution familiale, scolaire, hospitalière et dans tous les rouages des appareils de l'État. Cherchons à promouvoir un autre type de famille, d'université, d'autres typcs de lieux dits de soins[2]. »

L'archaïsme des institutions rejeté, et avec lui tous les rouages de la bureaucratie, c'est l'anarchie qui se trouve appelée comme *institution :* l'histoire est alors là pour nous rappeler que l'anarchie ne s'institue jamais qu'entre deux régimes de lois. Car le problème demeure entier du *pouvoir* de la Loi, à quoi l'*objet* se dérobe essentiellement[3].

Perspectives psychanalytiques.

En tant que produit de l'économie d'une société l'institution familiale échappe généralement à une étude stricte-

1. Cf. Gilles Deleuze, *Présentation de Sacher Masoch*, coll. 10/18, 1971.
2. Joseph Berke, *Counter culture*, in *Fire*, n°s 3-9.
3. J. Lacan, *Kant avec Sade*, in *Écrits*, p. 781.

ment psychanalytique ; on en voit cependant les effets au niveau du symptôme.

Aussi bien la psychanalyse nous montre-t-elle à quel point la loi agit sans être connue : on est coupable avant de savoir ce qui a été transgressé [1]. Paradoxalement c'est le juste qui se sent le plus coupable, tant il est vrai que, la loi étant comme le désir, refoulée, l'objet de la loi et l'objet du désir se dérobent de la même façon [2]. La loi émergeant comme pure forme née d'un renoncement, sans aucune promesse en contrepartie, aurait en somme pour fonction de fonder le désir dans le champ de la castration [3]. L'Œdipe dans cette perspective est une forme culturelle parmi d'autres possibles, forme dans laquelle on a coutume de distinguer deux fonctions : l'une de *répression* (interdits, formation du sur-moi), l'autre de *sublimation* (formation de l'idéal du moi). Le drame est que ces notions freudiennes ont été utilisées en pédagogie et en psychiatrie de façon uniquement normative, c'est-à-dire comme *conditionnement* à la société telle qu'elle existe, sans que soit nulle part questionnée la servitude dans laquelle le sujet se trouve emprisonné.

En maudissant à chaque génération le destin qui fut le leur, les pères reproduisent en quelque sorte ce questionnement ; inconsciemment, ils laissent à leur fils la charge de *refaire* leur histoire, mais de la refaire sous un jour où,

1. Le sentiment de culpabilité s'aggrave à mesure que le sujet (qui tient à son désir) s'abstient dans les actes. La position du désir n'est en fait pas choisie, le sujet est victime du signifiant ; mais les autres ont la responsabilité de ceci : qu'il reste victime à jamais de cette tentation première et naturelle (de satisfaire le désir maternel).

2. Il serait même plus exact de dire que c'est l'innocent qui est victime de l'ordre symbolique et se dirige vers l'interdit, qui est la mère. L'interdiction joue à l'intérieur même du désir. Plus la barrière de l'inceste s'éloigne, plus le désir s'organise autour de l'interdit.

3. Développé par Mustapha Safouan au congrès de l'École freudienne de Paris, 1971. La loi fonctionne comme loi du père mort qui n'a pas été soutenu par le père vivant (père vivant dans la mesure où il n'est pas capricieux). Lorsque le père devient un double du sujet, le symbolique s'oblitère. Le père du paranoïaque se montre généralement soit insuffisant par rapport à la mère, soit insuffisant par rapport à une tâche délirante.

malgré tout, *rien ne devrait changer.* Le paradoxe dans lequel l'enfant se trouve pris produit ensuite ses effets de violence : il y a rarement place en effet pour que l'enfant se réalise en son nom propre. A l'objet (de son désir) qui se dérobe se substitue le rêve parental, qui ainsi vient colmater ce qui du sujet devrait advenir.

Le rêve demeure bien souvent pour les parents au seul niveau d'une contestation verbale, parce qu'ils sont inconsciemment d'accord avec l'*existence des institutions en tant que système*[1] — institutions vouées à pérenniser une conception de l'ordre et de l'héritage (matériel et/ou moral) des générations antérieures. Ce qui est produit doit se reproduire dans une tradition : marque, permanence du cadre de l'institution familiale — et de toute institution pédagogique ou psychiatrique. Si un discours subversif peut être tenu dans ce cadre[2], c'est que *tout y est en place pour la métabolisation d'un tel discours*. Les structures ont pour fonction de demeurer immuables, quelle que soit l'agression dont elles fassent l'objet.

Une contre-proposition : les libertaires.

Les mères sont-elles responsables de la bêtise de leurs enfants ? C'est ce qu'affirme Nicolas Boukharine[3] (1919) : « La famille borne l'esprit des enfants et d'ailleurs rien n'indique que les parents soient les éducateurs qu'il leur faudrait : sur une centaine de mères, une ou deux seulement sont capables d'être des éducatrices. »

Les mouvements libertaires nés à la même époque en Allemagne[4] remettent en cause le droit des adultes à élever les enfants. Les jeunes revendiquent le droit de s'éduquer

1. Jacques Donzelot, *Le Troisième Age de la répression*, in *Topique*, n° 6.
2. Maud Mannoni, *Le Psychiatre, son « Fou » et la Psychanalyse.*
3. Cité par E. Copferman, *Problèmes de la jeunesse*, éd. Maspero, 1967.
4. J. R. Schmid, *Le Maître camarade et la Pédagogie libertaire*, éd. Delachaux, Genève, 1947 ; réédition Maspero, 1971.

seuls. Ils cherchent à former des *communautés*, et refusent par ailleurs toute vie en société.

Nous retrouvons l'idée de créer une société égalitaire tout au long de l'histoire des différents mouvements de jeunesse et mouvements ouvriers qui se sont développés au cours du XXe siècle. Terrorisme, intolérance et dictature n'ont certes pas été absents de bien des communautés où l'on reproche à certains de ceux qui prétendent combattre la corruption des institutions de sombrer eux-mêmes dans une autre forme de corruption, celle des mœurs. Leur « débauche » ne prend toutefois ce caractère *scandaleux* que parce qu'elle apparaît de façon ouverte, non masquée, en rupture avec le code de savoir-vivre hypocrite du monde bourgeois [1]. La valeur de ce mouvement, toujours actuel et encore souvent éphémère dans sa durée, réside dans le *refus :* résistance à un monde qui se défend contre tout risque de changement.

Tandis que l'État, chez nous, révèle aux jeunes par la voie des médias le mensonge et la violence qui font, pour ainsi dire, partie du jeu des gouvernants et crée de la sorte une situation *a-éducative,* la Chine élève ses paysans et le peuple en général au rang d'éducateurs. Loin de faire éclater l'institution familiale (comme c'est le cas chez les anarchistes), loin d'élever les enfants dans une ségrégation de classes d'âge (Israël), la Chine utilise la collectivité des familles conjugales comme foyer de formation pédagogique qui à son tour n'échappe pas à une éducation poli-

1. Rappelons à ce propos l'écart qui existe entre la *contrainte de la Loi* et *l'autorité de la coutume* (Stanley Diamond, *Les Temps modernes*, n° 309). A l'étape de la coutume, les communautés, nous dit Stanley Diamond, faisaient parfaitement face à la délinquance, il y avait la morale sociale, des traditions, des coutumes, réparties selon un certain ordre qui permettait des relations mutuelles correctes. L'apparition de la loi juridique a été plutôt un coup de force pour asseoir l'autorité de l'État. La loi naît de la violation d'un ordre coutumier antérieur. Le règne de la Loi peut ainsi être assimilé au règne absolu du désordre. Dans un État « fort », le citoyen laisse agir l'État à sa place, il n'a plus aucune initiative. Les institutions sont tentées d'utiliser règles et lois sur le modèle de la loi juridique ; c'est-à-dire qu'il y a effacement des individus au profit de l'institution.

tique venant de la société dans son ensemble. Elle appartient ainsi en définitive à ce que Weber désignait comme Communauté.

La réponse chinoise donne à la jeunesse des possibilités de réalisation qui nous font défaut (et elle fait ainsi l'économie d'un type de « maladies » liées à notre système) ; elle mériterait à cause de cela un examen plus approfondi [1].

III. LA PÉDAGOGIE, SCIENCE OU POLITIQUE ?

Jusqu'ici : vers la science ?

Une réflexion pédagogique liée à la *reproduction* des institutions (la famille, l'État) existe sans doute depuis toujours [2] et c'est dès Platon qu'une recherche à visée scientifique s'est instaurée autour de l'interrogation : pourquoi l'éducation ? Mais le problème a été posé sous sa forme moderne par Rousseau, et ce de façon *négative :* l'éducateur doit s'effacer, l'enfant être élevé à l'écart de la

1. Le problème de la gestion de la « maladie mentale » semble être en Chine un problème secondaire. La tolérance à l'égard de la « maladie mentale » y est telle que les cas nécessitant une hospitalisation sont rares. La solidarité de la communauté devant les souffrances individuelles évite au patient les effets dramatiques de l'isolement, de l'anonymat, de l'indifférence générale caractéristiques de l'Occident. L'hystérie est quasi inexistante. Un médecin chinois, au cours d'un entretien avec un confrère anglais, lui fit remarquer la fausse « libération » de la femme en société capitaliste : la femme, disait-il, se trouve prise dans un système qui la pousse à développer une activité purement concurrentielle et à désirer ainsi toujours plus intensément ce qu'elle n'a pas, situation qui en Chine était, d'après lui, impensable. Cf. Giovanni Jervis, *Notes sur la psychiatrie en Chine*, in *Tel Quel*, n° 50. Cf. aussi Gregorio Bermann, *La salud mental en China*, éd. Jorge Alvarez, Buenos Aires, 1970.

2. Ces idées sont développées à partir d'un travail de Mustapha Safouan paru in *Enfance aliénée*, sept. 1967.

famille, de la société, des livres, de la religion. C'est la nature qui servira de guide.

Parallèlement, Rousseau crée le *concept enfant* (avec le concept des stades de développement), qui va influencer l'ensemble de la pédagogie moderne, et permettre le développement de toute une mythologie « pure », à sauver de la contamination par les adultes. A partir de quoi, une culture enfantine se constitue — culture que l'enfant doit abandonner lorsqu'il entre dans la vie adulte (et le passage du statut d'enfant à celui de travailleur est dès lors moins facile que ne le décrit Rousseau).

Un troisième principe est de donner le pas à la formation du caractère sur l'instruction : l'enfant n'a pas à devenir un savant, il faut qu'il apprenne à apprendre. Le principal enseignement, le plus difficile de tous, pour Rousseau, est celui de l'ignorance. De là, l'enfant s'ouvrira à un savoir auquel « la manie enseignante et pédantesque » l'aurait soustrait. Ainsi le rôle du précepteur n'est-il pas d'apporter à l'enfant des réponses, mais un outil logique dont l'enfant pourra se servir, le jour où il aura le *désir* d'apprendre. « Je ne prétends point apprendre la géométrie à Émile, c'est lui qui me l'apprendra, je chercherai les rapports et il les trouvera, car je chercherai de manière à les lui faire trouver. »

L'intérêt dans la démarche d'un Rousseau (dont on ne remarque aujourd'hui trop souvent que le côté utopique) réside peut-être dans le fait qu'il s'agit moins de tracer l'*image* d'une éducation idéale que de réfléchir sur l'*idéal* d'une éducation (à travers la mise en question de chacun qui s'y déroule). Ce qui implique quoi ? D'une part, un idéal s'organise toujours autour d'un *manque.* D'autre part, il y a dans sa visée, inévitablement, la dimension de l'impossible.

Il fallait le souligner parce que ce qui frappe, au contraire, chez les auteurs modernes (de Jean-Louis Vivès à Dewey et Claparède), c'est leur ardeur à vouloir former des « âmes vertueuses » adaptées à une société moderne idéale [1]. L'éducation est subordonnée à l'image d'un idéal

1. *Les Grands Pédagogues*, ouvrage collectif publié sous la direction de Jean Chateau, PUF, Paris, 1965.

posé au départ par le pédagogue, qui s'interdit du même coup toute mise en question de cet idéal, c'est-à-dire du *désir* qui est le support de son choix pédagogique : on demande à l'enfant de venir illustrer le bien-fondé d'une doctrine [1].

Une telle option prend sa source dans l'imaginaire (de l'éducateur) et participe de toutes les rêveries concernant un monde meilleur (rêveries présentes à travers toutes les civilisations). Une recherche pédagogique qui pose au départ l'idéal à atteindre ne peut que méconnaître ce qui touche à la vérité du désir (de l'enfant et de l'adulte). Expulsée du système pédagogique, cette vérité revient sous forme de symptôme et s'exprimera dans la délinquance, la folie, et les diverses formes dites d'inadaptation.

A l'inverse la position d'un Rousseau avait pour visée l'enfant à éduquer en l'étudiant pour lui-même : une telle interrogation sur ce que l'enfant représente pour l'adulte traçait au moins la voie de la réflexion sur l'éducation.

Opérer une véritable réflexion sur l'éducation, cela implique l'effort de constituer une doctrine scientifique et de se dégager du manque de repérage qui caractérise l'imaginaire.

Et c'est là que la psychanalyse peut apporter sa marque : dépassant la dualité nature-société [2], elle souligne le rapport de l'une et l'autre au langage, qu'elle saisit dans l'étude de la naissance du désir chez ce sujet humain : lequel, avant même d'être en mesure de prendre la parole, a fait l'expérience de son appartenance au monde du langage, et s'est aperçu qu'il y constituait un pôle, dès lors que l'Autre peut lui répondre par oui ou par non [3]. Ainsi la doctrine psychanalytique a-t-elle pour effet de marquer cette entrée dans la chaîne signifiante qui constitue l'enfant en sujet : en dégageant ce que l'action analytique est appelée à bouleverser dans le rapport du sujet au signifiant,

1. Développé par moi dans la préface de *Summerhill,* éd. Maspero, 1970.

2. Lacan rappelle à ce propos que la nature est un produit de la culture et qu'il y a une erreur à vouloir opposer l'une à l'autre (*Séminaire* Sainte-Anne, 4 nov. 1971).

3. J. Lacan, *Séminaire* sur le désir et l'interprétation.

on indique du même coup ce qui sépare cette pratique de toute action sociale, religieuse, pédagogique ou politique [1].

Jusqu'ici : vers la politique ?

La situation analytique est a-sociale, la pédagogie, elle, est bien obligée de se définir par rapport à une société donnée : toute pédagogie dépend de la sorte d'un choix idéologique ou politique. C'est, dans *la République* de Platon, comme dans l'*Émile* de Rousseau, qui demeurent deux utopies, la dimension que l'on peut qualifier d'éthique.

La description de la Cité constitue pour Platon le détour nécessaire à la définition de l'image de l'homme juste : ce détour, le poser comme concept nous pose question. « N'exige pas, dit Socrate, que je réalise en effet ce que j'ai décrit en paroles ; mais si je puis découvrir comment on pourrait établir un État très rapproché de notre idéal, reconnais que j'ai démontré ce que tu me demandes, la possibilité de réaliser notre constitution. Ne serais-tu pas content d'un tel résultat ? Pour moi, je le serais [2]. »

L'image de l'homme juste, nous le verrons plus loin, se présente comme l'envers de celle du tyran — celui qui succombe au dérèglement, qualifié par Platon de contre-nature. Il s'agit là en fait du désir tel qu'il peut apparaître dans l'enfer du rêve (désir d'inceste, de meurtre, etc.).

Est-ce ce qui dans le désir apparaît de l'ordre de l'insoutenable, qui a amené philosophes et pédagogues à le réduire au niveau du besoin ? Nous avons vu, en tout cas, comment un Dr D. G. M. Schreber s'était attaqué au désir en lui substituant l'acquisition d'automatismes.

Interpellé par le caractère aberrant du désir, Rousseau entreprend, lui, de l'interroger. Du rapport au langage naît, chez l'être humain, le désir : la méthode de Rousseau vise par suite à considérer l'élève comme un être de logique

1. M. Safouan et M. Mannoni, *Psychanalyse et Pédagogie,* in *Recherches,* sept. 1967.
2. Platon, *La République,* V.

— c'est-à-dire un être parlant qui fait l'expérience d'un vouloir et d'un choix (oui *ou* non) là où il n'y a personne pour en décider à sa place [1]. Ce que l'enfant réalise, il le réalise par rapport à un langage qui le tient. A travers la dialectique maître-élève qui s'instaura dans l'*Émile*, c'est, ni plus ni moins, de quelque chose comme la prise du sujet dans la chaîne signifiante qu'il s'agit.

A un autre niveau, on peut certes s'interroger sur les oscillations de Rousseau (ou du précepteur), qui se situe tantôt au niveau de l'autre *imaginaire* (toutes les pensées d'Émile doivent lui être transparentes), tantôt au niveau de l'*Autre* préalable de la première dépendance : « Tout est bien sortant des mains de l'Auteur des choses, tout dégénère entre les mains de l'homme. »

De cette différence des positions dans la théorie, les effets dans la pratique sont clairs. De ce fait Platon se situe dans la lignée des *politiques* — n'étant, nous dit-on [2], venu à la philosophie et n'y étant resté que par la politique et pour la politique — il a laissé une œuvre qui, si elle a servi une réflexion sur l'éducation, peut aussi, parce qu'elle donne à rêver d'un État idéal, servir dans la réalité une entreprise paranoïaque visant la création d'un État totalitaire et « parfait ». On trouve chez lui le culte d'une élite peu nombreuse, le culte d'un savoir à des fins de pouvoir ; et l'ascèse des gouvernants (qui auront à faire du malheur leur lot) est le prix à payer pour faire partie de l'élite. L'œuvre de Platon renvoie ainsi à ce qui de nous est en quête d'idéalisation [3] et permet de masquer l'archaïsme des institutions.

L'œuvre de Rousseau, en revanche, n'est pas à proprement parler politique, c'est l'œuvre d'un philosophe qui pense l'éducation, qui la pense du lieu même de *la mère* qu'il n'a pas eue. Il a réalisé, peut-on dire, sur lui-même,

1. Mustapha Safouan, *De la structure en psychanalyse*, in *Qu'est-ce que le structuralisme* ?, Seuil, 1968.
2. Auguste Diès dans sa présentation de l'œuvre de Platon, *La République*, éd. Les Belles Lettres, Paris, 1948.
3. Renvoyant au moi idéal, à un surmoi tyrannique et aveugle.

l'image de la mère idéalisée, en écrivant un traité sur l'éducation.

Un siècle plus tard, le Dr D. G. M. Schreber reprend le thème de l'éducation en posant comme postulat que la nature est mauvaise : « Point de mère, point d'enfant » disait Rousseau ; « que la mère s'efface, c'est la voix du *père* qui importe », répond le Dr D. G. M. Schreber. A travers l'image agrandie de l'enfance, l'un et l'autre, s'identifiant à leur œuvre, refont leur propre enfance ratée ou perdue.

Et l'on sait qu'autour de l'idée de *perfection* s'élabore souvent un monument théorique qui cache, sous le vêtement de la science, une démarche que l'on peut qualifier de délirante. Mais Rousseau comme philosophe laisse des questions *ouvertes*, il est du côté du rêve. Le Dr D. G. M. Schreber, lui, *ferme les questions* dès l'instant que sa visée est « d'avoir réponse à tout ». La démarche de Rousseau a des points communs avec une démarche analytique en ce qu'on trouve chez lui une volonté d'effacement. La démarche du Dr D. G. M. Schreber, par son côté technique et autoritaire, se rapprocherait plus de l'orthopédie (à laquelle il a d'ailleurs recours) [1].

L'effacement de Rousseau a, bien sûr, un côté mystifiant, mais la mystification s'est surtout révélée dans l'application pédagogique qui en a été faite après lui : on s'est emparé du concept pour le traduire en recettes. Dès lors s'est trouvée masquée *la haine de l'enfance* qui est à la base de toute démarche « pédagogique » : on nous a fabriqué un enfant mythique pour excuser nos crimes ; on a créé la notion de régression (le paradis de l'enfance), la

1. La critique d'un style d'enseignement se trouve déjà chez Baudelaire lorsqu'il nous parle de *Philibert Rouvière* : « Au Conservatoire, Rouvière devint si mauvais qu'il eut peur. Les professeurs-orthopédistes-jurés, chargés d'enseigner la diction et la gesticulation traditionnelle, s'étonnaient de voir leur enseignement engendrer l'absurde. Torturé par l'école, Rouvière perdait toute sa grâce native, et n'acquérait aucune des *grâces* pédagogiques. Heureusement il fuit à temps cette maison dont l'atmosphère n'était pas faite pour ses poumons… » (*Œuvres complètes*, t. I, Club du meilleur livre, p. 530).

notion de maturité (utile à l'administration). *L'autorité médicale a fait le reste.*

Les conseils de puériculture et de pédagogie dispensés avant 1880 par des mères de famille, des sages-femmes, des médecins de campagne, sous la forme d'un « art de vivre », deviennent en effet, après 1880, le monopole exclusif des pédiatres, à des fins d'enseignement. Le pédiatre possède désormais un savoir théorique qu'il dispense avec autorité ; il cherche à définir la légalité médicale.

S'il entend de la sorte se couper d'une tradition empirique, le savoir médical ne se coupe pas pour autant de toute interférence idéologique. Au XIXe siècle les médecins ne se recrutent plus exclusivement dans ce que l'on pourrait appeler la classe moyenne, la profession attire de plus en plus les jeunes gens appartenant aux classes sociales supérieures — ainsi les règles d'hygiène édictées vont-elles tenir compte des positions sociales, c'est ainsi que la femme du peuple a besoin de règles avec lesquelles on ne transige pas : sauvage, elle est censée être robuste ; la femme de la classe supérieure a droit par contre à tous les ménagements : il importe de tenir compte d'une « nervosité » inhérente à la culture [1].

Symétriquement, les institutions scolaire et médicale de la fin du XIXe ont, en France, bâti leur autorité sur l'*ignorance populaire* — ignorance populaire tellement nécessaire que tout concourt à la conserver.

Les effets de cette position demeurent aujourd'hui manifestes dans la forme aussi bien que dans le contenu d'un enseignement fondé sur les rites de passage et les vertus de la sélection : que deviendrait en effet l'enseignant si l'élève était mis en situation de *ne plus être empêché d'apprendre ?* C'est le point sur lequel nous reviendrons.

Et aussi bien, en médecine, en psychiatrie, le patient n'est-il pas aussi placé parfois en situation d'être empêché de « guérir » ?

1. Dr E. Bouchut, *Hygiène de la première enfance, guide des mères pour l'allaitement, le sevrage et le choix des nourrices*, J. B. Baillère et fils, Paris, 1862, cité par Luc Boltanski in *Prime Éducation et Morale de classe*, éd. Mouton, 1969.

On invoque maintenant le psychanalyste pour qu'il occupe la place d'*autorité* convoitée par le médecin au XIXe siècle, on sollicite quotidiennement son avis pour des « conseils pédagogiques » : or, il n'est pas sûr que l'avenir soit du côté de la multiplication d'actes médico-psycho-pédagogiques ; ceux-ci viennent de plus en plus en lieu et place d'une dimension politique que l'on ne peut plus ignorer. On ne saurait indéfiniment continuer à proposer des remèdes de fortune là où ce sont les structures elles-mêmes qui auraient besoin d'être remises radicalement en question.

Aujourd'hui.

Pris au piège des systèmes, des techniques et d'un absolu scientifique, impuissants à relativiser notre connaissance, nous avons dans bien des cas tissé nous-mêmes le filet d'une *situation paranoïaque* — ouvrant sur les déchirements de notre époque — à laquelle en tant qu'analystes nous sommes loin d'échapper.

A travers leur refus (refus scolaire, refus de s'adapter à nos normes, refus de vivre), les jeunes désignent ce qui dans notre système de valeurs leur paraît intolérable. Ils ont l'impression que les mots ont remplacé les valeurs.

L'étudiant parle d'un ghetto culturel de façon ambiguë, sans qu'on sache s'il est privé ou prisonnier de la culture. C'est que la culture scolaire est devenue comme l'enjeu des qualifications, des orientations, des sélections politiques et sociales. L'enfant la reçoit comme un passeport, un laissez-passer qu'il doit montrer aux guichets, il n'a pas le sentiment qu'elle lui appartienne.

A son époque, Michelet déjà avait montré aux étudiants qu'ils devaient par eux-mêmes, et pour eux-mêmes, se faire une contre-éducation s'ils voulaient s'approprier une culture qui les portait ou les rejetait comme des objets. Et il disait que ce qui était à récuser, c'était la culture (entendons, la culture officielle). « Donnez-moi des fêtes. Il y a longtemps que je n'ai ri et même ai-je ri jamais ? Voilà ce qui manque à mon cœur, ce qui manque à la France[1]. »

C'est la vie qu'il faudrait réinventer, mais la vie est un mot vague et il n'est pas question de prendre à nouveau Robinson pour modèle, il s'agit des institutions et en premier lieu de la Famille, de l'École, de l'Hôpital.

Comme dit Illich, c'est toute la réalité sociale qui se trouve de nos jours « scolarisée[2] ». « Les riches, tout comme les pauvres, sont soumis aux écoles et aux hôpitaux qui orientent leur vie, façonnent leur vision du monde et fixent les limites de ce qui est légitime et de ce qui ne l'est pas. Les uns et les autres pensent qu'il est inconsidéré de se soigner soi-même, qu'on apprend mal ce qu'on apprend tout seul et que toute tentative d'organisation communautaire qui n'est pas financée par les autorités publiques ne peut qu'être une forme d'agression ou de subversion. »

... Des camps de concentration préventifs pour prédélinquants seraient, ajoute-t-il, tout à fait dans la logique du système scolaire. On sait que c'est malheureusement dans cette voie que beaucoup de pays occidentaux se sont engagés.

Le dépistage obligatoire des troubles dits mentaux dès le plus jeune âge crée une situation dans laquelle l'école va se trouver continuée par l'hôpital. Les inadaptés, qui sont de plus en plus nombreux, doivent être considérés comme un symptôme de la maladie des institutions[3]. Une formation qui n'a pour but que la production et la concurrence, et

1. Jules Michelet, *L'Étudiant,* préface de Gaétan Picon, éd. du Seuil, 1971.

2. Ivan Illich, *Déscolariser l'école,* in *Les Temps modernes,* juin 1970.

3. L'excellente étude de Jacques-Alain Miller et François Regnault (*La Vie quotidienne dans l'empire du fer,* in *Temps modernes,* avril 1971), mériterait d'être complétée par une étude systématique de toutes les régions françaises. Cela nous permettrait de mieux comprendre le contexte dans lequel prend naissance le « rebut scolaire » dont la nation semble avoir besoin. Rien que dans ce petit coin « d'enfer » lorrain (Fameck), nous apprenons que 40 à 50 % des élèves sont dans des classes de transition ! (la moyenne nationale est de 16 %). Les seuls débouchés de travail sont des débouchés d'exploitation renforcée. Comment s'étonner du pourcentage de délinquants et prédélinquants parmi les jeunes ?

qu'on se représente comme donnant des *moyens de vivre*, on commence à s'apercevoir qu'elle *empêche de vivre.*

Des contre-institutions s'ébauchent de divers côtés ; il faut croire, même si ce ne sont pas des solutions, qu'au moins elles manifestent le signe d'une carence.

Notre croyance en la *technique* nous empêche d'opérer un véritable changement pédagogique. Ce qui fit la force d'un Freinet [1], ce fut sa *position en marge* d'une société qui le rejetait. L'intérêt d'une telle position réside moins dans ce que l'on a privilégié de ses effets (découvertes de Freinet : imprimerie, texte libre, fichiers auto-correctifs), que dans cela même qui la constitue : suprématie donnée par Freinet à l'éducation sur l'instruction, volonté de faire corps avec la vie du village, importance accordée à l'éveil, à la prise de conscience sociale et politique de l'enfant. C'est tout ce qui a été favorisé au niveau d'un combat au côté des adultes (hors d'une ségrégation de classes d'âge) qui mérite d'être retenu.

Qu'il ait développé par ailleurs toute une mythologie autour de l'enfant, c'est le côté banal de son entreprise, et c'est évidemment ce côté-là qui a été retenu. On ne sait s'il faut se réjouir ou s'inquiéter de ce que le mouvement Freinet ait actuellement 20000 adhérents. Ils sont peut-être, en nombre, moins efficaces que ne l'était Freinet lorsque, à lui tout seul, il mobilisait toute l'opinion contre lui.

La position de Fernand Deligny [2] tire également son intérêt de ce qui y demeure *irrécupérable.* Il cherche à mettre en place pour les plus déshérités (délinquants, fous, arriérés) des « dispositifs d'existence » en marge des institutions en place, à la manière de ces lieux occupés naguère par les Résistants, des lieux hors des villes, hors de « l'établi ». Ce dont il s'agit : empêcher la « maladie » de

1. Élise Freinet, *Naissance d'une pédagogie populaire,* éd. Maspero, 1968.

2. Fernand Deligny, *Vagabonds efficaces,* éd. Maspero. Ginette Michaud, *Analyse institutionnelle et pédagogique,* in *Recherches,* sept. 1969.

s'institutionnaliser, permettre à la parole de l'enfant de faire surface.

Fernand Deligny s'oppose ainsi à Fernand Oury[1] qui vise, lui, à introduire un changement pédagogique au sein des structures existantes, tandis que ces structures, F. Deligny les conteste radicalement. Deligny demeure d'ailleurs dans la solitude du poète, là où d'autres rêvent de monopoles éducatifs.

Si la position de A. S. Neill[2] a pris une telle importance c'est qu'il a su préserver une vérité fondée sur une radicale *démystification de la fonction enseignante.* Il montre, avec exemple à l'appui, que la pédagogie n'a rien à attendre d'un perfectionnement technique (il utilise les méthodes les plus désuètes). En considérant que la solution n'est pas du côté du replâtrage des troubles, mais du côté de leur prévention, il renoue d'une certaine façon avec ce que Rousseau avait promu sous le titre « d'éducation négative ». On lui a reproché de ne s'adresser qu'aux enfants de la classe bourgeoise. A. S. Neill a été le premier à le déplorer : c'est en effet le paradoxe de ce système (capitaliste) qu'il rend possible une contestation radicale de la société auprès des enfants de la classe dominante, mais la refuse aux autres.

L'expérience de l'école de Barbiana[3] demeure, pour cette raison même, tout à fait exemplaire. C'est la *seule expérience* dans toute l'histoire de la pédagogie contemporaine à avoir refusé, avec succès, le mythe de l'enfance.

L'école n'est d'ailleurs pas une école, c'est un lieu dans un village perdu d'Italie où le pourcentage d'échecs au certificat d'études primaires est l'un des plus élevés de la

1. F. Oury et A. Vasquez, *Vers une pédagogie institutionnelle,* éd. Maspero, 1967. F. Oury se rend compte malgré tout du côté « intenable » des structures officielles, puisqu'il dit : « Si on ne peut changer le métier, changeons de métier » — ce qu'il a fait.

2. A. S. Neil, *Summerhill,* éd. Maspero, 1970.

3. *Lettres à une maîtresse d'école,* éd. Mercure de France, 1968.

Cf. Ginette Michaud, *Analyse institutionnelle et pédagogie,* in *Recherches,* sept. 1969.

région. Animé par une foi révolutionnaire, un curé se met en tête de rassembler les rejetés de l'Éducation nationale : tous des enfants de paysans, dont la langue maternelle n'est pas celle en usage dans les écoles. Ces enfants n'ont de chance d'échapper à la condition d'oppression de leurs parents que s'ils font des études : or, *dès le départ,* l'accès de l'école leur est rendu impossible.

C'est à cette dimension politique du problème que les enfants sont rendus attentifs par le curé. Loin de les « exiler » dans les « jeux de leur âge », ce dernier les plonge dans la lecture des journaux, dans la contestation des programmes scolaires et dans l'étude orale des langues vivantes. Le travail est quasi un travail de force, mais effectué dans l'enthousiasme (enthousiasme né de la violence et de « l'esprit de revanche », la scolarité étant assimilée à une guerre à gagner). Les enfants sont mis en position d'être à la fois enseignés et enseignants – chacun doit aider un moins doué que lui.

« Ceux qui ne possédaient pas de base, écrit un des enfants, qui mettaient plus longtemps que les autres à comprendre ou qui étaient distraits, se sentaient les préférés. On les traitait comme vous traitez le premier de la classe. On aurait dit que l'école n'était rien que pour eux. Tant qu'ils n'avaient pas compris, les autres n'avançaient pas..

« Il n'y avait pas de récréation, il n'y avait pas de congé, même le dimanche. Ça ne nous tracassait pas, ni les uns ni les autres, car le travail c'est bien plus dur. Mais de tous les bourgeois qui débarquaient histoire de nous rendre visite, il n'y en avait pas un qui pouvait avaler ça.

« Il y eut un gros ponte de professeur… il finit par s'en aller et Lucie qui avait seize vaches à l'étable dit " l'école, ça vaudra toujours mieux que la merde "… Cette phrase, il faudrait la sculpter sur la porte de vos écoles. Des millions de petits paysans sont prêts à y souscrire…

« C'est vous qui dites que les gosses détestent l'école et qu'ils préfèrent s'amuser. A nous les paysans, vous nous avez rien demandé. Mais on est un milliard sept cents millions. Il y a six gosses sur dix qui pensent la même chose que Lucie, les quatre autres, on ne sait pas. Toute votre culture se fait de cette manière, comme si le monde c'était vous...

« Pour se mettre volontiers à l'étude dans vos écoles, il faudrait être arriviste à douze ans. Les arrivistes à douze ans, il faut les compter. C'est si vrai que, pour la plupart, vos élèves ne peuvent pas sentir l'école. »

La réussite aux examens s'est avérée totale. Les enfants sont devenus en grande partie des *enseignants révolutionnaires*. Barbiana comme lieu d'enseignement a disparu à la mort du curé. L'enseignement de Barbiana, c'est que la société fabrique (et “ soigne ”) l'échec scolaire comme si elle avait besoin d'un système garantissant la production d'une élite (pour métiers nobles) et de manœuvres pour assurer la main-d'œuvre dont l'élite — la classe dominante — a besoin.

... L'éducation pose une question qu'il n'est pas en notre pouvoir d'analystes de résoudre. La psychanalyse, disait Freud, peut apporter une aide à l'éducation, mais ne saurait s'y substituer. Il y a, disait-il par ailleurs, trois professions impossibles : l'éducation, les soins et le gouvernement des peuples [1].

On pourrait paraphraser Freud et dire que, dans une réflexion sur la pédagogie, la psychanalyse n'a pas à se substituer au politique : elle interroge une situation et laisse à d'autres le soin de prendre le relais du discours analytique.

1. S. Freud, préface à *Wayward Youth de Aichborn*, Viking Press, 1956, 2e édition.

2

L'école parallèle, les équipes de « soins »

Le nombre accru d'échecs scolaires (et d'élèves qualifiés de « retardés scolaires ») est devenu pour le monde entier un problème préoccupant, lié à l'instauration de la scolarité obligatoire. Le mythe libéral de l'égalité des chances pour tous grâce à l'école est en train de s'écrouler. Nixon[1] lui-même avoue que, dans ce domaine, l'Amérique doit « en rabattre » : il conteste à l'enseignement une fonction effective quelconque de transformation de la société américaine.

Ivan Illich[2] a attiré plus d'une fois l'attention sur le fait que la création d'institutions spécialisées (destinées à l'enseignement scolaire), loin d'apporter une solution au problème pédagogique, n'a fait que l'obscurcir. « L'école, dit-il, est une piètre instructrice en matière de qualifications parce qu'elle enseigne selon un programme encyclopédique... Les gens capables de transmettre une qualification sont rares, du fait de la valeur qu'on attache à la licence d'enseignement. En fait, la plupart des enseignants chargés d'enseigner les divers arts et métiers sont moins compétents, moins inventifs et moins bons pédagogues que les bons professionnels[3]. »

On sait qu'une des réformes introduites dans l'enseignement en Chine (et qui serait accueillie avec joie par nos élèves) a été l'apparition de *gens de métier* (paysans,

1. *Le Monde,* 26 mars 1970, article de Jacques Amalric et Alain Clément, cité par R. Lourau in *Analyse institutionnelle et Pédagogie,* éd. de l'Épi, 1971.
2. Cf. Ivan Illich, *Une société sans école,* éd. du Seuil, 1971.
3. Illich, *op. cit.*

menuisiers, etc.) à côté de l'enseignant professionnel, et cela dès la première année du cycle d'enseignement primaire.

Loin de révolutionner l'enseignement dans sa structure, l'Occident cherche au contraire plutôt à parer aux effets des troubles nés d'un enseignement inadapté à notre époque. Parer aux effets, en l'occurrence, c'est charger la médecine de répondre là où l'enseignement a échoué.

De plus en plus, on voit aux États-Unis l'école classique se doubler d'une école parallèle, sous la forme de centres de réadaptation, centres de guidance, etc., sans que le moins du monde soit mis en question un *style de vie* responsable du nombre croissant d'inadaptés (46,4 % du total des lits sont affectés aux malades mentaux aux États-Unis contre 11,2 % en URSS). Des études et des recherches menées dans ce domaine du style de vie ne semblent guère avoir eu d'effet sur la politique de la « Santé » et la politique scolaire du pays (et par contrecoup du nôtre, puisque nos normes, voire notre programme de recherches, sont calqués sur ceux de l'OMS).

Thomas Szasz[1] a montré qu'ainsi aux États-Unis c'est au corps médical qu'a été délégué le soin de résoudre, à la place du corps enseignant défaillant, le problème d'un ordre social menacé. Les médecins s'installent dans les écoles. « *Nos écoles*, s'interroge Thomas Szasz, *doivent-elles donc devenir des hôpitaux de jour ?* »

Il reproche aux écoles parallèles d'avoir des programmes sédatifs entièrement tournés vers un souci de « normalisation[2] ». On appelle ironiquement toutes les espèces d'hôpitaux de jour les « agences de manipulation morale », destinées à deux sortes de clients : ceux qui viennent volontairement se convertir aux buts moraux qu'on leur propose, et ceux qui y sont amenés de force.

« Si Dieu et le diable étaient les symboles clefs de la théologie médiévale, dit ailleurs Thomas Szasz, la santé mentale et la maladie sont devenues les clefs de l'idéologie

1. Thomas Szasz, *The Psychiatrist : a Policeman in the Schools*, in *This Book is about Schools*, éd. Statu Repo, Panthéon, 1970.
2. Edgar Friedenberg, cité par Thomas Szasz, *op. cit.*

psychiatrique contemporaine. La dichotomie du Bon et du Mauvais est remplacée de nos jours par celle de maladie mentale et santé[1]. » Finalement, l'autorité médicale est devenue l'alliée la plus sûre de l'autorité policière.

Qu'en est-il en France ? et, plus précisément : le discours dit « scientifique » tenu de nos jours dans les lieux de travail hospitaliers n'est-il pas lui aussi traversé par des prises de position plus proches de la croyance que de la science ?

Je me propose de tenter une analyse (forcément fragmentaire) du problème médico-psycho-pédagogique français (l'école parallèle) en prenant comme repères les positions officielles dans ce domaine, qui sont celles du discours dominant. Je me référerai tout au long de ce chapitre au compte rendu fidèle et honnête d'un congrès (tenu à Paris en 1966), qui a paru sous le titre *l'Équipe de psychiatrie infantile et son Psychiatre*[2]. Les événements de mai n'ont fait que durcir les positions officielles qui s'étaient exprimées à ce congrès dans le sens d'une domination par l'idéologie médicale. Ce document a gardé ainsi toute son actualité.

Pourquoi des centres spécialisés ?

Le premier centre psycho-pédagogique s'est créé à Paris, dans les années qui ont suivi la guerre, sous l'impulsion de Georges Mauco, lequel n'a cessé de lutter, pendant plus de vingt ans, pour conserver à ces types de consultations leur orientation psychanalytique. Il n'a pu cependant empêcher l'administration d'aller sans cesse plus dans le sens d'un double monopole médical et rééducatif. Les centres se sont depuis lors multipliés dans tout le pays. Le besoin de consultations médico-psychologiques s'est trouvé créé dans le public par la voie des médias. Dans certains quartiers on fait même de la « prospection médico-psychologique ».

Le marasme scolaire amène de plus en plus les chefs

1. Thomas Szasz, *Ideology and Insanity*, Anchor books, 1970.
2. Éd. Privat, 1967.

d'établissement à orienter les « échecs scolaires » vers les centres psycho-pédagogiques, ou médico-pédagogiques, les centres d'observation, etc. Les organismes d'orientation professionnelle, publics et privés, eux-mêmes ne suffisent plus à la tâche d'orienter vers ce secteur d'enseignement spécialisé les enfants et adolescents qui leur sont amenés.

En introduisant en 1945 la psychanalyse dans le secteur public, Georges Mauco s'imagina qu'il allait, à l'instar de Freud, introduire la « peste » et amener les pouvoirs publics à s'interroger. Les pouvoirs publics ont digéré la « peste » ; mieux, ils en ont fait un outil éducatif parallèle (les pédagogues et les médecins s'en disputant le monopole).

Tout d'abord, toute une série de problèmes *à l'intérieur du groupe.*

Puisque, digérée, la psychanalyse est ramenée au rang d'adjuvant thérapeutique, rééducateurs, orthophonistes, enseignants, etc., réclament ensemble le droit d'être thérapeutes eux aussi. « On est tous des thérapeutes » est la revendication qui s'est fait entendre au colloque de 1966 · revendication reprise, comme on sait, en mai 1968.

Dans le même temps, le recours aux notions de normal et de pathologique reste de règle dans toutes les observations d'enfants. Les élèves sont décrits tantôt comme des êtres « fragiles », tantôt comme des « psychotiques en voie de cicatrisation » (*sic* !) ; la Sécurité sociale rend inévitable en effet la « conservation » de l'appellation médicale, économiquement nécessaire (chaque trouble scolaire bénin est à la recherche de son médecin)...

Et, tandis qu'on axe ainsi la recherche sur une pathologie *unitaire*[1], le morbide n'en est que mieux découpé et donné en *partage* aux spécialistes. Le problème qui se pose dès lors dans la pratique quotidienne est de savoir si on va accentuer la division du travail autour d'un enfant « malade », ou si l'équipe va réaliser une « fusion » idéale.

A l'affirmation de certains médecins : « *Nous sommes tous des éducateurs* », s'opposent les réactions « corporatistes » des pédopsychiatres et neuropsychiatres, qui rap-

1. Cf. Michel Foucault, *Maladie mentale et Psychologie.*

pellent — ce qui est en tout cas pertinent — que sans médicalisation des troubles il n'y a pas d'aide à attendre de la part de la Sécurité sociale, le médecin étant ainsi appelé par l'administration à être le garant du bon fonctionnement de l'institution, c'est-à-dire de son bon financement.

En fait, on n'a guère mis en question jusqu'à présent la division du travail des spécialistes, sinon en donnant (par culpabilité) « le droit à la thérapie » à tous les membres de l'équipe — faisant subir ainsi à l'objet thérapeutique une inflation sur le plan imaginaire des plus contestables. C'est là une façon de colmater un malaise plutôt que de l'interroger.

Ces problèmes intérieurs se doublent de celui de la place des centres *dans la société.*

Il est frappant de voir les psychiatres développer, au terme de ce processus, un langage militaire et s'adresser au public en termes « d'armement psychiatrique », réclamant la *réintégration* des enfants à la société, l'unité et la *solidarité* des membres de l'équipe.

Loin d'aboutir à une interrogation de la politique scolaire (interrogation qui remettrait en cause de façon radicale les structures de l'enseignement) l'orientation psychanalytique introduite en 1945 s'est ainsi trouvée récupérée dans une entreprise de maintien de l'ordre. Non seulement la psychanalyse a échoué à faire poser un problème politique ; mais elle a contribué à masquer la gravité d'une crise des institutions de l'État. La préoccupation du « social » est venue colmater celle du « politique », et contribue par là à la conservation du système.

On voit bien la question se poser à partir du médecin-chef de chaque organisme ; c'est lui qui possède le pouvoir administratif de distribuer fonctions et argent : c'est lui qui obtient ou non les crédits nécessaires, c'est par lui et grâce à lui que l'équipe vit, c'est en lui qu'elle va être appelée à se reconnaître. Quoi que fasse le médecin-chef, sa position, définie par l'administration, est inconfortable ; il participe en effet avec les autres membres de l'équipe à un malaise lié aux structures dans lesquelles avec eux il se trouve piégé. Il a dès lors le choix entre donner sa caution à une entreprise impossible ou contester les structures qui lui sont imposées, et c'est à la réalité économique qu'il ne manquera pas alors de se heurter rapidement (la Sécurité sociale n'accorde des subsides substantiels qu'en fonction de la variété des spécialistes auxquels on fait appel, imposant ainsi une division du travail inutile, voire franchement nuisible).

La façon dont éducateurs, enseignants et psychologues avouent tous de nos jours être en quête de leur « identité » respective par rapport à la société n'est-elle pas à elle seule signe d'un désarroi ?

Qu'est-ce que l'inadaptation ?
(trois témoignages).

L'inadaptation des enfants se trouve moins mise en cause aujourd'hui que celle des « soignants », qui se sentent de plus en plus « inadaptés » à la tâche qui leur est imposée — et qui, faute de trouver une réponse, peuvent surdéterminer effectivement une inadaptation.

En posant la question *qui est-on ?* et *pour quoi faire ?* ce sont les structures de l'école parallèle que les enseignants interrogent, dévoilant ainsi le non-sens d'une situation dans laquelle ils se trouvent impliqués.

Émilie, psychologue, âgée de vingt-cinq ans, fait partie, en tant que professeur de mathématiques, d'une équipe dite thérapeutique dans un cours de réadaptation. Elle enseigne les mathématiques de la classe de 3e aux classes terminales. Ses élèves sont des adolescents caractériels, névrotiques ou psychotiques. Le directeur de l'établissement spécialisé et les parents lui demandent de « fournir » aux garçons le « scolaire » qu'ils auront, peut-on dire, à « revomir » le jour de l'examen.

Pour obtenir ce résultat, elle se montre exigeante, stricte, — et finit par s'épuiser pour un résultat minime. Elle renonce alors à demeurer à la place qui lui a été assignée par les parents et l'administration.

Elle abandonne les mathématiques, les finalités de l'examen, et fait sienne la question des élèves : les mathématiques, pour quoi faire ? L'inquiétude s'installe alors dans la classe, deux camps s'affrontent, les uns réclamant les matières d'examen, les autres rêvant d'évasion. Émilie, elle, découvre le transfert dont elle était l'objet et contre lequel incarner l'image idéale du maître d'école était une façon de se défendre sans le savoir. Du jour où elle peut accepter d'être objet de désir, certains enfants se remettent aux mathématiques, réclament des devoirs, une recherche mathématique s'entreprend même sans le professeur, mais en fait pour lui. D'autres élèves abandonnent tout.

A la réunion d'équipe, on fait remarquer à Émilie que c'est X, et non elle, le thérapeute. On lui reproche de quitter sa fonction, qui est d'enseigner. « Je ne joue pas à l'analyste, dit-elle, je souscris à une position de refus. »

– Ce n'est pas possible, lui répond-on, des parents se plaignent, certains de vos collègues se plaignent également. Vous êtes là pour enseigner, X est là pour « traiter ».

– De quoi est fait le « traitement » ?

– Eh bien, d'un soutien aux mathématiques !

Ainsi, où qu'il se tourne, l'élève est-il mis en condition d'avoir à avaler passivement ce que, de tout son être, il refuse. On rappelle aux adultes « qu'ils sont payés pour ça » (pour instruire, non pour éduquer). Si le refus, sous forme d'évasion de l'école ou de la famille, n'est pas admis, un style d'opposition stéréotypée à l'égard du professeur est par contre très bien toléré : cette opposition prend le nom de « maladie » et se trouve « soignée » sur place par un thérapeute.

L'institution scolaire prend le relais de l'institution familiale, la coercition s'y trouve renforcée et les difficultés de l'enfant, par le fait même, aggravées. L'enseignement s'avère, dans ce contexte, une entreprise impossible, et l'éducation cède le pas à une multiplication de techniques que l'on pourrait taxer de *suggestion*.

Charlotte, psychologue, vingt-quatre ans, travaille dans un hôpital de jour spécialisé pour les « techniques de relation ». Chaque adolescent dit psychotique peut disposer d'un adulte qu'il se « choisit », et auquel il peut faire appel au cours d'une « crise », si quelque chose l'oppose au groupe, au maître, à ses camarades. L'adulte « choisi » ne peut, lui, se dérober, il faut qu'il occupe la place que le patient lui assigne. « Bon voyons, dira à Charlotte un collègue, c'est toi qu'il veut ! »

Or, s'il trouve ainsi dans la réalité un adulte à « se mettre sous la dent », l'adolescent risque de se maintenir dans un imaginaire qui le met à l'abri du monde extérieur. Prise dans un contexte pervertissant de « fausse sécurité », cette relation à l'adulte peut prendre le relais d'un lien pathologique à la mère. Il n'est pas rare de voir des adolescents « maternés » de la sorte chercher dans le délire une possibilité d'échapper à toute emprise. Mais le jour où ils se font délirants, ils sont, hélas, internés.

Ce qui a le plus frappé Charlotte dans cette expérience, c'est le côté massivement « thérapeutique » et « fusionnel » de l'équipe, à ce point fascinée par le morbide qu'elle en arrive à le créer.

Fanny, adolescente caractérielle de dix-sept ans (quatre ans d'analyse à l'âge de six ans pour un épisode qualifié de psychotique), fréquente, comme externe, un cours de rattrapage mixte pour enfants dits « normaux ». Elle n'avait connu jusqu'alors qu'une vie d'internat de jeunes filles monotone et sévère. Le changement est brutal. La turbulence des garçons la fascine et la panique à la fois. Les filles plus mûres qu'elle, plus à l'aise dans leur corps, l'intimident (elle les jalouse). Fanny se sent, comme provinciale, un peu perdue ; elle craint de ne pas être à la hauteur intellectuellement. Son BEPC, elle ne l'a eu que de justesse, avec un 1/20 en mathématiques. Elle n'a jamais rien compris aux mathématiques. C'est pourtant la branche dans laquelle elle va se montrer très vite la meilleure. De multiples rééducations avaient été conseillées un an auparavant tant était grande sa désorganisation dans le temps et l'espace. Et puis voilà qu'en l'espace d'un mois tout semble être rentré dans l'ordre : uniquement parce que le professeur (un homme) lui plaît.

Mais hélas ! elle n'est pas la seule qui plaise au professeur et une rivalité avec d'autres filles s'installe. Le succès de Fanny avec les garçons de son âge demeure nul. Fanny s'enferme dans le mutisme. Par où elle inquiète, intrigue, et reconquiert, du même coup, sa place d'*unique.*

Les enseignants entraînés aux techniques « relationnelles » ne l'entendent pas de cette oreille. « Cette jeune fille qui ne communique pas, on va s'en occuper. » On explique à la classe l'importance de la communication. On invite les élèves à livrer leur secret. Seule Fanny boude. Son travail marche, mais la communication, rien à faire ! Elle commence à fuguer : l'étrangeté de son comportement intéresse les garçons. Les enseignants la pressent de se livrer. Est-elle malheureuse ? Qu'est-ce qui ne va pas ? Et voilà les vannes ouvertes. Fanny parle de sa famille, de son isolement, de ses malheurs, elle s'offre en victime exceptionnelle, laisse voir l'énormité du malheur qui l'écrase. La famille est alertée, on l'invite à faire à Fanny une vie plus douce.

Or, comment l'enfant expliquerait-elle qu'elle se trouve perdue comme sujet dans le roman qu'elle se fabrique, identifiée à l'héroïne qu'elle est devenue ?

La rencontre famille-école lève le voile d'une mystification, mais ôte à l'adolescente l'univers privé qui était le sien. L'entente des adultes ne lui laisse plus aucune possibilité de fuite : on sait qu'elle est menteuse, fabulatrice, etc. Comment regagner la place qu'elle avait réussi à occuper ? Comment leur faire savoir, à ces adultes, que le vrai c'est dans le mensonge qu'il se loge — et qu'à vouloir le vrai sur le vrai c'est la parole même qu'on lui confisque ?

Un jour, sur les boulevards, Fanny fait un esclandre. Elle distribue son argent au café, l'œil égaré elle met sa rêverie en actes. On appelle police-secours. La voilà dans un hôpital parisien, où, par suite d'une erreur de diagnostic, elle se trouve conduite d'abord dans un service d'accouchement[1], et ensuite transportée chez les agités, en service

1. L'interne, après avoir effectué ce qu'il avait cru être un toucher vaginal (chez une fille vierge), avait décidé que l'accouchement était imminent. L'adolescente mise en salle de travail commença à paniquer... Une infirmière de service, mère de famille, mit en doute le diagnostic de l'interne et, après son départ, « monta » Fanny en psychiatrie, où elle fut accueillie, *comme c'est l'usage,* avec une « piqûre calmante »...

psychiatrique. Quand sa famille vient la voir, son teint est aussi gris que les murs. Fanny, absente, à elle-même, attend les suites de son incroyable aventure. Elle est ramenée chez elle contre l'avis des médecins.

Le travail scolaire, à partir de cet incident, est définitivement rejeté au profit du seul imaginaire (fugues, vols deviennent des symptômes majeurs). Les enseignants comprennent un peu tard qu'à avoir fait jouer la « relation » ils ont raté ce qui à un niveau symbolique cherchait à être reconnu (la reconnaissance s'était maintenue jusque-là dans le registre imaginaire).

Envoyée à Londres, l'adolescente reprend ses esprits dans un milieu où les exigences manifestées (impersonnellement) à son endroit sont les exigences minima auxquelles d'autres sont soumis. Son refuge dans le négativisme est pleinement accepté. C'est à partir de là, et à partir de là seulement, que Fanny pourra faire une évolution en son nom propre.

Si l'enseignant avait su accepter de demeurer le support d'un transfert sans basculer de façon active dans un registre de fausse thérapeutique, il aurait permis que s'installe quelque chose de l'ordre d'une sublimation. Le dire fantasmatique de l'enfant ayant été sanctionné par une intervention dans la réalité, un champ de confusion des langues s'en est trouvé introduit, ôtant à l'enfant tout repère, ou plutôt lui laissant pour seuls repères reconnus ceux de la maladie.

D'autre part, la notion de « soins obligatoires » amène à des abus d'autorité (dont on ne parle guère) : les enfants en font les frais de façon parfois dramatique. Que dire des adultes (parents, enseignants, médecins) qui ôtent à l'enfant jusqu'au droit de dire non ? Dans le cas de Fanny il y aurait également beaucoup à dire de la façon dont un psychiatre a minimisé dans ses effets « l'erreur » de l'interne, pour y substituer l'urgence d'une foule d'autres examens neuro-psychiatriques parfaitement inutiles[1]. Le

1. Examens que la famille — bourgeoise — refusa, de même qu'elle exigea la sortie immédiate de l'enfant. Cela aurait été impossible pour n'importe quelle famille de Français moyen : on vous laisse bel et bien

médecin était sans doute aussi formel dans ses avis à la famille qu'en grand désarroi devant « l'erreur diagnostique » de son confrère !

On aurait tort de ne pas voir dans une démarche comme celle-là une des origines de l'esprit pédagogique en général. C'est lorsque la mise en question devient insoutenable pour l'adulte qu'une réponse est proposée [1], et qu'on cherche même, par le biais de l'élaboration théorique, à lui donner valeur universelle.

L'équipe « médico-psy » et sa société.

L'éducation a cédé le pas à l'instruction ; celle-ci est devenue elle-même une entreprise impossible, et a cédé sa place à la médecine, tout ce glissement engendrant l'apparition d'une entité mythique appelée « équipe médico-psy » (métaphore du *corps médical*) qui constitue un des phénomènes les plus troublants de notre époque.

Le groupe-équipe, conçu comme une *individualité*, n'offre guère d'autres choix à ses membres qu'une *intégration* (préparant à l' « adjustment » social). Des mécanismes d'idéalisation jouent là au sein d'un groupe réduit, favorisant des effets imaginaires de persécution et de morcellement, dans lesquels les adultes se perdent : et par contrecoup les enfants. L'école parallèle bâtie sur la notion

---

entendre que les « soins » sont obligatoires, et le service d'admission ne diffère en cela que très peu de n'importe quel commissariat de quartier — où l'on ne vous « rendra » pas impunément un étudiant qui vient d'être « cueilli » sur les boulevards.

1. Dans le cas présent, l'attitude du médecin (sa volonté de soumettre l'enfant à une série d'examens) n'avait d'égale que son ignorance. On ne s'est jamais posé la question de savoir si la panique de l'enfant pouvait avoir un rapport avec la situation traumatisante dans laquelle elle fut mise.

Sa « crise » sur les boulevards se situait de même dans tout un contexte de dramatisation qui, pour se traduire à un niveau symbolique, devait surtout ne pas se trouver « fixé » dans un diagnostic médical (fût-ce celui d'épilepsie). On a toujours intérêt à surseoir à des examens. (Dans le cas présent des examens effectués six mois après se sont tous révélés négatifs.)

fantôme d'équipe médico-psy constitue alors parfois pour l'enfant un lieu de vie encore plus pathogène que celui de l'école.

Il y a là un problème d'ordre analytique dont il faut bien voir quel problème politique il recouvre, car l'école existe-t-elle encore ?

Les expériences et innovations pédagogiques de ces dix dernières années en France se sont heurtées au mur infranchissable du conservatisme. Les enseignants sont quasi unanimes à avouer la faillite de l'institution éducative [1], c'est-à-dire la faillite d'une société qui préfère renoncer à toute éducation plutôt que de risquer un changement dans les structures sociales existantes. La société charge ainsi les institutions de maintenir le système (si l'école ne suffit pas, on y ajoute l'école parallèle – et pourquoi pas dans un avenir proche des camps préventifs pour caractériels ?).

Comme le fait remarquer Lourau, l'alternative devant laquelle sont placées les institutions (pédagogie de contrainte ou de dialogue) est une fausse alternative. Le débat se situe ailleurs et tout le monde le sait. On ne peut en effet modifier le secteur de la recherche et celui de l'éducation sans toucher à l'idéologie de la société tout entière (c'est dire qu'on touche par là à son évolution économique). Il s'agit donc d'abord d'un problème politique.

Michel Foucault a montré [2] comment l'idée de régression (présente dans les notions de maladie mentale, de troubles caractériels) n'est possible que dans une culture qui tout en intégrant le passé, le condamne à disparaître, établissant entre présent et passé des barrières infranchissables.

« Les névroses de régression, écrit-il, ne manifestent pas la nature névrotique de l'enfance, mais elles dénoncent le caractère archaïsant des institutions qui la concernent. » Elles sont le reflet d'une société écartelée entre le rêve d'une éducation idéale et la réalité de conditions de vie inhumaines qu'elle impose à ses membres.

1. René Lourau, *Analyse institutionnelle et Pédagogie.*
2. Michel Foucault, *Maladie mentale et Psychologie.*

« Lorsque l'homme, en proie à des conditions économiques et sociales qui le submergent, ne reconnaît plus dans le monde de lieu où il puisse avoir envie de vivre, la culture favorise une fuite dans un espace « privé-irréel » : les enfants dits « handicapés », auxquels nous avons à faire, sont le produit d'une histoire familiale, mais ce qu'on appelle leur « maladie » se situe dans un contexte social déterminé, qui favorise ou non une évolution vers le pathologique – c'est-à-dire vers des mécanismes d'exclusion sociale.

II

Une pratique théorique

L'école en dehors de la vie, en dehors de la politique, est un mensonge et une hypocrisie.

LÉNINE

3

L'institution éclatée

I. DES PRINCIPES

Contre l'institution.

« Les institutions, écrit Illich[1], créent des certitudes, et dès qu'on les accepte voilà le cœur apaisé, l'imagination enchaînée. » La structure de toute institution (familiale, scolaire, hospitalière) a pour fonction la *conservation* d'un acquis (culturel, social, etc.), à des fins de *reproduction* de l'héritage ainsi reçu.

Le poids de la routine administrative — à quoi ne peut s'arracher aucune institution — tend à créer une situation rendant toute dialectique impossible. Des structures sont ainsi mises en place, par quoi l'institution se défend contre les effets de toute parole dite libre. Dans la mesure où elle est entendue comme « pathogène » (le rejeté du patient), la parole « libérée » n'entre dans aucun processus de transformation. Et c'est parce que cette parole est destinée à être jetée, mise au rebut, par ceux qui la reçoivent, qu'elle réapparaît dès lors avec une telle constance, voire une telle violence.

Cette situation, qui est aussi celle des institutions psychiatriques, a amené Basaglia[2] à n'envisager de possibilités de changement qu'à la condiiton de refuser l'institution. On sait que la limite d'une telle position est l'aveu de l'impossibilité de soigner les malades mentaux sans boule-

1. Ivan Illich, *Libérer l'avenir*, éd. du Seuil, 1971.
2. F. Basaglia, *L'Institution en négation*, éd. du Seuil, 1970.

versement de la structure sociale elle-même. Ainsi le problème que pose Basaglia est-il un problème social et politique.

La même démarche est à l'origine des actuelles *communautés, anti-universités* ou *anti-institutions* : on recherche la possibilité de créer une scène radicalement nouvelle, ne dépendant d'aucun pouvoir administratif — une scène qui permette une liberté dans le dire et l'agir, hors du poids des conventions et interdits sociaux. On recherche un style de vie qui ne soit plus fondé sur la compétition et l'avidité au gain, rendus responsables de la détérioration des rapports humains.

Le terme d'anti-institutions (hospitalière, scolaire, etc.) recouvre donc une volonté de ne pas se soumettre au cadre institutionnel en tant qu'il renforce chez l'individu la résistance à toute innovation. Mais on ne peut toucher à une certaine rigidité du cadre sans mobiliser aussitôt les angoisses psychotiques des patients, qui cherchent abri derrière la protection d'une routine institutionnelle. La question ainsi n'est pas simple : il ne suffit pas de poser le terme *anti* pour être quitte des effets sclérosants de l'institution.

Il y a plus : un système social donné n'est pas seul responsable de la haine et de la violence inscrites au cœur de toute relation humaine.

Ce qui caractérise la relation de l'homme à son semblable ? Le moi de chacun est toujours en danger d'être capté par l'autre dans une situation d'instabilité fondamentale. Le rapport du moi à l'autre est ainsi d'abord, comme Lacan le rappelle, un rapport d' « objectivation » (et inévitablement une réponse d'agressivité). C'est par la découverte de sa subjectivité, lorsqu'il s'approprie le langage à partir de l'Autre, que l'enfant se délivre, jusqu'à un certain point, de l'aliénation dans laquelle il se trouve pris. Cela suppose un trajet au cours duquel à la naissance l'enfant entre dans l'ordre symbolique comme objet, pour pouvoir ensuite s'y situer comme sujet — en faisant la découverte d'une réalité façonnée par l'ordre symbolique. Cette entrée de l'enfant comme sujet dans l'ordre symbolique s'accompagne de l'organisation phonématique de la réalité telle que nous la voyons, par exemple, fonctionner dans le jeu du *Fort-Da*. Ensuite seulement, l'enfant est en mesure de faire fonctionner les pronoms personnels (tout en préférant souvent le Nom propre, moins aliénable que le *Je*).

Freud a donné une description devenue classique du jeu du *Fort-Da.* A l'occasion du départ de sa mère, un enfant fait disparaître une bobine, cherchant de la sorte à se repérer par rapport à une absence — absence qu'il s'efforce de maîtriser dans une identification signifiante à la mère « perdue » qu'il fait réapparaître au moyen de la bobine. La naissance d'un sujet passe ici, d'une certaine façon, par l'absence imaginaire d'un objet et par la marque signifiante (l'oscillation de la bobine) qui signe son absence. Le sujet est l'objet absent [1] : et ses besoins d'être pris par le signifiant ne peuvent échapper à une subjectivation. L'enfant dès lors ne se satisfera que du retour d'un objet connoté du signifiant.

Cette quête de l'objet perdu [2], celui que l'on nomme schizophrène a du mal à l'effectuer dans la mesure où il confond sujet et objet : faute de posséder comme appui l'image de l'autre dissociée de la sienne propre. Il demeure alors dans la pure évocation hallucinatoire de la trace laissée par l'objet perdu. (En quête de l'*objet* perdu, il ne sait pas — fait remarquer Françoise Dolto — que ce qu'il recherche c'est l'*être* perdu dans un monde demeuré sans objets [3].)

1. *Fort* apparaît comme le signifiant du manque. C'est en lui que l'enfant se repère. On peut y voir une identification signifiante à la mère (partie).

2. Quête qui permet, après refoulement du désir primaire (pur désir de fusion avec l'objet perdu), l'instauration de désirs secondaires.

3. Françoise Dolto a montré que l'objet naît de la division du sujet. Si, à l'étape de ce que Lacan a décrit comme le « stade du miroir », l'enfant prend conscience de son corps dans sa forme, avant l'étape du miroir, sa seule relation à l'autre est une relation sur le mode de l'*être*. C'est à l'étape du miroir qu'une relation sur le mode de l'*avoir* devient possible et que naît un moi pour les autres. Dans la première étape, les différentes parties du corps de la mère sont vécues par l'enfant comme lui appartenant à lui en propre. Le rythme de la présence et absence de la mère fait d'elle un objet morcelé. L'enfant choit de ce morcellement.

Le jeu du *Fort-Da*, ou cette oscillation entre un *ici* et un *là-bas*, se trouve introduit à l'école expérimentale de Bonneuil chaque fois que la prise en séjour d'un enfant s'y effectue en alternance avec un séjour ailleurs, dans un lieu peu habité (les Cévennes, la Dordogne ou Le Grand-Fougeray). Conjointement à l'aller-retour s'offre un espace signifiant ; où l'enfant est amené à se perdre pour se donner l'illusion d'y renaître, en se soutenant comme sujet par le jeu d'une scansion présence-absence [1]. A la différence de ce qui se passait dans le *Fort-Da* la mère ne part pas ; mais l'enfant est mis en situation de la quitter et de quitter Bonneuil. Demeure identique le type de discours qui se tient à partir d'une présence perdue.

A l'occasion d'une séparation réussie, l'enfant devient sujet en tant qu'il est l'objet absent, et en joue dans le choix ou le refus d'un retour au lieu antérieur. Cette scansion dans l'alternance d'un séjour *ici* et *là-bas* met en jeu — pour le cas du psychotique — quelque chose d'essentiel, dans la

1. On nous reproche de scander ces séjours d'après une durée qui ne correspondrait pas au rythme de l'enfant. Il n'est pas bon, nous dit-on, que l'enfant connaisse la date de son retour dans le milieu familial.

S'il est vrai que la durée du séjour (fixée arbitrairement par l'adulte) devrait pouvoir être remise en question afin de correspondre au plus près à une vérité de l'enfant, il est non moins vrai que la date du retour constitue parfois le seul repère dont dispose l'enfant pour faire face au vide dans lequel il se sent projeté. S'il lui arrive de ne vivre que pour l'instant du retour, ce n'est pas parce qu'une date (toujours révisable) lui a été notifiée, mais parce qu'une sécurité de base lui a fait défaut — sécurité nécessaire pour pouvoir vivre, sans risquer d'en mourir, dans une séparation de l'adulte auquel on est attaché. L'enfant vit parfois la séparation comme verdict dans le réel d'une condamnation à mort. L'alternance des séjours d'un lieu à un autre ne saurait être introduite n'importe comment ou n'importe quand, elle ne saurait non plus faire l'objet d'une réglementation administrative.

Il serait naïf de matérialiser l'*ailleurs* dans un lieu géographique. Ce dont il s'agit, c'est une dialectique de la présence et de l'absence. C'est de l'absence que je suis, qu'une parole doit advenir ; et c'est la différence qui me constitue (mais ce qui se constitue comme différence n'arrive jamais à être entièrement dit). Le discours mythique (de l'inconscient) s'ordonne tout entier autour de la métaphore de l'absence. Comment lui laisser un pouvoir connotatif qui permette à une parole de se faire entendre ? Telle est la question qui dès lors se pose.

mesure où l'enfant arrive à occuper une place dans un espace imaginaire – jusque-là inhabité par lui. Certains ne peuvent vivre qu'absents pendant la période qui scande l'arrivée et le retour. Aussi n'est-ce pas à n'importe quel moment que l'on peut se permettre d'engager l'enfant autiste dans cette alternance de séjours, qui constitue pour lui une épreuve dont il ne lui est pas toujours facile d'émerger[1].

Winnicott a montré comment l'expérience de maîtrise à travers le jeu du *Fort-Da* est rendue difficile quand la mère, au départ, n'a pas réussi à s'adapter au rythme de son enfant, en lui permettant d'effectuer sans peur le trajet *illusion-désillusion* – l'illusion étant que le sein de la mère appartient à l'enfant –, nécessaire à un sevrage réussi. Il insiste sur le fait que les objets appartenant à ce domaine de l'illusion se désinvestissent petit à petit, pour laisser la place à des intérêts culturels. Ce désinvestissement, précisément, n'est pas rendu possible dans les cas d'autisme : lorsque l'étape de l'illusion a été perturbée, l'enfant cherche à demeurer à l'abri dans sa « forteresse », sourd à la réalité extérieure — seule la rencontre avec un substitut maternel sécurisant lui permettra de dominer les frustrations et d'affronter sans crainte un monde étranger.

L'espace que l'enfant rencontre à sa naissance et au cours de son développement est — nous l'avons dit — structuré par les autres[2] ; ce sont eux qui lui accordent, ou non, la possibilité d'évoluer hors de leur champ d'influence. C'est autrui qui donne à l'enfant le sentiment qu'il possède une place. C'est qu'aussi bien l'enfant a une fonction dans la vie fantasmatique des autres membres de la famille : ceux-ci demeurent maîtres de laisser ou non

1. Ce problème de l'*aller-retour* a des connotations différentes selon qu'il s'agît d'un enfant que l'on nomme névrotique ou psychotique.

2. R. D. Laing, *Soi et les Autres,* éd. Gallimard, 1971 ; Tavistock 1961. Pour Lacan, ce qui est capital à l'étape où l'enfant *a-subjectif* n'est pas encore en rapport à des objets, c'est la découverte de la différence liée à l'alternance de la présence et de l'absence de jouissance, dans ce monde « sans objets ».

leur descendance effectuer une évolution en son nom propre.

La place que l'on s'autorise ou non à occuper, la fonction que l'on a (à son insu) en tant que X (« malade », « fou ») auprès d'un autre (dont on colmate l'angoisse), constituent les éléments d'un jeu d'échecs dont la partie se joue dans la famille, mais aussi dans toute institution. Le jeu sera d'autant moins figé qu'il ne se fera pas récupérer dans le cadre rigide d'une institution (où la visée « soignante » vient redoubler la sollicitude éducative familiale [1]).

Le sentiment qu'un individu a de sa place dans le monde est également lié à la façon dont il a dans sa vie *compté ou non pour quelqu'un d'autre* — et compté pour quelqu'un sans avoir dû pour autant s'effacer comme sujet. Ce « compter pour un autre » se joue sur la scène de l'institution de façon toute répétitive. L'enfant est tour à tour amené à jouer le rôle du parent, d'un frère, d'un ami, etc., et au cours de ces jeux apparaît de façon très claire la fonction occupée par la « maladie » dans le champ de l'autre (si on veut comme « malade » compter pour lui). Aussi bien est-ce un jeu à plusieurs personnages (nous le verrons plus loin dans les cas cliniques développés) :

1. Ainsi à Bonneuil : Si Denise doit à Jacques la quasi-guérison de son hémiplégie (il lui a appris à écrire de sa main impotente), le jour où Jacques s'est aperçu que Denise « guérie » lui échappait, il a passé par une crise sérieuse. Pas question qu'il « abandonne » Denise : il fallait la lui « conserver » malade.
M. M. — Denise a envie de se débrouiller seule. Tu l'emmerdes avec tes « soins ».
J. — Mais Denise est le gardien de mon contrôle. Si je perds Denise, je perds ma maîtrise !
P. — Laissez-lui donc Denise, s'il en a besoin.
D. — Je veux sortir seule.
J. — Eh bien, c'est ça, on te laisse la responsabilité des morpions et moi je me retire. La responsabilité de moi-même me suffit. La solution c'est dans ma démission. Personne ne s'est donc rendu compte qu'avec la perte de Denise je me suis senti à la veille de la fin de moi-même ?... d'ailleurs le mutisme c'est un moyen de dire merde aux gens.

encore faut-il faire en sorte que les enfants ne se fixent pas dans les rôles mis en place [1].

L'institution éclatée.

Par ce que nous allons appeler l'éclatement de l'institution, ce que nous entendons, c'est dévoiler la fonction occupée par un enfant auprès des autres [2]. Une dialectique va s'instaurer à partir d'un objet d'amour manquant, c'est-à-dire à partir de coupures introduites dans le discours collectif qui, à demeurer prisonnier dans l'institution, se figerait en rituel adapté à la situation pathologique telle qu'elle s'est créée entre les uns et les autres [3].

La notion d'*institution éclatée*, que nous avons introduite, vise à tirer parti de tout *insolite* qui surgit (cet insolite qu'on a coutume, au contraire, de réprimer). Au lieu d'offrir la permanence, le cadre de l'institution offre dès lors sur fond de permanence des *ouvertures* vers l'extérieur, des brèches de toutes sortes (par exemple, des séjours hors de l'institu-

1. A. Bonneuil :
— Vous êtes adaptée aux inadaptés, moi je ne veux pas, je suis normal, je veux partir.
— Normal ? Pierre « l'étrangleur des petites vieilles » ?
— On l'a rendu étrangleur, explique Paul, on l'a rendu étrangleur, avec des mots qui font mal.

2. Si le Noir revendique sa négritude (seule façon de se faire reconnaître), de même l'enfant épinglé « fou » n'est-il pas prêt à abandonner facilement le statut de la folie. Il a besoin d'être ou d'avoir un fou pour se sentir bien. Ce sont les enfants eux-mêmes qui créent la place de l'handicapé-à-soigner, celle de l'handicapé incurable.

3. A. Bonneuil.
P. — Je ne comprends pas pourquoi mes parents m'ont mis ici.
J. — Tes parents se disent, tant qu'il sera là, il nous fout la paix.
P. — La vie me dégoûte, je veux foutre le camp.
Ce thème, foutre le camp, s'exprime à d'autres moments sous la forme : je veux me flinguer pour savoir qui je suis. C'est cette question qu'il faut pouvoir soutenir, pour qu'en émerge le sujet d'un vouloir. Or, la fonction d'une institution réside trop souvent dans une volonté de colmater les brèches et d'enlever au sujet jusqu'à son rapport à l'angoisse.

tion). Ce qui demeure : un lieu de repli, mais l'essentiel de la vie se déroule ailleurs – dans un travail ou un projet à l'extérieur. A travers cette *oscillation d'un lieu à l'autre*, peut émerger un sujet s'interrogeant sur ce qu'il veut.

Cela est à comprendre en regard du fantasme.

Dans l'autre, avons-nous vu, l'enfant cherche l'objet de son désir à partir des marques que l'objet laisse de son passage[1]. Le style des demandes[2] qui s'instaure vient comme un effet de cette quête, laquelle trouve à s'actualiser dans le montage du fantasme – sorte de mise en scène du sujet et de l'objet de son désir. Les effets s'en traduisent dans le réel, par ce que le sujet expérimente à partir de là de la présence et de l'absence de la mère. Les premières jaculations de l'enfant sont des reprises de marques de réponse de la mère. A travers la scansion de perte et de retrouvaille de la mère s'inaugure ainsi chez l'enfant le ressort métaphorique dans lequel s'origine la demande. Dans l'intervalle creusé par la demande, et à partir de ce manque à être, l'enfant va pouvoir lancer lui-même un appel pour recevoir de l'Autre le complément de cet appel. Lorsque la mère est trop présente et trop soucieuse de combler l'enfant au niveau du besoin, il devient impossible à ce dernier de se faire entendre dans le registre du désir (de la parole).

C'est tout ce trajet que nous essayons de refaire avec l'enfant autiste ; trajet où il est amené à se réinventer à partir d'une situation de rupture qui favorise le surgissement d'une parole comme étant son monde (d'objets). Nous avons affaire à cela dans une analyse : le sujet y fait son entrée à travers (ou dans) un monde de fantômes (les fantasmes de base). Mais ce monde fantasmatique, souvent

1. Jacques Lacan : « Ce que le sujet vise comme objet, c'est la demande de l'Autre ; ce que le sujet demande quand il tente de saisir l'objet insaisissable de son désir, c'est l'objet de l'Autre » (*Séminaire*, 30 mai 1962).

2. Rappelons d'abord ceci : Le bébé, mais aussi l'enfant autiste, est particulièrement sensible aux explosions sonores dans leur discontinuité et leur alternance, voire leur coupure.

commun à une famille, il l'amène en tout lieu, école ou hôpital.

De la fenêtre de son fantasme, le sujet perçoit les êtres d'une certaine façon. Il est amené avec les autres membres de la famille à établir un équilibre (familial) souvent précaire, et ne peut dès lors parfois quitter le cadre de références familiales sans risque d'être déclaré « malade » par les siens [1]. Une illusion d'autonomie peut bien lui être donnée ; dans les faits, tout concourt à lui interdire une sortie hors de la famille, et par extension de l'institution [2].

La famille se présente souvent comme un bloc indifférencié, chacun ne vivant que d'avoir un autre à parasiter (cela apparaît de façon ouverte dans les familles de psychotiques). Tout essai de se différencier de l'autre se heurte au désir du « clan » de neutraliser la différence. Or, l'institution (scolaire, hospitalière) reproduit fréquemment dans ses structures les méfaits des familles psychogènes, et dans bien des cas elle en donne le modèle même ; chacun de ses membres lui « appartient », et ne peut la quitter que dans le drame.

Toute séparation à l'égard de la famille (ou de l'institution) est ressentie comme interdite. Lorsqu'elle se produit, c'est dans un contexte de violence qui a pour effet de ramener le sujet au sein de sa famille (ou d'une famille de substitution, comme l'asile ou la prison). Ce type de familles privilégie un « nous » (d'union) qui se fonde sur une fusion des « je » des différents membres du « clan ».

1. R. D. Laing, *Soi et les Autres*.

2. A. Bonneuil.

P. — Cette plaque (« École expérimentale »), ça désigne la maison de dingues. C'est ça qu'on vient voir. Je suis intelligent, à peu près normal, mais là-dedans j'ai honte.

J. — Ça donne mauvaise impression, les enfants qui déconnent et se bagarrent.

M. M. — Vous aimeriez une école coupée du monde extérieur ?

J. C. — C'est ça, sans relation avec le monde extérieur.

G. S. — Tu penses qu'il faut se couper du monde extérieur ?

J. — Si je suis là, oui. Je me sens épinglé dingue par les autres, et Denise alors ! Elle ne paraît pas dingue, mais elle ne sait pas lire à 13 ans, alors on a une mauvaise idée de nous... d'ailleurs pour moi, c'est perdu, mes parents ont dit que c'est foutu.

Dans une situation que l'on peut qualifier de « normale », la mère n'apparaît à l'enfant, dès l'origine, que sur le fond de son absence. C'est à partir de là seulement (à partir de cette restriction dans la possession de l'autre), que l'enfant arrive à se dégager de la capture fascinante du double narcissique, et peut se constituer comme autre, hors d'un affrontement létal.

Lorsqu'il y a demande insatiable de ne faire qu'un [1] avec l'autre, le désir ne peut exister, toute médiation dans le rapport à l'autre est exclue. Cette situation de dévoration réciproque caractérise, nous l'avons vu, nombre de familles de psychotiques. Le parasitage enfant-adulte y est à ce point toléré que la famille en vient parfois à se couper de toutes relations sociales pour demeurer prisonnière de la tyrannie exercée par « l'enfant-fou ».

L'introduction entre la mère et l'enfant d'un élément tiers (ôtant à l'enfant sa mère comme bien) apporte la dimension du *manque* dont s'institue le désir. De cause, l'enfant devient *témoin* du désir des parents.

Les enfants autistes, à qui tout est permis à Bonneuil, se heurtent pourtant à une restriction fermement maintenue : ne pas empêcher les autres de vivre. Si les hurlements d'un enfant empêchent les autres de s'entendre parler, on le prie d'aller parler aux cailloux dans le jardin. Il arrive que l'enfant passe ainsi des mois seul en compagnie d'éléments minéraux. Et c'est toujours, à partir d'une coupure introduite, d'un manque instauré, ainsi, qu'une parole va pouvoir naître et l'enfant prendre figure humaine.

Autisme et institution éclatée.

L'enfant autiste [2] a rarement reçu de sa mère une reconnaissance comme être sexué et autonome. Toute

1. Faire *un* avec l'autre, c'est là une impossibilité logique : puisque l'un exige le *deux*. L'enfant peut alors avoir envie d'occuper la fonction du zéro, c'est-à-dire de devenir ce qui manque à l'autre.

2. La définition, comme on sait — et comme on le constatera dans la suite — ne s'applique proprement qu'à de jeunes enfants. Cf. p. 122-124.

séparation du corps de l'enfant d'avec le corps maternel est déjà ressentie par un certain type de mère comme mise en danger de son intégrité narcissique (corporelle) à elle ; l'accouchement est alors vécu comme un deuil pathologique qui trouve son expression extrême dans la psychose puerpérale. La venue d'un enfant à un certain moment de l'histoire de la mère peut faire basculer quelque chose au niveau de ses propres défenses à elle, et c'est dans une anhistoricité maternelle que l'enfant prend généralement place[1]. (Et par là même, tout ce qui s'institue ultérieurement comme rapport à la Loi renvoie alors l'enfant à l'*arbitraire maternel,* c'est-à-dire à l'univers de non-Loi dans lequel sa mère se situe.)

Cette absence de tiers entre la mère et l'enfant crée un type particulier de liens entre le corps de la mère et le corps de l'enfant : tout se passe au niveau du corps imaginé, comme si l'enfant et la mère ne faisaient qu'un, l'enfant n'ayant de place qu'au niveau du sur-investissement narcissique de la mère. Il est (comme le remarque Piera Aulagnier) « une production endogène, comme quelque chose qui vient s'ajouter au corps propre[2] ». Le corps réel de l'enfant n'a, dans cette perspective, d'autre place que comme prolongement de la mère : il vient comme témoin de la fonction maternelle. La mère trouve un sens (à sa propre existence) en devenant le maître des organes de son enfant ; toute nouvelle séparation entre mère et enfant est revécue par la mère comme un deuil. Elle induit son enfant à ne pouvoir fuir hors du territoire protégé qu'elle s'est construit avec lui, à vivre, hors du surgissement de l'insolite, la vie réglée et protégée en vue de laquelle il est désormais conditionné.

Séparé de sa mère dans l'espace, l'enfant lui reste lié au niveau des organes, au point que les séparations entre mère et enfant aboutissent parfois à des malaises ou désordres organiques plus ou moins spectaculaires, mais nécessaires à

1. Piera Aulagnier, *Remarques sur la structure psychotique,* in *La Psychanalyse,* n° 8, PUF.
2. Piera Aulagnier, *op. cit.*

l'enfant pour qu'il puisse à partir de là se reconquérir comme être séparé de la mère.

C'est précisément pourquoi les enfants autistes sont, à l'instar des aînés, accueillis à Bonneuil pour des séjours qui alternent avec un séjour ailleurs. La coupure ainsi introduite dans le réel n'est pas sans effet et sur la mère, pour qui corps réel et imaginé de l'enfant ne font qu'un, et sur l'enfant : projeté dans un lieu réel « déshabité » ce dernier y amène d'abord une stéréotypie de protection, qu'il arrive à abandonner, quitte à y recourir de nouveau à une autre étape.

La possibilité d'un remaniement dialectique radical, chez la mère comme chez l'enfant, apparaît dans ce temps situé entre l'absence et le retour. Chacun fait en quelque sorte l'apprentissage d'une perte : perte que l'adulte rend parfois l'enfant incapable d'effectuer (c'est l'adulte qui empêche l'enfant de *se* sevrer). Il arrive que l'enfant, au retour de son évasion, rencontre sous forme de reproches l'angoisse culpabilisante de l'adulte, qui n'a pu supporter d'avoir été tenu à distance d'une maîtrise des organes de son enfant.

Ce rapport de corps explique que chez l'enfant autiste les accidents au niveau du corps réel tiennent une telle place dans le discours maternel (et en écho dans le discours symptomatique de l'enfant). Ces accidents, la place tenue par le corps réel dans un rapport à l'autre (corps au demeurant dépourvu de toute enveloppe corporelle autonome), témoignent de ce qui dans la relation mère-enfant n'a pu être symbolisé, ainsi l'enfant étant laissé dans une sorte de non-reconnaissance : il n'a pas eu de place en tant que chaînon pour s'insérer dans une chaîne signifiante, il demeure le témoin absurde de l'an-historicité maternelle.

Précisément parce qu'à Bonneuil un changement de lieu est possible, on y a du même coup accès au drame dans lequel l'enfant autiste et sa mère se trouvent emprisonnés : par l'absence, une possibilité est donnée à chacun de métaphoriser son rapport à l'autre.

Quand l'enfant qui parle revient, c'est généralement en négativant le lieu de séjour, où pourtant il s'est plu : ce refus semble concerner en dernier ressort la perte de cette « toile d'araignée » que l'enfant tisse pour y vivre à l'abri, comme un mort-vivant. C'est le même refus qui, chez le mutique, se traduit au niveau d'un désordre organique passager.

Il est souhaitable que l'enfant change de lieu dès que s'installe une stéréotypie adaptative. Dans ce qui se brise *entre* deux lieux intervient le changement, avec ses effets de « guérison ».

Cette « toile d'araignée » dans laquelle l'enfant cherche abri apparaît comme un substitut du ventre maternel qu'il ne peut réintégrer. Impossible ou interdite, la réintégration dévoile ou recouvre ce qui touche à l'interdit de dévoration (qui est interdit de meurtre), sur quoi se fonde le rapport des humains entre eux et qui, rappelons-le, fait défaut à un type de familles de psychotiques.

Dans la séparation (et parfois au prix d'un désordre organique), l'enfant autiste conquiert la réappropriation symbolique d'un corps qu'il avait — au niveau du réel — abandonné au pouvoir d'un autre (la mère étant maître de ses organes). Il en émerge désirant et parlant.

Chez les enfants autistes (aussi avec certains psychotiques et pervers), l'axe autour duquel s'ordonne un discours a quelque rapport avec le tabou anthropophagique (du parasitage). Pour un autre type d'enfants, l'axe autour duquel un discours prend place est la dimension de la castration surgissant au cœur même du désir sexuel.

Sexualité et institution éclatée.

La question du rapport entre les sexes a été posée à Bonneuil par les pères qui ont demandé la non-mise en circulation de leurs filles.

Ce problème a été discuté très librement avec les enfants. On a convenu de l'arbitraire de la décision paternelle, arbitraire renforcé par la position d'une société qui, dans ses lois, décide de l'âge où les mineurs sont libres de leur sexualité (c'est-à-dire sont reconnus comme responsables du fruit de leurs actes). Il est évident que si le lieu de Bonneuil autorisait les libres ébats sexuels des garçons et filles mineures, nous serions très vite mis en position d'accusés (incitation de mineurs à la débauche).

C'est la raison pour laquelle nous avons convenu de façon arbitraire que les enfants du lieu-dit de Bonneuil ne pourraient draguer dans l'école, les pères refusant de céder leurs filles mineures. Nous disions aux garçons : draguez toutes les filles que vous voulez, sauf celles d'ici.

Une fois l'obstacle à posséder les filles levé hors de l'école, des difficultés d'un autre ordre se firent jour. C'est justement pour ceux qui avaient clamé le plus fort leur volonté de jouissance que la jouissance demeurait en fait comme interdite. Dans le langage on vit apparaître l'ombre d'Œdipe à travers l'interrogation : « Y a-t-il parmi les filles, une qui à coup sûr ne soit pas ma mère ? » Dans le mythe, la faille interdictrice se révèle et se camoufle à la fois — la franchir, c'est situer aussitôt le lieu de quelque dérèglement — l'autorisation accordée de draguer, mais hors de l'école, amena cette réponse : « C'est artificiel ce truc-là, c'est comme si on s'appelait tous Bonneuil et comme si, à cause de cela, il nous fallait draguer ailleurs. »

Cette réponse fut celle de Jacques, un enfant qui, justement, s'était inventé un Dieu (Pelchat) qu'il situait dans la lignée maternelle d'un ami à qui son père avait refusé la transmission du nom. Ce Dieu pervers devait accorder à Jacques ce que le Dieu des humains lui refusait. Au-delà de la possession de Denise (une fillette à l'école de Bonneuil), c'est la possession de sa propre mère qu'il visait en fait. L'idée que cette possession lui était refusée amena une crise dépressive sérieuse.

Dans un second mouvement, Jacques rendit la femme responsable de la dégénérescence de l'homme. Il fit alors le procès de la mère incestueuse qui fabrique des fils homosexuels et psychotiques : « La mère, c'est une prison. Pour supprimer les prisons, il faut supprimer les mères. » C'est ensuite qu'il posa la question déjà citée : Qui peut garantir que la fille avec laquelle on couche n'est pas votre mère ?

Cette garantie est nécessaire comme protection contre la folie. Mais la folie elle-même apparaît comme protection contre l'épreuve de castration dont Jacques ne voulait rien savoir et dont il avait pourtant à connaître dès qu'il se faisait désirant.

Un jour il craqua, et ce fut un tournant essentiel : nous avions été le support d'un droit à craquer, qualifié après coup, par lui, de « jouissance ». Et c'est de là précisément qu'il allait pouvoir émerger autre. Disons simplement ici qu'à l'époque où Jacques revendiquait le droit de posséder les filles de l'école de Bonneuil (et sa mère), il ne pouvait dans la réalité que tout juste se débrouiller avec le problème de la jouissance masturbatoire. Il lui était à la rigueur possible d'aborder une relation à la femme posée comme *bien* : mais il demeurait en impasse dans une relation à la femme posée comme signifiant [1].

Cette question de liberté sexuelle se pose évidement de façon toute différente dans un lieu où les étudiants ont atteint l'âge disons légal (aussi comique que cela puisse paraître) : même dans ce cas on voit parfois une administration s'arroger de façon passionnelle le droit d'administrer la sexualité des étudiants dans le sens d'une a-sexualité, garante selon elle du maintien de l'ordre.

Le problème posé par la liberté sexuelle dans une institution n'est cependant pas simple. Celui qui réclame la liberté sexuelle n'est pas pour autant libre de disposer sans culpabilité de son sexe. Bien des obstacles peuvent ainsi survenir entre le vouloir d'un sujet et son sexe, pas forcément en harmonie avec le *Je* en proie au désir [2].

1. Pour reprendre les repères introduits par Safouan au *Congrès de l'École freudienne* d'Aix-en-Provence, 1971 : « Il n'y a pas d'intégration possible du désir dans l'ordre de la Loi, sauf à partir d'un désordre initial, car le sujet part de la méconnaissance de ses propres insignes. A partir de cette méconnaissance, le sujet met le rapport du désir à la Loi à l'épreuve...

L'Œdipe n'est qu'une forme culturelle parmi d'autres possibles. C'est à partir de là que se fait la promotion du manque dans le psychisme... L'instauration du manque se fait par l'induction de l'imaginaire par le symbolique... C'est parce qu'il y a du symbolique qu'il y a du désir. »

2. Dans les expériences sexuelles tentées, on confond trop souvent ce qu'il en est d'une satisfaction au niveau du *besoin* et ce qui demeure en impasse dans ce qui touche au *désir*. L'expérience clinique est là pour montrer qu'une idéologie de la consommation du sexe n'a rien à faire avec une exigence de l'être.

Les questions relatives au sexe, à la mort, sont, comme toutes les autres questions, amenées à Bonneuil sur une scène ouverte à d'autres lieux. Rien ne saurait s'y enfermer. C'est d'un trajet qu'il est question, scandé par des ruptures. Une possibilité est offerte au sujet d'échapper à l'espace psychotique dans lequel (en un certain lieu) il s'était avec un autre installé. Dans les familles psychotiques, aucune fuite n'est possible. Le renversement que nous introduisons est opérant dans la mesure où il y a mise au jour de rapports signifiants inédits et rupture avec un mythe essentiellement mort.

L'enfant ne peut émerger d'une situation folle que du jour où lui est donnée la possibilité de s'affirmer à partir d'un refus, comme l'illustre l'histoire de Pierre dont nous allons parler à présent.

II. LE CAS PIERRE

Trajet de Pierre.

Pierre a quatorze ans quand nous le voyons pour la première fois. Il s'est fait exclure du circuit normal de « réadaptation ». L'hôpital de jour n'en veut plus et lui réserve un lit à l'asile de X[1].

Il est violent, impulsif ; certains de ses proches voient en lui un meurtrier en puissance : « Il finira comme criminel, étranglant sa grand-mère et lui volant ses économies. » Cette étiquette d'*étrangleur* précède en fait toute tentative d'étranglement. La « brutalité » de Pierre s'exprime généralement par des coups, qui surgissent sans qu'on s'y attende ; sa force dans ces moments-là est décuplée, une force aveugle, qui écrase. Il attaque par instants n'importe qui approche de lui ; l'attaque est rapide, et la victime mise

1. Les psychiatres voient en lui un « psychopathe pervers, dangereux pour lui-même et les autres ». L'enfant a en effet des réactions agressives primitives, dominées par la loi du « tout ou rien ».

hors-jeu au cours d'une lutte éclair. La violence manifestée n'a d'égale que la peur provoquée.

Les parents ne se résignent pas à abandonner Pierre à l'asile. Un compromis est trouvé par le biais d'un hôpital qui l'héberge (en cellule, et bourré de neuroleptiques) en attendant une autre solution. On nous demande de l'accueillir pendant la journée. Cette situation s'avère très vite intenable ! Pierre oscille entre un milieu carcéral (à l'hôpital) et le régime de liberté de Bonneuil. Il a tôt fait de jouer de l'un contre l'autre. Il y a de plus que Pierre est sous dose élevée de neuroleptiques, alors qu'à Bonneuil la chimiothérapie est pour ainsi dire inexistante [1].

Les enfants parlent des médicaments comme d'une violence qui leur a été infligée avant leur entrée à Bonneuil. Ils dénoncent cette violence à propos de Pierre : celui-ci, dès son entrée, reçoit ainsi des enfants le statut de « victime des psychiatres, de la société, de la famille ». Sa « folie meurtrière » rencontre l'indulgence au point qu'il déçoit dès qu'il n'incarne plus le personnage du « fou dangereux ».

A Bonneuil, on le voit de fait très peu pendant les deux premiers mois. Pierre passe l'essentiel de son temps dans les caves des HLM voisines, et s'y livre à des agressions qui provoquent l'intervention répétée de la police ; cela jusqu'au jour où à notre demande la police accepte de ne plus intervenir. Tout appel au secours des voisins se trouve dirigé sur nous. Nous nous dérangeons, non tant pour récupérer le fugueur que pour parler avec les habitants. A l'hôpital de nuit Pierre a réussi à créer une telle terreur que les femmes enceintes en viennent à craindre l'éventration.

Cet univers carcéral ne déplaît d'ailleurs pas totalement à Pierre, il s'y introduit parfois le jour, cherchant la compagnie d'un infirmier à qui il se plaint de ce qu'il a à subir à Bonneuil (où justement il ne « subit » rien). Il se sauve aussi chez sa grand-mère, qu'il prend à témoin du malheur qui est le sien.

Très beau (le teint mat, de grands yeux noirs), Pierre

1. L'absence de chimiothérapie n'est possible qu'à condition de réinventer un style de vie.

attire la sympathie. Il y répond par une attitude séductrice au cœur de laquelle se loge une violence imprévisible. Par là il provoque la peur et induit le rejet.

Sa situation familiale, tout le monde a tôt fait de la connaître, elle fait partie du décor que Pierre traîne d'un lieu à l'autre : il est né d'une maman que cette naissance a rendue folle pendant deux ans (ce qui n'a pas empêché la naissance pendant cette période d'un second fils) et qui ensuite a quitté les siens.

Pierre et son frère cadet ont été élevés ensuite par la grand-mère paternelle, qui n'avait d'yeux que pour Pierre : « Tu es mon petit garçon à présent, lui dit-elle, ton père n'est plus mon petit garçon. » Pierre est ainsi appelé à trois ans à prendre auprès de la grand-mère la place d'un fils qui l'a trahie en se mariant. Quelques années plus tard Pierre — en vacances chez sa mère à l'étranger — met le feu à la maison de celle qui l'a abandonné. Mais son impulsion meurtrière est liée en fait au malentendu qui a surgi autour de la naissance d'un bébé, lors du remariage du père. Pierre, à treize ans, connaît une « vie de famille » entre son père, sa belle-mère, son frère et le nouveau-né. Intéressé par les « soins » dont on entoure le bébé, il pose à la belle-mère cette question : « Est-ce que moi aussi j'ai eu une maman qui m'a donné le sein, qui m'a langé, qui m'a dorloté ? » — « Non, toi tu n'as pas eu une maman te donnant tout ça », lui fut-il répondu — au nom d'une vérité ; mais de quelle vérité ?

Né de deux matrices, une « saine » et une « folle[1] », Pierre cherche en vain à se raccrocher à une image dont il pourrait émerger comme être humain.

« De quoi donc suis-je né ? » dira-t-il un jour en pleurant. Très vite, c'est lui qui va s'instituer comme rejetant, à l'instar des femmes qui l'ont abandonné ou meurtri. Pierre campe son drame dans un tableau : à la mère « folle », succède la grand-mère qui le recueille au prix de remplacer son père auprès d'elle (et ce faisant, elle s'institue également comme mère rejetant son propre fils). Et voilà que ce

1. Deux matrices : celle d'avant la naissance et celle des deux premières années.

père, victime des femmes, lui amène une femme qui à son tour va le meurtrir. Pierre dès lors n'a plus qu'une seule idée : *être l'homme le plus fort du monde* (à l'opposé d'un père que l'on serait tenté de situer comme victime de la castration plutôt que comme agent).

A Bonneuil, les enfants épinglent certains éléments de son drame en allant dans le sens d'une justification de sa « maladie ». Comme le disait l'un d'eux : « On n'a parfois pas trop d'une vie pour se venger. »

Pierre n'a aucun projet si ce n'est celui de se faire craindre par la force. Les programmes scolaires ne l'intéressent guère. Il est attiré par les travaux manuels, ceux qui demandent une grande dépense d'énergie.

Au bout de deux mois, Pierre quitte l'hôpital de nuit, il abandonne les médicaments qui, loin de le calmer, peuvent être considérés comme *créateurs de violence* (plus Pierre en effet sentait l'effet inhibiteur des drogues, plus intense était sa rage à le vaincre). Une famille d'accueil (des amis de Fernand Deligny) accepte de le recevoir le soir. Pierre ne retrouve sa propre famille que le week-end, qui se passe généralement dans le drame.

Une dialectique est rendue possible le jour précisément où Pierre quitte le lieu carcéral qu'est l'hôpital de nuit. Cependant le lieu Bonneuil n'est pas mieux accepté pour autant par Pierre, qui garde une nostalgie à l'égard de ce qu'il décrivait comme une prison, une prison qui lui permettait d'expier ses fautes.

Très vite il va remplacer l'*idée de prison* par des fantasmes d'automutilation : « Et si je me crevais un œil ? » Cette interrogation alterne avec une autre question : « Qu'est-ce que ça fait à l'oiseau, quand je lui casse une patte ? » Cette même préoccupation surgit dans tout passage à l'acte sur des humains. Le jour où Pierre me donne un coup de poing dans l'œil, il se fait aussitôt très tendre :

— Je ne voulais pas te faire mal, mais tu pleures, qu'est-ce que ça te fait donc pour que tu pleures comme ça ?

— Qu'est-ce que ça fait à quelqu'un d'avoir un cœur ?

— Est-ce que tu crois, me dit-il un autre jour, que j'ai pu loger dans un bon ventre ? Ou était-ce un ventre fou ?

Lorsque Pierre est en quête de repères sur ce qu'il est (bon, méchant, normal, fou), il reporte son interrogation sur sa mère dont il ne retient que le contexte de « folie ». Lorsqu'il interroge le passé qui le lie à sa grand-mère paternelle, c'est pour en retenir le caractère de complicité qui soudait leur entente. C'est bien la nature de cette complicité qui est à la source de son refus de toute loi paternelle : il est prêt à se mutiler ou à encourir les pires peines pour que soit respectée la « loi » de son désir, qu'il met au-dessus de toute loi des humains. Son agir est constamment un défi lancé à autrui : il recherche la preuve que lui, Pierre, n'a à se soumettre à aucune règle.

La seule règle qui lui soit imposée à Bonneuil c'est l'interdiction de nuire à la vie des autres (en fait l'interdit de tuer) : la transgression de l'interdit le fascine au point que, par instants, on peut se demander s'il ne vit pas que pour ça.

Pierre finit par se lasser des journées passées dans les caves des immeubles voisins ou sous les voitures. Dès l'instant où la police ne le recherche plus il se désintéresse de ses jeux de cache-cache et d'agression. La cuisine l'intéresse. Pierre se fait des amis parmi les aînés à Bonneuil, mais les enfants autistes attisent sa jalousie : il ne comprend pas pourquoi on laisse « ça » en vie.

Dans les assemblées (réunions des enfants et adultes), Pierre parle peu et toujours de façon impersonnelle : « Je suis, dit-il, un singe habillé. » Ces réunions appelées assemblées l'énervent, il passe volontiers à l'acte en agressant un petit auquel un adulte est attaché.

— Qu'est-ce que ça te ferait, dit-il à l'adulte, si on le tuait ?

Tout cela est surtout un jeu verbal. Au niveau de « l'être », Pierre ne peut se présenter que déguisé. Rayé comme objet qui compte pour un autre, il se fait méchant dans l'espoir de pouvoir compter pour l'Autre sur le plan des soucis, de la douleur, etc.

Au niveau du « faire », Pierre est efficace. Mais seul un travail réel le satisfait pleinement. « Bonneuil est un lieu où ça cause trop. »

Au vrai, d'un côté, la parole est érotisée par lui. De

l'autre, c'est le silence que Pierre recherche, aspirant à une solitude radicale. « Le meilleur moyen de ne pas être déchiré par les autres, c'est de se tuer d'abord. »

Les aînés cherchent alternativement à faire fonctionner Pierre comme « fou » ou comme « délinquant ». Un jour dans le métro, Pierre réussit à arrêter les escaliers roulants, crée la panique et disparaît, laissant Jacques qui l'accompagnait ivre de joie. « Ça a été le plus beau spectacle de ma vie », ponctue Jacques.

La vie à Bonneuil même, au bout de trois mois, ne tourne plus qu'autour de la fascination (imaginaire) qu'exerce l'idée de mort ou de meurtre incarnée par Pierre.

Ce que j'appelle le discours collectif est ainsi devenu aussi pathologique qu'il pourrait l'être dans un lieu asilaire. Le spectre de l'asile surgit bel et bien au cœur de notre lieu-dit d'anti-psychiatrie. Que faire pour rompre ce qui est en train de s'installer comme institutionnalisation de la « maladie » ?

Fernand Deligny[1] accepte d'héberger Pierre dans les Cévennes. L'enfant est d'abord accueilli dans le village. En huit jours, il y installe la terreur. Les enfants des écoles se terrent, les habitants ne comptent plus les vitres cassées, le garde-chasse fait en vain référence au respect d'une loi. Tout le monde est dépassé. Pierre est vraiment le plus fort.

Que faire ? L'asile n'est-il pas devenu le seul refuge possible ? C'est alors que Deligny a l'idée d'envoyer Pierre vivre seul en compagnie d'un membre du « réseau » dans la montagne. Pierre n'a là pour nuire que des cailloux. Au bout d'un mois, il s'ennuie. Il découvre au hasard d'une promenade des ouvriers construisant une maison et se joint à eux. Rien ne distingue Pierre d'un autre, sa conduite passe inaperçue.

Lorsqu'il revient à Bonneuil deux mois plus tard, c'est un enfant « normal » qui se présente à nous, désireux de lire, curieux de se replonger dans l'actualité politique dont il a été radicalement coupé.

Jacques et Paul ne comprennent pas. A quoi servent-ils si

1. Cf. ci-dessous.

Pierre, leur « protégé », leur échappe ? L'un et l'autre n'auront de cesse qu'ils n'aient à nouveau actionné... Pierre comme « fou ». Au bout de huit jours, Bonneuil devient une nef des fous. Jacques et Paul se sentent d'autant plus confirmés dans leur vocation de « soignants » qu'ils sont les principaux responsables de la détérioration de Pierre, qu'ils ont réussi à rendre de nouveau positivement dangereux.

Pierre est conscient de la situation : « C'est eux qui tirent les ficelles et moi comme un con je marche. »

— Les autres te font marcher, lui répond-on, mais le choix t'appartient. Tu joues à être le fou dangereux que tu n'es pas, et nous les « soins » on en a marre, on est dans la connerie.

Le lendemain un passage à l'acte nous amène, comme il avait été annoncé à Pierre, à le renvoyer chez Deligny. L'enfant pleure :

— Ça me fait de la peine, je suis bien à Bonneuil.

— Ça nous fait de la peine que tu nous quittes, lui répond-on, on ne peut te garder au prix que les petits aillent mal.

— On est dégueulasse, disent enfin les aînés, on a toujours besoin de se débarrasser de quelqu'un pour se trouver bien.

Ce thème de l'exclusion, répétition du rejet familial, est repris avec les aînés. L'absence de Pierre leur a fait comprendre à quel point ils avaient besoin de lui comme fou. Pierre ne les intéressait qu'à ce titre. « C'est drôlement bien d'avoir un fou sous la main, ça vous chasse l'angoisse », dit Jacques.

Le retour de Pierre à Bonneuil — trois mois plus tard — s'effectue sans histoires.

— Je voudrais, dit-il, fabriquer des choses et gagner beaucoup d'argent.

Il passe un jour par semaine chez un sculpteur, s'intéresse d'autre part à la menuiserie, demande à s'inscrire à un cours par correspondance.

Il reprend d'autre part les incidents du passé, parle des agressions commises dans les caves des immeubles. « La police, dit-il, s'en souvient et quand il y a une connerie de faite, ils doivent dire, tiens encore ce Pierre... mais voilà, ce Pierre-là a disparu. »

Pierre réclame un travail à plein temps hors de Bonneuil ; mais nous ne réussissons pas à trouver ce qu'il veut (à l'instar de Paul, il souhaite travailler dans l'hôtellerie ; mais personne n'accepte la responsabilité de prendre en apprentissage un enfant qui joue encore de temps à autre des poings...). Ce travail (être au niveau du faire) lui est cependant indispensable, à ce niveau seulement il se sent en puissance d'être reconnu comme « bon » et trouve un « tu » à qui parler.

Au niveau de l'être Pierre demeure perdu dans une mascarade. Le programme scolaire, très vite, ne l'intéresse plus : « Quinze ans, un niveau de 5ᵉ, à quoi ça peut-il me mener ? »

Pierre dénonce l'absurdité d'un système qui le coupe d'une vie active réelle. Les séjours chez Deligny ont perdu de leur attrait. « Les Cévennes, c'est l'asile sans les murs. Bonneuil, c'est pas mieux, car il y a des inadaptés. Moi, je suis " normal ". Jusqu'à quand va-t-on me mettre à l'abri avec ceux dont on se débarrasse ? » — « La pire chose, c'est l'adaptation des adultes à l'inadaptation. C'est ça qui donne envie de f... le camp. »

Pierre vomit l'école de Bonneuil, renie les Cévennes, accuse la société de fabriquer la misère. « Les manœuvres heureux, ça vous est utile, non ? Qu'est-ce que vous feriez sans eux ? »

L'enfant se mêle alors dans la ville de Bonneuil aux activités de garçons de son âge rencontrés dans un terrain vague où des animateurs culturels ont dressé un abri de fortune. Il fait la connaissance de jeunes travailleurs, mais aussi de délinquants sortis de prison, de chômeurs. « Le monde entier c'est une prison, s'écrie Pierre un jour. Il n'y a pas de quoi vivre. » Pierre fait le procès de la misère et explique qu'il n'y a de place que pour la violence. Tout est trop laid : il reprend ainsi à son compte la plainte de la frange de drogués, de chômeurs, de rejetés, de moins de vingt ans dont il a fait la connaissance dans les terrains vagues de la ville de Bonneuil. « Je veux bien, dit-il un jour, partir pour un autre pays. »

On parle en effet beaucoup de l'Angleterre à Bonneuil. Les aînés sont appelés à y aller (les uns dans une ferme-école, les autres dans un élevage de chevaux).

Une ferme-école accepte d'accueillir Pierre. Les enseignants n'ont jamais entendu parler de troubles psychologiques. Dès son entrée dans un milieu dont il connaît mal la langue, Pierre retrouve la stéréotypie comportementale qu'il avait mise en acte au début de son séjour à Bonneuil. Il fugue, il cogne, il se montre grossier.

« Pierre est-il fou ou non ? » est la question que l'école nous pose alors. Le renom de l'école anglaise est en jeu, nous dit-on. Pas question que l'on garde un enfant relevant de « soins spécialisés ».

Et c'est ici que nous tentons notre pari. « Pierre n'est pas fou », répondons-nous. Dès l'instant où un certificat attestant la non-folie de Pierre parvient au collège, le directeur réunit ses élèves et leur demande s'ils acceptent de garder le « frenchy ». Un seul élève refuse. Les autres acceptent de le prendre en charge.

Dans les quarante-huit heures *le cas Pierre* semble avoir été réglé (à la première agression de Pierre sur un plus jeune, il reçoit des aînés une correction qui l'immobilise au lit pendant plusieurs jours). A partir de là, Pierre accepte les cours du matin, et s'intéresse aux travaux de ferme. Apprendre est devenu possible, parce qu'ailleurs ont été respectés les intérêts de l'enfant branchés sur la vie active.

Le problème de la violence dont Pierre lui-même a fait l'objet est à situer dans son contexte : cette violence était beaucoup plus proche, dans ses effets de sens, d'une *castration symbolique*[1] que toutes les violences « soignantes » et verbales dont Pierre jusqu'alors avait été l'objet — dans un registre qui le fixait à un dommage imaginaire. En Angleterre, ce ne sont pas les adultes qui l'ont brimé, mais des aînés qui lui ont dit : « On t'aime bien, mais agresser les petits gratuitement, par surprise, c'est une rupture de notre code d'honneur. »

Ces deux années scandées par des ruptures, des allées et

1. Dans la mesure où Pierre était délogé de sa place d'*être d'exception.*

venues entre Bonneuil et les Cévennes, Bonneuil et l'Angleterre, ensuite l'Angleterre et Le Grand-Fougeray ont permis à Pierre d'opérer, à travers des périodes massivement régressives[1], des remaniements dialectiques dont les effets se lisent dans un rapport à l'autre qui n'est plus fondé sur la destruction. Dans sa relation à l'autre, Pierre s'était d'abord perdu comme objet, il va se situer comme objet qui se conquiert. C'est qu'une place a pu être « déshabitée » par lui dans le réel : de là, une reconquête pourra s'opérer à un niveau symbolique. Dans l'absence, Pierre a encore éprouvé la perte de l'autre (qui est venu à lui manquer) et il a formulé la question : « Puis-je compter sur un Autre et pour un Autre ? »

1. Ce que l'on appelle *régression,* nous ne le répéterons jamais assez, n'est pas un retour en arrière, à considérer comme une *maladie,* mais doit être compris comme *recours* afin que réapparaissent les signifiants de demandes pour lesquelles il y a prescription.

La « régression » est une tentative désespérée pour retrouver un autre type de repères et il faut parfois permettre au patient d'en passer par là. Pierre, à une étape de son trajet, entendit partir en vacances avec le couple Guérin et ses bébés (alors que nous avions jugé préférable un départ dans les Cévennes) : il devint encoprétique, énurétique, se masturbant du matin au soir ; il vécut d'une vie purement végétative, identifié au bébé Guérin de trois mois. La « chierie » remplaça la « dangerosité », quelque chose fut répété là de sa jalousie à l'égard de l'enfant du deuxième lit (jalousie qui, on l'a vu, avait atteint son acmé avant ce qu'on appela l'entrée de Pierre dans la « maladie »). L'adulte supporte parfois mieux l'enfant « tonique » et « dangereux », que l'enfant perdu qui semble abandonner et son corps et sa vie. Et pourtant ce type d'épreuves (qui culpabilise l'adulte) est tout à fait essentiel. C'est à partir de là que l'enfant devient vulnérable et qu'il est en mesure de pouvoir abandonner ses défenses de « méchanceté » : le « je suis malheureux » succéda au « tous les garçons sont mes ennemis » ; l'évasion vers le « monde normal » devint l'unique leitmotiv. Cette évasion, Pierre la trouva en Angleterre, mais chaque fois pour une durée limitée dans le temps. Il apprit l'anglais, puis regagna les Cévennes, avec chaque fois l'espoir d'en repartir à nouveau, voyageur sans bagages d'un monde dans lequel il ne trouvait pas sa place. « Qu'importe les pays... c'est le pays de ma mère que je veux rejoindre. », me dira-t-il un jour.

Echapper à l'institution.

Le cas Pierre est assez exemplaire de ce que nous trouvons dans nos structures sociales (de ce que nous trouvons rejeté à l'asile ou en prison) sous l'étiquette « psychopathe pervers ». Il est encore trop tôt pour présumer de l'avenir. Au moins Pierre a-t-il réussi à échapper à l'asile et à la prison : il est devenu vivable en milieu normal, responsable et efficace dans les travaux manuels. Il a appris à manier la langue anglaise en moins de trois mois.

Une psychanalyse entreprise lorsqu'il avait huit ans n'avait, nous dit-on, rien donné ; elle avait abouti à un passage à l'acte (chez l'analyste). Et quand nous l'avons connu toute interprétation analytique se trouvait immédiatement récupérée par Pierre dans un registre imaginaire, il jouait de façon érotique avec les mots toujours détachés de leur effet de sens.

Au contraire toute séparation a joué de façon opératoire, à savoir toute coupure affectant le discours aliéné élaboré avec un autre (la grand-mère, un aîné, etc.). Dans l'absence Pierre s'est, comme le disait un de ses proches, « découvert un cœur ». Les Cévennes ont joué un temps comme refuge possible dans un monde d'avant la société ; Bonneuil a servi de carrefour entre divers lieux ; partant de là, Pierre a pu établir ailleurs une relation « normale » à un autre qu'il n'avait plus besoin d'agresser.

Le drame de Pierre : enfant il n'a pas trouvé de quoi métaphoriser sa relation à la mère. Il en est resté dans son rapport avec les autres à une relation de dévoration meurtrière, sans pouvoir passer à un autre niveau, à travers ce que les analystes appellent la castration (c'est-à-dire une situation où il aurait à perdre sa suprématie phallique pour qu'elle lui soit rendue à un niveau symbolique dans une situation de réelle maîtrise).

Ce qui a manqué à Pierre, c'est un père réel capable de relayer le père symbolique. Il s'est trouvé (à travers la lignée des femmes) à la merci de la seule dévoration maternelle, c'est-à-dire en proie à l'engloutissement le plus radical, dont il cherchait à émerger sur un mode proche de la panique en disant : « *C'est moi le plus fort* » (à entendre sous la forme : je ne risque pas d'être tué).

Il est difficile d'envoyer hors des institutions tous les jeunes étiquetés « dangereux pour eux-mêmes et les autres ». Pourtant, ce cas illustre de façon exemplaire le danger que court tout adolescent de voir ses symptômes entretenus dans et par un établissement de « soins », alors que dans un autre lieu ses troubles ont une chance de changer de nature et de disparaître. La récupération soignante du dire elle-même n'avait pour effet chez Pierre que l'érotisation d'une parole qui demeurait détachée d'un sens, dans un isolement absurde. En jouant comme lieu transitoire de repli (tels les lieux de repli pendant la Résistance), Bonneuil a permis à Pierre de se « retrouver » à partir d'un refus[1]. Parce qu'elle a échappé à une entreprise soignante, sa parole a pu entrer dans un processus de transformation. La permanence du cadre institutionnel ne pouvait, dans ce cas, que figer le symptôme fixé dans un verdict d'incurabilité.

1. Pour Winnicott, (cf. *De la psychanalyse à la pédiatrie*) l'enfant a-social est toujours à la recherche d'un *environnement perdu*. Dans l'acte anti-social, « l'espoir est sous-entendu ». Winnicott trouve positif le fait que l'enfant, à un moment donné, arrive à désigner la faillite de son environnement familial comme responsable de ses malheurs.

L'enfant ne pourra abandonner ses tendances anti-sociales que s'il arrive avec succès à vivre dans un environnement qui lui convient une *période d'espoir* (qui s'accompagne d'une mise à l'épreuve du milieu) *et* une *période de désespoir :* « C'est au-delà de ce stade, dit Winnicott, que se trouve la véritable possibilité de vie pour l'enfant. » Les personnes qui permettent à l'enfant de passer par ces différents processus effectuent, nous dit-il encore, un travail comparable au travail analytique.

Pendant le temps que Winnicott qualifie de *période de désespoir,* il n'est pas rare de voir les effets d'une situation régressive (encoprésie, rites obsessionnels, etc.) surgir en lieu et place de l'acte anti-social. Il faut voir là une « occasion de dégel d'une situation gelée » et l'annonce d'un changement dans le rapport de l'individu à son environnement. Les parents, très souvent, reprennent leur enfant (par culpabilité) avant que celui-ci ait pu vivre à fond cette période de désespoir indispensable au recouvrement d'une véritable autonomie (cela a été malheureusement le cas chez Pierre).

Dans les alternances de départ et de retour Pierre joue quelque chose qui est de l'ordre de l'être exclu de la loi des autres, une Loi qu'il déclare mauvaise. Il y substitue sa douleur et son châtiment, qu'il offre au remords de l'autre, témoin de son expiation. Ou bien inversement il se fait spectateur de lui-même. Un spectacle est mis en scène pour le regard d'un juge qu'il défie.

Le destin de Pierre s'est trouvé en quelque sorte scellé à partir de la parole maternelle (en l'occurrence, celle de la grand-mère) : « C'est toi, enfant de trois ans, qui remplaces à présent ton père pour moi » — c'est-à-dire : c'est ton désir qui est la loi, et ton désir peut se fonder sur le meurtre du Père. Que Pierre, tel Œdipe, ait proposé par moments de se crever les yeux laisse entrevoir le crime dont, à partir de là, il a pu se sentir accusé [1]. Pour continuer à voir (l'horreur du monde qu'il dénonce à travers le drame dont il est né), Pierre d'une certaine façon excuserait le crime, voire le légaliserait.

Les mécanismes mis en jeu se rapprochent aussi, par certains côtés, de ce que Freud a décrit sous le nom de *névrose traumatique* (répétition compulsive d'un agir [2]) et il y a un rapport entre le passage à l'acte et le traumatisme. Lorsque l'intégrité narcissique du sujet est menacée, le moi débordé s'évanouissant, le sujet devient la scène même, et attend dans le réel (hôpital, prison) la réponse à sa provocation [3]. Si cette réponse lui est effectivement donnée dès l'adolescence, le sujet, face à un scénario figé, n'a plus d'autre solution que d'accomplir son destin en prison ou à l'asile. C'est cela que nous avons cherché à éviter par les ruptures introduites, qui ont permis à Pierre des séjours plus ou moins longs en milieu « rural ». Il est bien sûr trop tôt pour prévoir l'avenir d'un enfant dont le pronostic apparaissait au départ comme sombre [4].

1. Piera Aulagnier, *Aspect théorique des perversions,* in *Cahiers Laennec,* sept. 1965.
2. *Au-delà du principe de plaisir.*
3. Piera Aulagnier, Congrès de la société française de psychanalyse, printemps 1963.
4. Pierre est dangereux ou non selon le milieu de vie dans lequel il évolue. Le milieu familial est nocif parce que Pierre y a le pouvoir de

Mais, à un certain moment, un revirement spectaculaire a été possible : cela pose une question à laquelle on ne peut répondre que hors des solutions habituelles de ségrégation (particulièrement dans les cas graves, plus exposés que les autres au danger de l'institutionalisation de la « maladie »).

C'est ici que nous nous heurtons aux limites de notre entreprise et que surgit la dimension politique du problème de l'aliénation et de la délinquance. La Chine a ses paysans (que l'on promeut éducateurs), la France ne dispose que de rares régions (ce sont toujours des régions pauvres) où la qualité des habitants, leur style de vie permettent à un enfant de vivre à son rythme propre en abandonnant ses défenses de « méchanceté ». Il n'y a pas plus moral qu'un pervers [1].

---

détruire le couple parental. Si Pierre ne peut trouver dans un milieu « normal » un certain rapport à la loi (qui ici est essentiellement un interdit de parasitage et de meurtre), il cherchera ce rapport à la loi dans une forme de délinquance qui lui assurera cette même éthique lui ayant fait défaut en milieu « normal ».

Comme on l'a vu, l'adolescent est parti en Angleterre parce qu'en France rien n'était possible hors des solutions de ségrégation. Il revient en France avec l'idée de s'engager dans un travail manuel rémunéré. Un examen médical est demandé. Plutôt que de courir le risque d'être « fiché » malade mental, justiciable d'un placement en circuit spécialisé, Pierre se retire du jeu et connaît une période difficile. L'administration a toujours agi avec lui comme une famille de substitution, mettant en jeu les mêmes mécanismes de promesses non tenues, d'arbitraire et abus de pouvoir. Il a été possible de mettre cet adolescent en situation de « non-dangerosité », mais le problème posé par ce que l'on nomme « réadaptation sociale » demeure entier.

Au départ le symptôme de Pierre vient certes comme le produit d'un drame familial mais la société ne lui offre que des familles de substitution (sous forme d'hôpitaux de jour et de systèmes de surveillance divers). Alors qu'il avait l'âge légal le droit au travail lui a été à un moment bel et bien refusé. Il est tout à fait évident que, si cet enfant appartenait à une famille ouvrière, il serait depuis longtemps à l'asile ou en prison.

1. Les Cévennes offrent à un enfant une possibilité de rupture avec toute contrainte sociale. L'effet « miraculeux » d'un séjour disparaît lorsque l'effet de surprise s'est mué en routine.

Il arrive que des parents investissent les Cévennes comme lieu où se débarrasser d'un gêneur. Les amis de Deligny risquent alors de se trouver mis par l'enfant au poste de geôlier ou gardien (dans un

Lacan montra à propos de Sade[1] que le *pervers* tente de réintégrer l'instance de la Loi par le biais de la faute.

L'axe autour duquel une parole s'ordonne lie le désir à la Loi[2] (de l'interdiction de l'inceste). Il n'est pas indiffé-

---

contexte répressif, rien n'est plus possible, c'est le refus de l'enfant qui est à entendre et à ratifier si on ne veut pas qu'une expérience se pervertisse).

Le Grand-Fougeray ou la Dordogne, c'est pour l'enfant une autre étape. Il participe à la vie des fermiers (soins aux animaux, culture) dans un milieu parfois éprouvé par des difficultés économiques. La tolérance au « fou » diminue, cependant, dès que les fermes sont trop rapprochées les unes des autres. Le « réseau » que nous avons pu constituer est formé essentiellement par les camarades d'enfance, amis et famille d'Yves Guérin. Un réseau s'est constitué récemment en Dordogne grâce à J. J. Bouquier.

En juillet, l'école de Bonneuil se déplace en Bretagne, les enfants sont tous répartis pendant la journée dans des fermes avoisinantes ; ce sont les enfants qui choisissent leur lieu de travail au hasard des rencontres. Une entraide s'établit, une parole circule. La réussite des séjours est incontestablement liée au travail accompli par les Guérin avec les familles, et à l'animation qu'y apportent les « stagiaires » français et étrangers venus participer à la vie communautaire. Au mois d'août, une partie des enfants demeure dans le village ou s'en va dans un village proche organisé en communauté sur le modèle des communautés d'autrefois. (On y vit *contre* le monde moderne, à l'heure de la Bretagne ancienne et des coutumes d'antan.) C'est évidemment dans ce type de lieux que la « folie » est le mieux tolérée.

La disparition des communautés dans les villages a pour corollaire la perte d'une tradition éducative (au sens large). Lorsque la famille nucléaire réduite domine, l'effet de sa structure risque toujours d'être destructeur. La difficulté à vivre de Pierre est à certains égards le symptôme d'une société et sa condamnation. Pierre, dans sa révolte, nous a fait à maintes reprises mesurer l'ampleur de notre impuissance : l'avenir de Pierre est entièrement suspendu à la façon dont un milieu normal arrivera ou non à faire face aux effets d'une conduite par moments a-sociale. L'intrusion du gendarme — qui s'en décharge à l'asile — est vécue par Pierre comme un coup de force appelant en retour une réponse « pathologique ». Le « pathologique », c'est la société qui l'a introduit en faisant entrer Pierre à douze ans dans un circuit psychiatrique. L'éducation (par des garçons de son âge) aurait peut-être soustrait Pierre aux effets d'une « irresponsabilité » qui lui a été reconnue de façon si précoce.

1. Cité et développé par P. Aulagnier, *Aspect théorique des perversions,* in *Cahiers Laennec.*

2. Lorsque Lacan fait référence à la *Loi* et à l'*ordre symbolique,* il est influencé par les travaux de Marcel Mauss et C. Lévi-Strauss pour

rent de voir comment la problématique de la castration[1] se pose dans un lieu non répressif. C'est ce que nous allons à présent tenter de dégager.

---

qui l'inconscient est un univers de règles vides de contenu, comparables à celles qui régissent le langage.

La théorie lacanienne a subi sur ce plan, de la part de certains, d'étranges distorsions. Ce que Lacan a cherché à privilégier (le parallèle avec les lois phonologiques qui régissent l'organisation des éléments différentiels en opposition binaire) a été sacrifié à des conceptions juridiques, utilisées au service du maintien de l'ordre dans les institutions. On parle de la « loi de Lacan » comme s'il s'agissait d'une loi juridique. C'est un contresens.

1. On a reproché ces derniers temps à la psychanalyse d'avoir « restauré le primat de la castration, le mythe du grand Autre et la superstition du signifiant ». Les auteurs ne sont pourtant pas arrivés clairement à dégager ce qui, dans la théorie psychanalytique, pouvait être posé comme mythe (et devait être considéré comme limite symbolique) et ce qui pouvait être dénoncé comme mystification. Si la psychanalyse s'est trouvée dans un premier temps récupérée dans une idéologie médicale, c'est le même mouvement qui aujourd'hui cherche à mettre à la place du médical le « politique », dans une perspective qui vient renforcer les défenses de la psychiatrie devant la folie.

4

Folie, mise en scène et jeux de langage

I. JEU VERBAL ET JEU NON VERBAL

Si nous cherchons à cerner le type de discours qui se tient entre adolescents (étiquetés névrosés, psychotiques ou pervers) et adultes[1], nous ne pouvons manquer d'être frappés par la théâtralisation du dire : il y a, à partir d'un minimum de conventions établies (« on peut dire n'importe quoi, mais pas faire n'importe quoi »), comme la *mise en scène* d'une pièce fantasmatique (mise en scène du sujet, du désir et de son objet). L'agencement du scénario est en rapport avec l'histoire personnelle du sujet[2], c'est-à-dire avec ce qui lui est advenu comme une expérience surdéterminée de plaisir (déplaisir), et qu'il cherche à retrouver par la voie du fantasme.

La place occupée par le sujet dans le discours du premier Autre (la mère) est une place leurrante, imposée par le désir de l'Autre. Sous l'empire de cette première illusion le sujet va se situer dans le fantasme comme cause et effet de désir. Dans son discours la mère met l'enfant à la place qui le fait cause de son désir à elle : place éminemment leurrante, avons-nous dit, dans la mesure où c'est en lui non comme tel mais à titre d'autre chose[3] (l'enfant vient là comme signifiant de son manque à elle), que la mère trouve

1. Ce sont les enregistrements des discours tenus qui ont permis cette étude.
2. Piera Aulagnier, *Le Désir de savoir*, in *Inconscient*, nº 1.
3. Mustapha Safouan, *Le Phallus dans le rapport mère-enfant*, 1964 (inédit).

une satisfaction qui la comble. La première désillusion de l'enfant est de s'apercevoir qu'il est ainsi aimé pour autre chose que ce qu'il est — comme prolongement phallique de la mère. L'enfant réalise alors sur lui-même cette image (phallique) dont la mère est dépossédée — cela à partir du stade du miroir, étape où il acquiert une image spéculaire de lui-même.

Autour de ce qui symbolise le *manque* de la mère s'articule alors la demande de l'enfant[1] (demande de quelque chose par lui désiré ou non). L'existence d'un tel manque d'objet permettra à l'enfant l'accès au Je (en proie au désir), le sujet devenant le lieu où se recoupent présence et absence[2]. Ainsi la demande est-elle la voie qui permet la circulation du discours, la voie par laquelle le désir est véhiculé[3].

Le névrosé tire le « quelque chose à dire » de la dissi-

1. Les difficultés de l'enfant seront grandes si la mère n'accepte pas d'être marquée par le manque. La mère écrase alors l'enfant de sa présence et de ses soins, ou le rejette par dépit (d'avoir un enfant différent de son enfant de rêve).

2. La naissance du sujet au désir est liée par Freud à la tentative du sujet d'établir une équivalence entre une situation présente d'insatisfaction et une situation passée de satisfaction.

3. Lacan reproche à la psychanalyse traditionnelle de s'être fixée sur une dialectique réduite du sujet. Les analystes ont oublié, nous dit Lacan, « qu'entre la mère et l'enfant, Freud a introduit un troisième terme, un élément imaginaire, dont le rôle signifiant est majeur : le phallus » (nov. 1956).

Lacan montre comment la relation métonymique entre ces trois termes (mère, enfant, phallus) se trouve remaniée par la fonction métaphorique du père (qui est le père symbolique). Et il étudie alors le problème du « manque d'objet » dans son rapport à l'Imaginaire, au Réel et au Symbolique.

En distinguant pénis de phallus, besoin de désir, Lacan échappe au phallocentrisme dont on fait critique et reproche à la psychanalyse traditionnelle. Lacan insiste sur le fait que c'est le manque qui est cause de désir, et en définissant le signifiant comme « ce qui représente le sujet pour un autre signifiant », il ramène le sujet à un lieu où (comme dans le jeu du *Fort-Da*) se recoupent la présence et l'absence.

« Quelque chose est signifiant, pour autant que quelque chose qui constitue un tout, le signe, est là justement pour ne signifier rien. C'est là que commence et que se distingue l'ordre du signifiant de l'ordre de la signification » (Lacan, *Séminaire* du 11 avril 1956).

mulation ; de son côté, celui qu'on appelle psychotique ou pervers asservit son discours à une exigence de jouissance : pour le « pervers » le « quelque chose à dire » est corollaire du désir de l'Autre, à qui il impose un plaisir qui vient lui confirmer la possession des insignes de toute-puissance qu'il revendique.

Comment échapper au rituel qui définit la qualité des individus qui parlent — rituel qui les fixe (comme propriétaires d'un *type* de discours) dans des rôles convenus à l'avance et dans des lieux conçus pour recevoir un type de discours autorisé ou attendu ? C'est ce que je vais essayer de dégager à partir de certains cas cliniques.

La scène parlée : Jacques.

Jacques a douze ans lorsqu'il arrive à Bonneuil, l'air hébété, bavant, sous l'effet des neuroleptiques qu'on lui a administrés. Il est étiqueté paranoïaque (ou plutôt paranoïde) ; on déconseille aux parents de lui faire poursuivre ses études. Renvoyé en effet successivement de toutes les écoles à partir de l'âge de trois ans, Jacques est considéré comme un « malade » relevant de « soins » spécialisés.

Fils unique, fixé à une mère complice de toutes ses incartades, Jacques refuse et son père et le nom qu'il porte. Il attribue à ce nom (dont les camarades se moquent) l'origine de ses malheurs. Très vite, Bonneuil va devenir pour Jacques une scène permettant à sa « folie » de se déployer librement. En abandonnant les neuroleptiques, il quitte un masque d'idiot, se révèle intelligent, et possédant même un savoir d'autodidacte très étendu pour son âge.

« Qu'est-ce que c'est que cet endroit où il n'y a pas de maîtres, pas d'école, pas de rien ? » : réflexion faite par Jacques à son entrée. Il a refusé le « scolaire », mais que dire d'un lieu où il est impossible de refuser l'enseignement, puisqu'il n'en existe pas !

Jacques décide d'*être* cet enseignant qu'il ne peut *avoir.* Pendant un mois, il réunit les enfants une heure et demie par jour et leur fait dans un silence religieux un cours sur les protozoaires. Au bout de ce temps, Jacques « laisse tomber ». « C'est tous des minus, des bons à rien, pas la peine de se fatiguer pour eux. »

Hautain, Jacques s'enferme dans sa suffisance : occasion lui est donnée de prendre sa revanche sur les professeurs, les médecins, les adultes qui désespèrent de lui. A son tour, de la place de l'adulte qu'il occupe, de crier son mépris et d'écraser les enfants sous le poids de sombres pronostics : « Ici ils sont tous fous. Il n'y a rien à faire, on est tous maudits. Si je ne me désintéresse pas d'eux je risque de me quitter moi-même. »

Pour ne pas avoir à se quitter, Jacques, qui s'est choisi un nom russe (Kalmaroff), se met en demeure d'apprendre le russe, pour être le Russe correspondant au nom qu'il a. « Au nom de la justice, déclare-t-il un jour, moi, citoyen russe, Kalmaroff, je vais vous aider à sauver ces enfants de la déchéance absolue. Nous abolirons les lois injustes. »

Parlant de Pierre, il ajoute : « Il faut le sauver, c'est sa belle-mère qu'il faut mettre à l'asile. Quel cas de conscience pour ce père obligé de choisir ainsi entre sa femme et son fils ! »

En choisissant un nom russe Jacques choisit, d'après ses propres paroles, les insignes d'un sur-homme. Rejetés par lui, les enfants font, dans un deuxième temps, l'objet d'une tentative de sauvetage ; le nom de son père est par contre bafoué[1] comme se trouve bafouée sa puissance de père castrateur.

Jusque-là comme évitée, la question paternelle prend tout son relief le jour où on dit à Jacques qu'il peut draguer les filles sauf celles de l'école. On a vu, dans le chapitre précédent, comment face au surgissement du nom d'*un Père*[2] Jacques fait émerger un Dieu maternel, qui lui aurait promis à ce moment-là de ne jamais le quitter (cela, nous ne le saurons que bien plus tard) : « J'ai élu domicile dans ton corps, lui dit le Dieu " Pelchat ", te voilà défendu contre le danger. »

L'obligation de prendre en compte (à Bonneuil) un Père

1. « Si le facteur amène une lettre concernant mon autre nom, vous lui dites de jeter ce nom à la poubelle », nous dit Jacques.

2. Cf. ci-dessus, p. 90.

qui ne lui donne pas sa fille, et la nécessité pour lui de se plier à ce vœu (fût-il arbitraire), crée un axe autour duquel le discours de Jacques s'ordonne pendant les deux premières années de son séjour.

Au cours de la première année, il renonce à Denise sur le plan d'un commerce sexuel pour devenir dans la réalité son éducateur (il rend à cette fille hémiplégique l'usage de son bras droit et lui apprend à écrire). Dans un temps suivant, il l'abandonne comme un déchet qu'il laisse choir.

Il peut draguer ailleurs. Nous avons vu dans le précédent chapitre comment il se trouve à ce moment dans une impasse. Les filles en liberté lui font peur, comme lui fait peur l'idée qu'une des filles convoitées pourrait être sa mère. « J'aurais préféré, dit-il, être né fille, ça m'aurait apporté une garantie contre les garçons. » « Je dois m'enfermer dans une haine de protection contre les filles, je dois résister. » A quoi ? « A l'amour. La sexualité ça ne devrait pas exister, elle ne peut qu'être menaçante pour l'homme. »

Jacques se fait grossier, se veut « sadique », les filles sont battues, il faut les empêcher d'exister. « Si on n'est pas sadique, on tombe dans le piège (de la femme). »

Jacques, malgré tout, a conscience du jeu de cirque qu'il mène :

— C'est pour me sauver que je fais le clown.

— Va voir Lefort, lui dit Paul.

— Tu ne comprends donc pas, réplique Jacques, que c'est un chirurgien qu'il me faut. Si je pouvais me faire châtrer, ça me ferait plaisir. Là les femmes ne me tenteraient plus. Je pourrais vivre sans avoir peur d'être attaqué. Pourtant je n'ai pas de difficulté avec mon sexe. Seulement le sexe masculin ça ne doit pas aller avec le sexe féminin.

— Les femmes d'un côté, les hommes de l'autre ? mais c'est un univers de dingues ! répond Paul.

— Eh bien, c'est ça que je voudrais.

Jacques oscille par instants entre une identification imaginaire à la mère (qui lui assure la présence d'un Père) et la recherche d'une mutilation réelle qui viendrait en quelque sorte le préserver de la castration symbolique : « Ma difficulté ce n'est pas les mathématiques, c'est les filles. Je vais, accompagné de ma mère, me faire opérer par les chirurgiens. Je mettrai mes couilles dans des pots et je serai tranquille. Ma mère d'ailleurs aime les animaux opérés. »

La femme mariée lui apporte, selon ses propres termes, une *garantie.* Jacques l'utiliserait volontiers comme fétiche pour être préservé (fantasmatiquement) du *vu* d'un sexe féminin en liberté. Vu dont l'horreur le renvoie en fin de compte au traumatisme de la naissance. Le fantasme des relations sexuelles du père et de la mère se trouve par moments projeté sur la scène de Bonneuil : tantôt Jacques est aux prises avec des angoisses persécutives, tantôt il donne à voir dans le scénario mis en place un spectacle de mauvais traitements qu'une femme lui aurait fait subir [1]. Nous sommes dès lors conviés à assister aux différentes métamorphoses du fantasme originaire, ses modes de figuration et sa façon de s'articuler à la réalité.

A d'autres moments l'humour surgit comme protection de Jacques contre les terreurs, et lui permet de répudier une réalité dérangeante en la mettant au service de l'illusion.

Le rôle joué par les « objets » (mutiques, filles, Pierre, argent) dans les fantasmes mis en scène donne au discours de Jacques une sorte de « marque de fabrique » qui lui est particulière. Les mutiques, les filles, etc., sont tantôt les objets mauvais à rejeter, tantôt les objets qui vont permettre à Jacques son propre rachat, voire lui ouvrir l'accès à la réalisation d'une œuvre. Tout se passe comme si ces « objets intermédiaires » avaient pour fonction de libérer le fantasme dans lequel Jacques est emprisonné (le fan-

1. « Tu n'es qu'un pauvre con, Jacques, qu'elle disait. Tes parents ont un sang de criminel. Vous êtes tous condamnés à devenir criminels ou fous à enfermer. Vous ne serez jamais des hommes libres plus tard. Cette saloperie nous disait des injures. C'est une honte de donner des enfants inadaptés à une femme comme ça. Elle nous parlait comme si on était des moins que rien. On était ses esclaves, elle nous tapait dans le dos avec son balai. »

tasme : ce qui, pris dans la gangue délirante, déclenche les « terreurs paranoïaques », surmontées ensuite à travers la production de discours symptomatiques successifs). Ainsi Jacques réordonne-t-il le monde des objets à travers les problèmes posés par la sexualité, tels qu'ils se trouvent situés dans son fantasme.

Un jour Jacques décide d'abandonner les cours de russe qu'il se donne à lui-même et demande à s'inscrire au cours par correspondance de l'Éducation nationale. Il réussit contre toute attente les examens auxquels il s'est inscrit sous son vrai nom, après avoir fait le deuil de son appartenance à la lignée des surhommes.

Il fait alors le procès de Bonneuil comme lieu ségrégatif dont il faut savoir partir si on ne veut pas venir grossir le rang des exploités – dont, dit-il, l'État a besoin, comme il a besoin de pauvres, de fous et d'idiots.

Du jour où il arrive à saisir la part qu'il prend comme acteur dans le fantasme mis en place avec sa mère, Jacques peut abandonner la protection de la folie.

Bonneuil a servi à Jacques de théâtre où s'est jouée sa position dans la société et dans la famille ; il n'est pas inutile de mettre l'accent sur la fonction de *provocation* présente dans ce jeu théâtral, provocation qui lui a permis d'arracher le masque (le sien, mais aussi le nôtre). Au départ, dans un conflit en rupture avec le quotidien et l'institution, on trouve un type de discours qui ne se fige point, grâce à une permanente critique de l'institué, critique qui ne demeure pas enfermée dans l'institution puisqu'on rend possible à Jacques d'organiser son départ de Bonneuil dans le réel. Du jour où il peut quitter un lien symbiotique avec la mère, Jacques est effectivement en mesure de faire son entrée dans le monde extérieur, sans craindre de s'y perdre ou d'être mis en demeure de se *quitter lui-même*[1].

1. Jacques se trouve actuellement en 2e C dans un lycée mixte. Il a lié amitié avec des filles, et a pu du même coup reprendre le russe (en première langue). Certains nous reprochent de l'avoir « récupéré » pour le système ; à cela, je répondrai que son passage à Bonneuil lui a permis l'accès à une « contestation réussie », là où, « incurable », il serait demeuré figé dans une contestation ratée.

La scène parlée : Paul.

Paul a douze ans lorsque nous faisons sa connaissance. Étiqueté tour à tour débile et psychotique, l'enfant a connu dès avant cinq ans les consultations spécialisées. Malgré trois psychothérapies et trois rééducations, son niveau scolaire n'est guère plus élevé, à douze ans, que celui d'une 10e. Il est instable, coléreux, renvoyé de toutes les écoles ; une place lui est finalement offerte dans un IMP pour débiles, solution que les parents refusent.

Aîné de cinq enfants, Paul n'a pas réussi à trouver sa place dans la fratrie — il n'a de place nulle part. De façon répétitive il cherche dans le réel une réponse à ce qui est en jeu dans son désir. Le réel est donc sollicité de venir remplir la fonction symbolique. Paul va ainsi jusqu'à appeler de ses vœux la mutilation (sous forme d'agression corporelle, d'intervention chirurgicale, etc.). Depuis son plus jeune âge tour à tour renvoyé, battu, et opéré (pour son encoprésie), Paul a instauré une relation privilégiée à ses parents à travers la provocation à être mal traité.

De façon répétitive Paul cherche à fuir l'angoisse par un *agir* : le scénario qu'il met en place à Bonneuil n'est pas sans rapport avec les scènes[1] liées au fantasme originaire (ou au mythe d'origine, comme on veut).

En réponse aux préoccupations de Jacques, Paul ne dit-il pas un jour : « L'enfant ne peut donc jamais se marier avec sa mère, même quand le père est mort ? Pourtant il y a eu une histoire comme ça, d'un fils qui a fait un enfant à sa mère. C'est vrai qu'il y en a qui crèvent parmi les enfants, de ce qui leur arrive ? »

Paul situe et verbalise ce qui se joue à Bonneuil comme rivalités et tensions entre les enfants. Il s'insurge contre une situation dans laquelle il se laisse entraîner, ainsi que Pierre, et qui fait de lui (ou de Pierre) le « clown à faire rire Jacques » : « Oui, je me laisse mettre au poste de con, ça leur fait drôlement plaisir, hein ? »

Quelques mois après son entrée à Bonneuil, Paul se

1. Scène primitive, castration, etc.

passionne pour la cuisine et est admis comme stagiaire dans un restaurant. Sa place dans la fratrie s'en trouve aussitôt modifiée. Ses frères commencent à le jalouser, puis à l'admirer (il rapporte de l'argent, vient d'un monde adulte dont ils sont exclus).

Mais avoir trouvé une place, voire une vocation, dans le monde réel ne peut suffire à régler le problème identificatoire de Paul ni celui de son angoisse (de castration). Dès l'instant où son avenir se trouve résumé dans le vœu parental : « On te trouvera un emploi dans un restaurant, en attendant apprends le métier », Paul s'emploie à *montrer* (sur une scène) qu'il n'est pas celui qu'on croit qu'il est, posant tour à tour le problème de l'arriération et celui de la folie. « Les gens nous croient dingues, alors on n'a pas de talent. » « Je suis dingue, alors autant me flinguer. » « Ma grand-mère m'a dit : t'es un attardé. »

En référence à cette grand-mère, Paul, après s'être vu « chef cuisinier », réclame un collège où l'on fasse du latin, des études. Être chef cuisinier ne lui dit plus rien, dès l'instant où le choix de cette profession doit l'épingler à jamais comme attardé ou fou.

Pendant deux ans, Paul oscille ainsi entre un travail manuel et une évasion de ce travail, entre Bonneuil et une fuite de Bonneuil vers les Cévennes, entre la dépression (suicidaire) et une activité débordante. Ses difficultés en calcul sont le symptôme majeur sur lequel tout se cristallise. Paul s'est trouvé pris au départ, à Bonneuil, dans une a-scolarité radicale, mais un jour en revenant du restaurant il pose la question : comment calculer le 12 % ? « Je veux savoir ça. »

Dans la mesure où le calcul reste dans le même temps, pour reprendre ses propres termes, « ce dont il ne veut rien savoir », Paul se trouve dans une impasse : pour en sortir il n'a d'autre moyen qu'un appel à l'autre, qui prend forme de la provocation. Il lui arrive au cours d'un raptus anxieux de chercher à se jeter sous une voiture pour trouver, nous dit-il, dans la mort, une solution à ses difficultés (c'est-à-dire pour trouver dans le réel une réponse au manque de castration symbolique). Bonneuil, le restaurant, deviennent à ces moments le théâtre d'une dramatisation — sans meneur de jeu. Le fantasme inconscient (de castration) est comme projeté sur un écran. Le désir (d'accomplir ceci ou cela) apparaît avec ce qui s'y oppose, sans compromis possible ; d'où l'irruption d'une violence (contre autrui ou contre lui-même).

Le *mécanisme de répétition* est toujours le même : une difficulté (d'apprentissage) à vivre dans le réel (et par contrecoup à un certain niveau d'organisation symbolique) ne peut trouver de réponse que dans un réel de mutilation.

Ce qui est représenté là comme condition traumatique est de l'ordre d'un drame de l'enfant avec ses deux parents. Paul a l'impression qu'il n'est accepté par eux qu'à condition de n'être pas. Tout accès à une reconnaissance comme sujet en proie au désir lui paraît, dans ces moments-là, impossible ; il recherche alors, de façon toute répétitive, un redoublement d'agression au niveau corporel. S'actualise un corps présenté sur la scène comme lieu de *castration.* Les paroles de la grand-mère ou des parents surgissent comme autant de verdicts de condamnation — auxquels Paul répond par la fugue ou l'essai de se supprimer.

Dans ses courts instants où Paul se trouve comme hors du temps, il est, pourrait-on dire, porté par son fantasme ; agresseur ou agressé, il disparaît comme sujet, confondu avec la scène projetée.

Non pas oscillation entre un désir d'agresser et un désir de se supprimer, mais perte brusque de tout repère au niveau du moi. Le corps apparaît comme menacé par un réel dangereux, le symbolique fait retour dans le réel, laissant le sujet complètement démuni.

A ce moment de tension, Paul pose la question[1] de son internement dans un hôpital psychiatrique pour savoir ce qu'il est : fou, arriéré ? Il va aussi voir R. Lefort mais s'interdit de continuer, de peur de déplaire à son père. En forme de fuite, le départ dans les Cévennes, qui scande le lendemain de chaque période d'angoisse, est l'exact équivalent de ce qui est recherché dans la mort. « Tout est con ! Je suis anormal, vous le savez bien. On est trop malheureux

1. L'internement est en fait la *réponse* (à l'angoisse) recherchée par Paul. *Il ne sait pas* que c'est là qu'il pose la question de son identité.

ici. Je veux aller quelque part, mais je ne sais où... Je me flingue, comme ça je saurai où aller. »

La mort est rencontre souhaitée avec un verdict de condamnation, qui seul peut lever l'angoisse : Paul cherche à *se confondre avec le signifiant* qui doit le barrer comme sujet en proie au désir, et faire de lui l'objet offert au désir de l'Autre. Aussi le risque de passage à l'acte est-il nul lorsqu'on l'envoie dans les Cévennes qu'il utilise comme lieu carcéral. A son retour il lui arrive de poser la question : « Pourquoi j'avais le cafard, pourquoi ça me tombe dessus comme ça ? »

Lorsqu'un enfant, à Bonneuil, passe par un épisode dépressif, il n'est pas rare de voir un autre enfant prendre son symptôme à son propre compte, comme si l'équilibre général ne pouvait être acquis qu'au prix d'une « maladie » ou d'une exclusion d'un des membres de la communauté. Se trouve reproduit ainsi sur la scène de l'institution ce qui est en jeu dans la plupart des familles de psychotiques.

La scansion opérée par les départs et les retours permet que l'on parle de ces événements qui resteraient, sinon, prisonniers d'un agir spectaculaire. C'est que toute mise en scène (des symptômes ou d'un discours) indique à la fois un tracé (généalogique) et un trajet à refaire à travers la mascarade, les rituels : Quelque chose y est donné à entendre, qui fait qu'ensuite « j' » entends.

Le jour où Paul, lors d'un de ses retours des Cévennes, nous dit : « C'est mes parents qui ont besoin d'un hôpital psychiatrique pour leur cerveau qui déconne, c'est eux qui vont mal, pas moi », nous comprenons qu'un virage s'est opéré, rendant possible un autre discours.

On trouve pour Paul une famille d'accueil (des instituteurs). Sa vie se partage entre cette famille, Bonneuil, et le restaurant. L'instituteur a un atelier (de bois), une femme et un chien. Paul investit l'atelier, le chien, et apprécie la possibilité qu'il a de s'isoler. A partir de là, il s'ouvre au travail scolaire (aux rudiments qui lui sont nécessaires dans sa pratique au restaurant) et s'intéresse à son avenir. Très vite, Bonneuil et les Cévennes deviennent des lieux à vomir qu'il faut quitter à tout prix. A partir de ce rejet pourra se constituer un discours de contestation en prise sur le monde extérieur.

La scène du corps.

Le même désordre qui se donne à voir sur la scène verbale se manifeste chez l'enfant autiste au niveau du corps. Mais du fait de son éducation l'adulte dit « normal » est empêché d'entendre ce qui parle du corps de l'enfant autiste.

Mettre l'accent sur l'*expressivité,* c'est se condamner à penser le corps selon l'image que s'en fait l'institution (médicale, pédagogique). Cet état de fait a amené Pierre Fedida à parler de *corps institutionnalisé* et à insister sur la nécessité d'introduire là aussi des ruptures, ouvrant à une *désinstitution* du corps. Quelque chose dans un rapport au corps est à réinventer (comme est à réinventer tout ce qui a été mis en place jusqu'à présent sous le terme de rééducation psychomotrice, etc.).

Certains enfants autistes séparés de leur mère pour un séjour dans les Cévennes en reviennent parfois méconnaissables, baignant dans l'urine et l'excrément. A partir d'une rupture avec un corps qui était depuis toujours imaginé-désiré par l'autre, l'enfant fait sur lui-même la découverte d'un autre corps, lieu de désir. Ce dévoilement d'un autre corps, lorsqu'il peut se faire (lorsque l'angoisse de l'adulte ne surgit pas comme obstacle), marque toujours un renversement des plus essentiels. Rendre l'enfant à un corps sexué, c'est lui donner la possibilité d'investir son corps d'émois et d'intérêts sexuels, qu'il peut aussi bien porter aux fonctions digestives ou à ses déchets excrémentiels. C'est seulement à partir de l'investissement de ses zones érogènes que l'enfant arrive à porter ensuite son objet d'amour sur un autre que lui-même.

D'une manière générale, l'enfant autiste est pris à Bonneuil dans un bain de langage, il occupe auprès des uns et des autres une fonction, il joue aussi un rôle sur la scène de l'école. Un type d'activités lui est essentiel : celles qui laissent parler le corps en mettant le dire en suspens[1]. On donne à l'enfant la possibilité d'exploiter les ressources de son propre corps (les écrits d'Artaud ont constitué ici un guide précieux). L'enfant qui ne parle pas prend plaisir à découvrir les résonateurs de son propre organisme, exploitant ainsi au niveau du son (et à travers les obstacles venant de son corps) sa boîte crânienne, son nez, son ventre, son larynx, son épine dorsale, inventant les multiples manières de respirer, mais aussi de crier avec « la voix de tête, la voix de bouche, la voix de ventre, la voix de poitrine, etc.[2] ». L'élimination de la musique non produite par les enfants les amène à faire surgir de leur corps une musique, orchestrée ensuite à l'aide d'instruments et objets qui se heurtent. Tout cela crée parfois quelque angoisse chez ceux qui parlent. Ils commentent en ces termes : « Cette musique qu'on fabrique et le reste, ça n'a ni queue ni tête, ni bras, ni pieds, ni estomac, ni cœur, ça n'a rien dans le buffet. C'est un effet de folie, qui monte là de partout[3]. »

A partir de ruptures avec un corps « institutionnalisé », l'enfant fait l'expérience d'une réappropriation d'un corps à lui ; mais l'accès à la réalité de ce corps lui demeure néanmoins précaire (la connaissance qu'il peut en acquérir se limite généralement au corps comme contenant et à ses orifices : la fonction prise par les appendices du corps comme indices du désir dans le champ de l'Autre mériterait une étude approfondie).

1. Il existe une pièce d'eau avec baignoire permettant des jeux de corps divers. Une possibilité est également donnée à l'enfant d'inventer une musique à partir d'instruments rudimentaires qu'il fabrique parfois lui-même. D'autres en sont venus à vouloir faire de leur corps un instrument sonore.

2. Jerzy Grotowski, *Vers un théâtre pauvre,* éd. La Cité, Lausanne, 1971.

Le type d'enfants dont nous parlons, s'il en vient à découvrir le lieu du ventre, de la poitrine, etc., reste malgré tout dans une position d'étrangeté à l'égard de son corps, ou de dédoublement à l'égard d'un corps organique ou d'un corps de plaisir situé comme séparé, comme non superposable.

3. Cet « effet de folie » est parfois mal supporté par l'adulte surtout s'il se tient en position d' « observateur ». Cette position est destructrice pour l'enfant (qui la vit comme un effet de « cannibalisme »).

L'existence d'enfants autistes (mutiques) à Bonneuil ravive pour les aînés l'interrogation : *de quoi suis-je né?* (c'est-à-dire quel sens ai-je eu pour mes parents avant ma venue au monde, pour que j'en vienne à être démoli?), interrogation que les mutiques leur renvoient en miroir.

La folie, l'arriération sont liées dans le discours des aînés à une *faute originelle* (associée à la scène primitive); ils adoptent en réaction une attitude de rejet à l'égard de ce qu'ils appellent des « déchets » de l'humanité. Et cependant l'éveil de ces enfants mutiques, auparavant absents à la vie, les interpelle très profondément. S'interrogeant sur la place occupée affectivement par l'un de ces enfants auprès d'un adulte, ils en viennent toujours à se poser des questions sur leur propre naissance et sur celle de leurs parents. En se laissant interpeller par l'enfant muet, et à travers la question qu'il pose, les aînés en arrivent à se réconcilier avec ce qui d'eux-mêmes est demeuré perdu (de leur propre enfance ou de leur propre corps).

L'enfant autiste se présente parfois comme un corps libidinalisé, *sans sexe,* l'organe génital comme abandonné au profit d'une sexualité diffuse du corps, non symbolisable. Une tentative d'unification (du corps) surgit pour masquer l'angoisse de morcellement que risque de produire toute excitation de plaisir. L'enfant en vient parfois à désinvestir les zones érogènes, pour ne se soutenir qu'au niveau d'un entendu dans lequel se fixe un corps indifférencié.

L'enfant autiste, qui peut, en fermant les yeux, se soustraire à ce qu'il refuse de voir, s'est trouvé très tôt à la merci de cet entendu dans lequel il s'est perdu. On assiste parfois à un essai de fuir le son au prix d'un désinvestissement psychique radical. (Si certains enfants cherchent à se perdre dans la musique, d'autres se mutilent à partir d'une musique vécue par eux comme destructrice). Emmuré dans ses défenses l'enfant autiste se présente alors comme un corps fermé à toute réception d'un entendu : corps auquel il manque l'appui d'un sexe symbolisable.

Dans les jeux d'eau l'enfant autiste laisse son corps se vider (baignant dans l'eau chaude, l'excrément et l'urine); ailleurs il se laisse aller au plaisir d'écouter ce qui (au niveau du son) surgit de telle ou telle région de son corps. Les aînés qui assistent à ces jeux de langage (du corps) y réagissent à la fois par la fascination et le dégoût.

La rencontre avec l'enfant autiste se fait toujours à travers une fuite rendue possible. Il arrive, nous l'avons vu, que l'enfant vive des mois en compagnie de cailloux, son territoire étant délimité olfactivement par les déchets de tous ordres mis entre lui et les autres. Le monde extérieur devenu moins menaçant, l'enfant accepte d'abord de soutenir le regard de l'autre, ensuite de se laisser toucher, enfin de se laisser aller à entendre.

Ce qui se dit et se joue renvoie parfois l'adulte à des fantasmes de corps en morceaux et en pièces. Il peut se trouver démuni, étranger à ce puzzle dépareillé qui l'interroge. Ce qui n'a pu être symbolisé par l'adulte revient dans le réel au niveau du corps de l'enfant — qui scande tout défaut de symbolisation par la fugue, l'absence, voire l'absence épileptique. Il y a là comme des expériences non intégrables, tant du côté de l'enfant que du côté de l'adulte, et de cette forme de rencontre s'échappent pourtant des effets de sens.

« Peut-on aider les mutiques sans avoir été soi-même mutique ? » — telle est la question que nous pose Pierre un jour.

« Francis fait *nn,* avant il faisait *nanan,* qu'est-ce que ça veut dire ? »

« René se met à parler, mais Léon, pourquoi ça ne vient pas ? »

« C'est d'ailleurs votre préféré, Léon, me dit-on. Il vous plaît bien comme il est, pourquoi changerait-il ? »

Ces questions, les adultes se les posent aussi bien. Ou bien les jeunes stagiaires (psychologues, éducateurs, internes) se sentent d'emblée très bien avec un type d'enfants qui véritablement les comble, ou bien la panique s'installe, et l'enfant y répond par la violence. Les visiteurs étrangers à Bonneuil supportent mal que les adultes y soient *exposés* de la sorte, hors de la protection que leur confère une fonction d'enseignant, de psychologue ou de médecin. Les conseils qui nous sont donnés vont toujours dans le sens de la ségrégation. Or, Bonneuil n'a justement de sens qu'à refuser le cloisonnement ségrégatif. Les adolescents « caractériels », anorexiques scolaires, etc., ont beaucoup à gagner d'un passage dans un tel lieu. Loin de les « contaminer », l'enfant autiste joue pour eux le rôle de sphinx muet, il interroge et interpelle. En tant que tel, il provoque le non-autiste à porter son interrogation ailleurs que là où les « déchets » sont rassemblés (le pourcentage d'autistes n'excède jamais le 1/3 de l'effectif). En revanche, ce sont les gens de l'extérieur qui sont souvent mal accueillis. « Ils viennent voir les enfants fous et se goinfrent à nos dépens », remarque l'un des enfants. On repère tout de suite si le visiteur est un ami ou s'il vient « en visite ». Dans le second cas, il est aussi malmené que le serait le « bourgeois » pour sa « fausseté ». « Je lui crache à la gueule au bourgeois. Je ne recherche pas le beau langage du rachacha officiel. Si la France avait recherché la science, elle n'en serait pas là où elle en est. Les bourgeois ont les belles manières dont j'ai horreur. Être obligé de porter tel habit, de baiser la main de telle dame parce qu'elle a quarante ans. Si on lance un mot d'argot, on se fait sortir ! Ah ! non ! franchement figaro, figaro, barbier. »

L'embarras de l'autre est perçu et l'on joue de son désir. Un rebondissement n'est pourtant possible qu'à partir de l'introduction du monde extérieur sur la scène de Bonneuil : même si les discours d'ici et d'ailleurs doivent continuer à s'opposer.

II. UN DISCOURS COLLECTIF[1]

6 janvier 1970.

Irène : On a voulu jouer le loup stupide et puis on a pas pu.
M. M. : Qui était le loup stupide ?
Irène : C'est un loup qui comprenait rien à rien, il avait faim, il était perdu.

1. Extraits d'enregistrement.

Paul : Le loup était stupide.
M. M. : Qu'est-ce que ça veut dire, stupide ?
Paul : J'aime pas parler du loup stupide, il avait les oreilles bouchées, il était bête, il se faisait toujours avoir.
G. S. : Comment peut-on être idiot, pourquoi, comment ? (Silence.)
M. M. : C'est une question qu'on pose.
Pierre : En imitant Léon.
Paul : Comme ça il avait la paix au moins.
M. M. : Qu'est-ce qu'on y gagne ?
Pierre : De l'argent peut-être.
Jacques : Je voudrais donner la définition de l'idiot. Ce n'est pas de l'argent que l'idiot cherche à gagner, c'est de l'amitié. Il faut distinguer entre les idiots de nature et les idiots qui jouent à l'être.
M. M. : Comment tu fais la différence ?
*Jacq*ues : On pose une question : 10 fois 10. L'idiot de nature il ne sait pas. L'idiot qui joue, il fait exprès de donner une mauvaise réponse parce qu'il a peur de donner une réponse mortelle.
M. M. : Est-ce qu'il n'y a pas des idiots qui jouent à l'être, mais qui croient quand même qu'ils sont idiots de nature ?
Jacques : Ah oui, il y a ce processus — ça vient du professeur qui vous dit : vous êtes bons à rien, vous êtes des minus, vous vivrez dans un bidonville. Alors à force d'entendre : tu es idiot, on le devient. C'est ce qui est arrivé à Paul.
Paul : J'étais dans une école d'État. Le professeur marteau avait besoin d'un enfant marteau pour que lui il se sente pas marteau. Il faisait des fautes d'orthographe. C'est inquiétant un professeur comme ça ; alors il tape et moi je lui ai tapé dessus, il a failli mourir.
Jacques : Paul a tapé parce qu'il a été provoqué.
Paul : Il m'a tiré les oreilles.
Jacques : Dans une école d'État, c'est interdit.
M. M. : Oh ! il y a parfois des coups de pied qui se perdent.
Jacques : Je suis contre la violence.
Paul : On rend un enfant dingue comme ça et puis après on s'étonne qu'il étrangle les gens. Mais on l'a rendu étrangleur.

Jacques : Le gars il se dégoûte de vous, il devient dangereux par dégoût. Ce qui fait du mal, c'est pas seulement des coups, mais c'est les paroles qui tapent comme des coups, les paroles injustes. C'est l'injustice qui rend dingue dangereux.
Pierre : Moi je n'ai jamais eu de paroles méchantes contre moi.
Florence : Tu as peut-être oublié ?
Paul : On joue à devenir idiot à cause des peines qu'on veut oublier.
Jacques : C'est ça, c'est justement ça. C'est le cas de Léon. Ses parents ont dû au début en avoir marre qu'il chie dans sa culotte et puis on lui criait dessus – ça a dû lui arriver à deux ans. Léon ça ne devait pas lui plaire et puis il s'est retiré il n'a plus parlé.
Paul : C'est pas vrai, c'est pas possible que les parents soient comme des assassins.
Jacques : Les parents de Léon, ils n'aimaient pas se fatiguer et ils cherchaient à se débarrasser de la merde et de l'enfant. C'est arrivé à une copine de ma mère.
Guy : Quand on fait ça à des enfants qui deviennent parents, qu'est-ce qu'ils font à leur tour ?
Jacques : Ils répètent ce qu'on leur a fait, c'est une vengeance, (Irène pleure.)
Paul : Son père a divorcé. Un père comme ça, c'est un sadique, quand on se marie on ne laisse pas tomber sa famille.

. . . .

Jacques : Je ne veux plus de Paul, c'est un vicieux, il veut m'enculer... Vous savez, depuis qu'on a foutu les médicaments en l'air, je ne bave plus. J'ai abandonné le roman sur les enzymes gloutons, mais le nom russe que je me suis donné, ce nom d'un sur-homme, ça ne me quitte pas.

7 janvier 1970.

Jacques : Je me trouve con, j'ai besoin d'aider les autres.
M. M. : Et les autres se laissent aider ?
Jacques : Ils ne valent rien, l'énergie qu'on dépense, c'est pour rien. Irène n'aime pas le travail, elle préfère la

vaisselle. Paul est plein de bonne volonté, mais il ne peut pas. J'enrage de ne pas être le plus fort, le plus intelligent, de ne pouvoir tout commander, le temps, le soleil, ça devrait m'obéir.
(Pierre me tâte le ventre.)
M. M. : J'ai pas un bébé dedans, c'est Maryvonne qui en a un. (Pierre grogne, me tape le ventre.)
M. M. : Toi aussi tu as eu une bonne maman du temps que tu étais dans son ventre, sans ça tu n'aurais pu vivre.
Pierre : C'est vrai que j'ai pu loger dans un bon ventre ?

13 janvier 1970.

Jacques : Des tas de bagarreurs ici, on a la tête comme ça quand on s'en va. Ils sont tous fous ici, certains s'en sortiront.
M. M. : Tu parles comme un psychiatre.
Jacques : On peut faire quelque chose de Denise, j'ai des méthodes spéciales qui valent mieux que les médicaments.
Paul : Dans le conte qu'on a raconté, il y avait une sorcière qui mangeait les femmes.
Jacques : Ça devait plutôt être des sorcières dévoreuses d'hommes.
Paul : On se marie et puis voilà ce que ça fait.
Jacques : On peut divorcer.
Paul : Ça fait triste.
Jacques : Un garçon, ça lui est égal, le père s'en va, bonjour, bonsoir, il prend sa place.
M. M. : Le fils ne peut pas prendre la place du père auprès de la mère.
Paul : En Amérique, ils le font.
Jacques : Moi j'ai couché avec ma mère.
M. M. : Mais pas pour avoir des enfants.
Paul : L'enfant ne peut donc jamais se marier avec sa mère, même quand le père est mort ? Pourtant il y a eu une histoire comme ça d'un fils qui a fait un enfant à sa mère. Il est allé en tôle. Il y en a qui crèvent parmi les enfants, de ce qui leur arrive.

17 janvier 1970.

Jacques : Si le facteur vient avec une lettre pour moi, vous mettrez ce nom à la poubelle.
Irène : J'ai mal au ventre, j'ai les règles.
Paul : C'est quoi les règles ?
Irène : On coule du sang et il y a un œuf qui couve.
Paul : Je sais comment les enfants naissent. L'homme il met des spermatozoïdes dans le ventre d'une femme, même qu'il peut faire ça à une femme qui n'est pas la sienne.

20 janvier 1970.

Paul : Les visites, ça me déplaît. Ils regardent dans les placards, viennent pour bouffer « Ah ! c'est bien chez vous ! » C'est une école de fous, il y a des gens qui pensent ça et c'est ça qu'ils viennent voir. Ils veulent voir une maison de dingues. Quand quelqu'un arrive, il faut faire le vide. Si un enfant dit au visiteur : vous êtes un imbécile, le visiteur dit : il est dingue. Or, je ne suis pas dingue. Je suis même très intelligent par moments.
M. M. : Il faut donc ne pas montrer les enfants ?
Paul : Bien sûr, les enfants ça énerve et je n'ai pas envie de me faire casser la gueule.
R. M. G. : Ça t'est déjà arrivé ?
Paul : Dans l'école d'avant, les enfants donnaient des bagarres à regarder.
M. M. : Ici, quand il y a un Américain qui vient, c'est pas pareil ?
Paul : Un Américain c'est bagarreur, alors on lui donne de la bagarre.
Jacques : C'est une ineptie de faire venir des gens de l'extérieur, ça donne mauvaise impression de l'école.
M. M. : Qu'est-ce qui donne mauvaise impression ?
Jacques : Les enfants qui déconnent et se bagarrent.
M. M. : Vous aimeriez une école coupée du monde extérieur ?
Jacques : C'est ça... Je n'ose pas parler à mes copains de Bonneuil. Je ne veux pas qu'on croie que je suis dingue. Ils me trouvent bien maintenant. Alors je ne veux pas retomber à l'époque où ils me traitaient de dingue.

D'ailleurs je dis que je suis au lycée... Je suis contre les hôpitaux psychiatriques. Mais il y a des cas où ça s'impose, dans le cas des alcooliques.
R. M. G. : Tu crois ?
Jacques : On peut arriver à mourir de l'alcool.
Guy : Pourquoi les gens boivent ?
Paul : Parce qu'ils ont soif.
Jacques : Non, ils noient leurs problèmes dans l'alcool, comme d'autres dans le travail intellectuel. Ils noient leurs ennuis.
M. M. : Tu ne crois pas qu'ils pourraient être aidés ?
Jacques : C'est leur misère de mal aimés qu'ils oublient dans l'alcool.
Guy : Comment tu peux être aimé, si tu te coupes du monde ?
Jacques : J'ai compris que c'était perdu pour moi, mes parents disent que c'est foutu...
R. M. G. : Et Denise ?
Jacques : J'ai des méthodes spéciales dont je garde le secret.
M. M. : Denise écrit de la main droite avec Mme Guérin et de la main gauche avec toi. On se demandait si vous ne pouviez pas vous mettre d'accord sur la main à employer ?
Jacques : La main gauche lui vient naturellement.
Florence : A la cuisine, c'est la main droite qu'elle utilise.
M. M. : Elle a condamné la partie droite de son corps à ne pas vivre.
Jacques : Ah je vois le truc, c'est important. Si je l'avais su plus tôt, ça aurait été mieux.
... Mais regardez ce qu'elle vient de faire avec sa main droite ! (Denise lui écrit : je t'aime.)

27 janvier 1970.

R. M. G. : On dit que Denise est le gibier de Paul.
Paul : C'est pas vrai, c'est Jacques qui a commencé.
Jacques : Oui, mais j'ai arrêté, toi tu as continué.
Paul : Ta gueule.
Jacques : Dis « ta gueule » de façon normale, sans crier. Je veux bien que tu sois troublé, mais quand même.

Paul : Je ne suis pas fou.
Jacques : Tu es pas dingue, mais tu es troublé.
(Paul tape, cogne.)
Jacques : T'as failli me crever un œil ! Je ne sais pas quelle mouche t'a piqué pour une histoire de braguette ! C'est ta haine que tu fais éclater ! Denise s'est réconciliée avec moi, parce que je me suis racheté.
M. M. : C'est de chagrin d'amour que Paul a voulu te crever un œil.
Jacques : Il m'a déçu ce Paul, je ne veux plus aller dans ses conneries. Il est rayé pour moi.

17 février 1970.

Jacques : Connasse, dégueulasse, salope, tout ça elle est, Denise. C'est une pourrie, il faut l'oublier complètement. Elle me cause trop d'ennuis.
R. M. G. : Qu'est-ce qu'elle te cause comme ennuis ?
Jacques : C'est comme un chat ou un chien.
R. M. G. : On s'y attache trop ?
Jacques : Oui, on a besoin de s'en débarrasser, j'étouffe avec elle.
R. M. G. : Le problème se reposera avec quelqu'un d'autre.
Jacques : Eh bien, j'ai la solution ! Je pourrais me tuer, devenir amnésique ou aller à l'hôpital psychiatrique.

20 février 1970.

Jacques : Je n'ai fait que des conneries aujourd'hui.
R. M. G. : Tu as pourtant fait des objets.
Jacques : Tout ce que je fais de moi, c'est pas bon. Ce que je veux, c'est l'hôpital psychiatrique pour oublier les filles, ça me rend dingue les filles. On s'y intéresse quand elles ne sont pas là, ça rend dingue.

2 mars 1970.

Jacques : C'est à croire que ces gens-là... ceux qui ne parlent pas, eh bien, s'ils voulaient parler, ils pourraient très bien le faire. Ils se font un plaisir sans mélange en ne parlant pas. Ils se rendent intéressants, on s'occupe d'eux ainsi.

M. M. : D'après toi, quand on est fou, on le fait pour se faire plaisir ?

Jacques : Oui, c'est un plaisir sans mélange et sans limite.

M. M. : Quand tu pousses Pierre à faire le fou dans la rue, ça fait plaisir à qui ?

Jacques : Il vaut mieux que ce soit lui l'idiot et pas moi ! Ah, ça oui !

Paul (pleure) : Dans mon autre école, il y avait un maître... il montrait son sexe, il était dingue.

Jacques : Le maître de son école a montré à Paul comment on jutait. Il a dit : faites tous comme moi. Un type qui voulait pas, il disait : il faut taper. Paul avait peur de se faire taper. Je lui ai dit : c'est pas beau de suivre des gens comme ça.

Paul : C'est le maître qui faisait ça.

Jacques : Le maître était dingue, d'accord, pas une raison pour le suivre.

Paul : Vous allez raconter ça à la réunion des parents ?

M. M. : Tu sais bien que non, mais pourquoi est-ce que tu amènes toutes ces histoires-là aujourd'hui, comme si tu étais au tribunal ?

Paul : C'est pas de ma faute.

Jacques : Mais non, quand on est petit on ne sait pas ce qu'on fait.

M. M. : Dis donc Jacques ! Tu crois pas que tu as préparé une représentation de folie pour aujourd'hui ?

Jacques : C'est un peu vrai seulement !

Paul : Oui et c'est moi qui suis au poste de con !

M. M. : Je voudrais revenir sur le problème des sans paroles. On dirait que tout le monde se sent bien à condition de rayer les sans paroles.

Jacques : Les sans paroles, c'est l'affaire des adultes.

M. M. : Tu crois que ça les arrange, d'être battus ?

Jacques : Ce que je peux faire pour ces gars-là, c'est de les laisser dans la merde et de dire qu'ils peuvent crever.

M. M. : T'es vache.

Jacques : Ils me donnent la nausée. D'accord, leur taper dessus, ça ne les arrange pas, mais c'est Pierre qui a

apporté cette manie ici. Tout le monde a pris les habitudes de Pierre face à ces petits cons qui ne bougent pas.
M. M. : Au mois de décembre, on disait : l'hôpital psychiatrique, c'est affreux. Maintenant on trouve ça bien.
Jacques : C'est pas si mal pour ces enfants-là.
M. M. : C'est la solution, tu crois ?
Jacques : Pas pour moi !
M. M. : Tu trouves normal, les intelligents d'un côté, les sans paroles de l'autre ?
Jacques : Je ne peux pas aimer ces enfants, je peux m'empêcher de les taper. Ils me soulèvent le cœur.

11 mars 1970.

Paul : Ce qui est important dans la vie, c'est de parler vrai. Pourquoi Léon ne peut-il parler ? A mon avis, ça tourbillonne dans sa tête et il dit : « Je ne peux pas parler. » Il ne croit en rien et en personne. Il a eu trop de chagrin étant petit.
M. M. : Qu'est-ce qui a pu lui donner du chagrin comme ça ?
Jacques : Le manque d'amour de ses parents.
Paul : Quelqu'un lui a fait « ça ».
M. M. : Quoi, « ça ».
Paul : Quelque chose que les parents ne disent jamais aux psychiatres.

13 mars 1970.

Jacques : Tu as intérêt à écouter Sophie. Si tu emmerdes les autres, je te casserai la gueule en contrôlant les coups.
Paul : Ça ne sert à rien, il faut expliquer.
Jacques : Avec Léon ça ne sert à rien. Avec Sophie peut-être.
Paul : Dans les cerveaux il y a du bon et du mauvais, si on tape l'enfant ne parlera pas.
J'ai envie de partir. J'ai dans ma tête des mots qui disent que je vais me tuer ou tuer tout le monde. Mon esprit a raison, c'est la seule solution.
Jacques : Tu peux tuer la mauvaise partie de toi, mais pas la bonne.

Paul : Je veux foutre le camp d'ici.
Jacques : La solution n'est pas de se tuer pour de vrai.
Paul : La solution, la solution, être là-dedans, tu crois que c'est une solution ?
Jacques : Quand je suis venu ici, ça m'intéressait. Je ne savais pas qu'il y avait ici des cas horrifiants ; dire que ça existe.

17 mars 1970.

Jacques : J'ai une trouille bleue d'avoir les morpions, de devenir mutique ou de ne plus être maître de moi comme Pierre.
Paul : Une école comme ça, je ne savais pas ce que c'était.
Jacques : C'est évidemment une école de dingues. Au début ça m'a dégoûté, puis j'ai pris goût à la vie.
Paul : Je voudrais aller dans le pensionnat dont parle ma grand-mère.
M. M. : Oui une pension chic, toi tu avais envie de devenir chef cuisinier, tu en étais même fier.
Paul : La grand-mère est contre les parents, contre ce que j'aime. Ma belle-mère me dit : « Il faut apprendre le latin ».
M. M. : Ta belle-mère ou ta grand-mère ?
Paul : Un jour mon père l'a engueulée, « fous le camp », il en avait ras le bol. Elle nous donnerait le monde pour que papa ne commande pas. Elle m'a dit : « T'es un attardé. » Les belles-mères comme ça, il faudrait les tuer. C'est les bonnes femmes qui commandent chez nous, mon père en a marre.
Jacques : Ta grand-mère veut que tu te donnes du mal à te faire chier toute ta vie. Elle te donne de l'argent pour te tenir. Prends son argent mais ne l'écoute pas.
Paul : J'ai toujours rêvé de grottes, je veux partir à Graniès, à moins d'aller à l'hôpital psychiatrique pour voir ce que c'est. Je m'ennuie, j'en ai marre.

7 avril 1970.

Paul : J'ai planté ma tente à un kilomètre d'une source, au retour, je me suis bagarré avec maman et sa bonne amie, entre elles deux pas de place pour moi.

Jacques : Moi je donne ma démission de responsable, pour rester dans l'équipe de Denise qui a été nommée responsable... Quand je pense comme je m'occupais d'elle au temps jadis. Dire qu'elle est devenue responsable ! Plutôt que de la perdre, je veux devenir son second.
M. M. : Tu ne la perds pas si tu changes d'équipe.
Jacques : Si je perds Denise, je perds ma maîtrise, elle est le gardien de mon contrôle.
Paul : Laissez-lui Denise.
Guy : On n'a jamais voulu la lui enlever.

28 avril 1970.

Paul : J'ai envie de faire du feu.
R. M. G. : Le voisin a brûlé du bois hier.
Jacques : Je voudrais faire l'inauguration de ma cabane. On pourrait y boire. Les morpions et Pierre devront être accompagnés.
Paul : La cabane, ça ne me dit rien.
M. M. : Qu'est-ce qui te dit ?
Paul : Ce qui me dit, c'est la cabane du Mont-Revard. J'en ai marre de Bonneuil maintenant, je voudrais Bonneuil à Graniès, la forêt, c'est ça qui est bien.
Jacques : Pour moi, les choses vont bien ici. Il n'y a pas eu d'émotion grave, le rythme cardiaque n'a pas été désordonné.
M. M. : C'est la présence de Nicole Moulin qui te fait causer comme un médecin ?
Jacques : Quand j'ai une forte émotion, le rythme cardiaque s'accélère. Avant les vacances, lors du remaniement des équipes, ça n'allait pas. Après Pâques, ça n'allait pas.
M. M. : Et maintenant ?
Jacques : Maintenant ça va, je ne voulais plus de la responsabilité de ces morpions.
R. M. G. : Qui l'a maintenant ?
Jacques : Denise a la responsabilité des morpions, et moi la responsabilité de moi-même. J'ai ruminé pendant des semaines des idées de vengeance. Je bombardais et massacrais Bonneuil.

M. M. : Ce qui a été dur à avaler, c'est que Denise se débrouille sans toi.
Jacques : Et Maryvonne alors ! Elle me dégoûtait. On serait tous passés à la chambre à gaz avec elle. Elle nous donnait des coups de règle sur les doigts, des coups de pied au cul. Elle était dure avec les morpions et se conduisait avec une parfaite méchanceté. J'aurais tué Maryvonne. Elle tapait par plaisir pur. Elle m'a fait du mal moralement. Elle m'a traité de pauvre con, disant que j'avais des chromosomes anormaux.
R. M. G. : Elle t'a dit des choses pareilles ?
Jacques : C'était une salope, une connasse, une prostituée.
M.M. : Pourquoi tu ne racontais pas ça quand elle était là ?
Jacques : Elle me faisait peur, cette fille méchante.
Paul : Je l'aimais bien.
Jacques : Elle marmonnait : ils sont tous des condamnés, on en fera jamais rien.
M. M. : Elle disait tout ce que tu pensais, on dirait.
Jacques : Je lui ai voué une haine farouche.
Paul : Je suis arrivé ici en même temps que Maryvonne. J'ai couché par terre, il n'y avait pas de lit pour deux.
Irène : Elle ne t'a pas pris dans son lit ?
Jacques : Avec une putain jamais, Paul. Les bonnes femmes qui veulent me rendre dingue, je leur casse la figure.
M. M. : Est-ce qu'il y a d'autres femmes qui t'ont rendu dingue dans le passé ?
Jacques : Dans le passé, non.
M. M. : Il a fallu que tu viennes ici pour trouver quelqu'un qui te rend dingue ?
Jacques : Elle a failli.

5 mai 1970.

Jacques : J'ai un désespoir.
M. M. : Oui, tu me l'as écrit en russe. Tu n'as personne pour t'aider ?
Jacques : Je n'ai personne ! avant ma mère était ce quelqu'un, maintenant elle ne veut plus. Je me sens si vieux

avec une maladie mortelle qui m'emportera. Le matin à défaut de drogue, je prends de la vodka.
M. M. : Qui tu connais qui prend de la drogue ?
Jacques : Personne. A l'hôpital Y., je n'avais pas autant de problèmes. On me donnait des médicaments. Maintenant je lance des S.O.S. désespérés et je ne trouve personne.
M. M. : C'est des vrais S.O.S. ou tu joues à les lancer ?
Jacques : Des vrais ; mon fou (Pierre) il est parti. Il enlevait ma tristesse... Maintenant c'est de moi-même que je démissionne.
Paul : Moi je ne veux pas démissionner, ça donnerait trop de travail aux autres.
Jacques : Tu es la raison même, mon pauvre Paul ! c'est moi le fou maintenant.

12 mai 1970.

R. M. G. : Maintenant que Pierre est parti, c'est Jacques qui joue la terreur.
Jacques : Je voudrais qu'on me donne ce qu'il y a dans ma demande.
M. M. : Qu'est-ce que tu veux exactement ?
Jacques : Mes troubles ont commencé à poindre avec le départ de Pierre, j'ai besoin d'être dorloté.
M. M. : Tu parles comme un médecin.
Jacques : J'ai un message à lancer et personne est ma mère.
M. M. : Heureusement pour toi.
Jacques : Dans le pays de ma mère, je fais ce que je veux, ailleurs j'ai la gorge nouée.

26 mai 1970.

Irène : Je suis contente de revoir Pierre.
Pierre : C'était bien dans les Cévennes.
Jacques : Voilà mon message : « S.O.S. je ne peux plus tenir. On me croit dangereux, même Pierre me repousse. Or je ne suis pas dangereux, j'aimerais aller à l'hôpital Y. »
Paul : Eh bien vas-y, ce sera une histoire classée.
Pierre : Il est joli ton message.
M. M. : A quoi as-tu envie de jouer maintenant ?

Jacques : Chanter des chansons paillardes, comme mon père dans le privé. Il n'y a rien de tel que l'insanité.
Paul : Pierre, c'était le clown à faire rire Jacques.
Jacques : Ferme ta sale boîte.
Paul : Je ne suis pas une sale boîte. Tu prenais Pierre pour rigoler de lui dans le métro et tu as essayé de faire pareil avec moi, que je sois ton fou. Je ne suis pas fou. Un jour, Pierre retournera à l'hôpital psychiatrique si tu es comme ça avec lui.
Jacques : C'est pas si mal que ça, l'hôpital psychiatrique ! Évidemment vous, madame Mannoni, vous ne pouvez pas voir les psychiatres ! Mais dans le fond, ils ne sont pas si méchants. Faut pas croire que ce sont uniquement des machines à donner des médicaments pour soigner la folie des hommes. Faut pas croire ça, et puis tout de même, c'est des médicaments autorisés qu'ils donnent. Vous évidemment, vous préférez tuer les psychiatres pour délivrer les fous. Si vous vous laissez aller, vous iriez même à casser les flacons d'halopéridol !
M. M. : Tantôt tu es l'avocat des psychiatres, tantôt l'avocat des fous.
Paul : Toi, tu cherches à traquer les fous, à les énerver. Il y a des choses qui rendent dingues, comme les médicaments.
Pierre : Je n'ai plus de médicaments et c'est beaucoup mieux. C'est de la blague les médicaments, j'en ai jamais eu besoin.
Jacques : Ah, ça, tu me déçois Pierre ! Tu épouses la voix des antipsychiatres. Il faut donc tuer les psychiatres ? Et les fous, il faut les libérer ou les emprisonner ? Je me prononce en faveur des psychiatres.
Guy : Il y a des psychiatres qui sont d'accord avec cette école.
Jacques : C'est pas vrai du tout, demande au D^r X, s'il est d'accord !
Pierre : Dans les Cévennes il y a des murettes en terrasses, des grottes, après la fonte des neiges il y a des morceaux de roches usés.
Paul : Au Mont-Revard, c'est comme ça. J'ai failli recevoir l'éboulement.
Irène : En juillet on ira planter les tentes au bout d'une

route sans maisons, près de la forêt, dans un endroit vide qui s'appelle Colognac, dans le creux.

9 juin 1970.

M. M. : Pierre est bien arrivé des Cévennes, et en huit jours tout s'est déglingué ici, chacun jouant à être le fou.
Paul : Pierre ne nous a pas énervés.
M. M. : C'est vous qui l'avez énervé, les petits crevaient de peur.
Paul : Les petits, occupez-vous-en, qu'ils parlent !
Jacques : Il ne faut tout de même pas délaisser les grands, se servir d'eux comme des machines, comme on se sert d'un ordinateur. C'est bien pour ça que j'ai foutu le camp d'ici.
Florence : Et Pierre est reparti, tu le remplaces, c'est pas drôle.

16 juin 1970.

Irène : Je ne veux pas rester dans cette école, je veux partir.
Paul : Donne-toi en spectacle, donne à voir l'école de cinglés que c'est ici. Je fous le camp à Graniès.
Jacques : Moi je prends le maquis.
René : Moi je me tire à Fontainebleau.
Sophie : Et moi je prends l'avion.

15 septembre 1970.

Irène : C'était bien dans les Cévennes.
Jacques : C'était pas le confort.
Paul : J'ai mal dormi, dix par tente, comme des sardines.
M. M. : Vous avez connu d'autres gens ?
Jacques : Ah non, j'aime pas faire connaissance.
Paul : Moi j'ai fait des explorations. Je veux gagner ma vie maintenant. Si je travaille dans un restaurant, il faudra qu'on me paye. Les histoires de budget c'est trop compliqué. Et si on ne mangeait plus ?

22 septembre 1970.

Jacques : Vous savez, Pierre, même quand on ne l'actionne pas comme fou, il fait le fou.
Pierre : Je veux partir d'ici.
M. M. : C'est ce qu'on peut souhaiter de mieux.
Paul : Moi je travaille à plein temps au restaurant.
Pierre : Moi, il me faut fabriquer des choses avec les mains. Je construis un paravent.
Jacques : Pour l'agressivité de Pierre, il faudrait lui fabriquer un Léon en plastique qu'il pourrait cogner, avec le plastique qui fait couin.
Paul : Jacques m'a dit qu'il s'était mis au cours par correspondance pour n'être embêté par personne. La science, c'est plus important que la cuisine.
M. M. : Les cuisiniers et les hommes de science sont importants, ils peuvent d'ailleurs être tantôt l'un tantôt l'autre.
Paul : La cuisine, c'est con. Je devrais me tuer comme ça on en parlerait plus.

29 septembre 1970.

Jacques : Ce que vous voulez, c'est que je sois un petit con adapté à faire l'amour et pas la guerre : « encule ta femme, continue mon petit ». Il faut tuer tout ça.
Paul : Il faut au moins un homme et une femme comme survivants.
Jacques : Il faut tuer les femmes à la bombe.
Paul : Celui qui a lancé la bombe est devenu fou.
Jacques : Il ne faut plus écrire à Deligny, on n'est pas bien chez lui.
Irène : Moi je veux aller au Chambon, en Italie, en Angleterre [1].
Jacques : On crevait de faim à Graniès.
Paul : Moi je voudrais retourner dans les grottes.

1. Irène (Q. I. 0,60) s'est, depuis, épanouie en Angleterre dans un groupe d'enfants normaux. Elle y a appris l'anglais (oral), l'économie domestique et la puériculture. « Déguisée » dans une autre langue, elle a trouvé du même coup à se définir dans un autre statut.

20 octobre 1970.

Jacques : Je ne veux pas de ces salopes de filles qui amènent leurs propres enfants ici.
Paul : T'es jaloux.
Jacques : Hélène, tu me donnes 4000 balles pour chacune de tes filles, pour que je ne les emmerde pas. Madame Mannoni est mariée, avec elle je ne risque rien. Mais ces filles qui ne sont pas sous clefs, comme celles d'Hélène, ah non ! J'ai eu très peur. J'aurais préféré être né fille, ça m'aurait apporté une garantie contre les garçons.
M. M. : C'est les filles qui te font peur ou les garçons ?
Jacques : Non, mon problème c'est les filles. Je dois m'enfermer dans une haine de protection contre les filles.
Paul : Un jour tu te marieras.
Jacques : Arrête de déconner.

15 décembre 1970.

Jacques : Ne te fais pas prendre par les sentiments (Paul dessine un homme en érection). Il est cinglé, fou.
M. M. : Il n'est pas cinglé, quand il a des envies comme ça.
Jacques : Ces salopes veulent prendre nos sous.
Paul : René parle, qu'il aille ailleurs maintenant. Les mutiques qui parlent doivent partir.
M. M. : Tout à fait d'accord.

5 janvier 1971.

Jacques : Deligny c'est un escroc, il s'est joué de nous.
Paul : Faut pas dire ça.
Jacques : Il nous a trompés une fois, il ne nous trompera pas deux fois.
M. M. : J'aimerais bien comprendre le malentendu Deligny.
Jacques : On a crevé de faim pendant un mois. On devait avoir des cabanes, des balançoires. Il nous a rien donné.
Paul : Il était tout de même sympa.
M. M. : Deligny a cru que vous iriez d'un territoire à l'autre. Vous êtes restés entre vous. Faire un Bonneuil à Graniès, c'est con.

Paul : Moi j'ai couché dehors. J'ai été dans les grottes, je me suis même évadé, douze kilomètres dans la nuit, il faut le faire, hein !
Jacques : Tu t'emmerdais dans un terrain, enfermé dans une prison. Ce gars-là il promettait. Qu'est-ce qu'il a tenu ? Pas même le seizième de ce qu'il a promis.
Paul : L'an prochain on ira en Bretagne car Yves est breton.
R. M. G. : A Vauzelles, on aura une ferme, des animaux et plein de gens pour accueillir ceux qui voudront y travailler, des artisans, des mécaniciens, des fermiers.
Jacques : J'ai réfléchi au prix que ça coûterait, je suis contre.
Pierre : Tu y vas ?
Paul : Moi, oui, mais uniquement à cause du douze pour cent que je gagnerai dans un restaurant.
Jacques : Au fait, moi j'irai pour me faire des sous chez le garagiste. Travailler. C'est moins con que les vacances de bourgeois.

12 janvier 1971.

Paul : Je veux me flinguer, l'école c'est un cimetière de mort. Mes parents sont fous, pourquoi ils m'aiment ?
Jacques : L'amour c'est la pire des choses.
Paul : Je ne veux plus aller chez mes parents.
Jacques : Le jour où la femme arrivera à égalité avec l'homme, je me ferai harakiri.
Guy : La puissance paternelle est partagée depuis 1971.
(Jacques pleure.)
Paul : Il est fou de pleurer, je préfère partir, le monde est cinglé.
M. M. : L'homme donne son nom.
Jacques : A quoi bon, s'il n'a plus une femme esclave ?
Paul : Plus tard je me ferai tueur de femmes, en attendant je prends une chambre en ville et je prendrai la permission de me pendre.

26 janvier 1971.

Pierre : L'air est pollué, la vie trop pareille, j'ai des envies de retour chez la grand-mère, mais mon père veut pas. Il

dit qu'elle me monte la tête. Je suis capable de me monter la tête tout seul.
R. M. G. : Tu joues les terreurs.
René : Tu pourrais laisser les autres vivre, non?
Pierre : Il y a longtemps que ma mère est partie.
Jacques : Une belle-mère, c'est pas valable.
Pierre : J'en ai marre qu'elle me fasse des observations tout le temps.
Jacques : Elle n'a qu'à se faire soigner. Une belle-mère éducatrice ! ça n'existe pas.
Pierre : Je veux faire ce que je veux, c'est normal, non ?
Irène : Tous les garçons m'embêtent.
Jacques : C'est ta juste punition d'être née fille.

27 avril 1971.

Irène : Je pars en Angleterre l'an prochain.
René : Et Paul, quand revient-il ?
Jacques : Qu'il reste où il est. Il a voulu partir, c'est parfait. Moi l'an prochain je vais au lycée. Après, j'irai en Australie. Je ne veux pas rester français. Je veux devenir pilote de ligne étranger. C'est quoi la France ? Des C.R.S. qui crient : gauchistes, sales cons ! Des étudiants ramassés sur une civière à cause des S.S. français ! Non, vous trouvez ça bien vous ! C'est ça la grandeur gaullienne. Eh bien, je leur crache à la gueule, vous m'entendez !

25 juin 1971.

Jacques : Paul m'écrit que les Anglais c'est chiant, ils lui font nettoyer les chevaux. Moi, si je loupe mon examen, je me fais manœuvre chez Renault. Ça m'intéresse plus d'apprendre la mécanique, que de me coller le cul sur une chaise au lycée Pasteur entendre un professeur décliner les verbes machin. C'est barbant, c'est chiant pour être franc.
M. M. : Et une école technique ?
Jacques : Il y a trop de trucs qui ne servent à rien. On perd du temps, on perd des points. On pourrait passer plus de temps à moins s'emmerder. La matière à foutre en l'air, c'est le russe. Je prendrai l'espagnol à la place. Le russe, c'est le souvenir du temps de ma maladie, c'est à foutre à la

poubelle. C'est sous un autre régime que je voudrais vivre, un régime plus cohérent que l'Etat français. Il y aurait des études, mais pas de conneries comme les sciences nat, juste le nécessaire pour les langues et l'orthographe. On donnerait des rentes aux vieillards et on aiderait le monde en foutant l'armée en l'air. La Chine, ça me plairait. Mais le culte de Mao, c'est pas bien. Si Mao était conséquent avec lui-même, il foutrait en l'air ses propres statues. Je suis d'accord avec Mao, sauf pour le culte qu'il fait à sa propre personne. Mao est valable, mais ses statues ça cloche.

III. POUR COMMENTER

Les extraits d'enregistrement que j'ai donnés ici ont été pris entre janvier 1970 et juin 1971 en divers lieux ou dans différentes réunions, dont une appelée *assemblée*[1], qui groupe enfants, adultes et invités.

L'assemblée, parce qu'il y a là un analyste – qui s'efface comme analyste –, induit la production d'un type de discours concernant « l'être » de l'enfant (en opposition à d'autres réunions axées sur le « faire »). On remarque l'absence de toute véritable interprétation analytique. L'analyste se fait le support d'une question et ses interventions à proprement parler « psychanalytiques » ont généralement pour seule visée de démasquer les pièges du jeu identificatoire dont l'enfant demeure prisonnier.

Dans la relation que l'enfant établit avec les objets, les analystes ont le plus souvent oublié le rôle signifiant joué dans l'imaginaire par le *manque d'objet* (cause du désir)

1. Cette réunion appelée *assemblée* est ouverte sur l'extérieur : nous y recevons parfois des invités qui nous apportent des informations ou témoignages sur d'autres lieux de vie. Ces réunions diffèrent des réunions du type « conseils », axées sur les tâches que les enfants ont à se répartir pour le fonctionnement de la communauté (cuisine, courses, etc.).

entre la mère et l'enfant[1]. Jacques s'ouvre à d'autres choix d'objets à partir du moment où il sort du cercle incestueux dans lequel il se trouvait enfermé avec sa mère, c'est-à-dire à partir du jour où il fait sien le Nom-du-Père (qu'il rejetait) et accepte l'existence d'un référent symbolique[2]. Sa fascination pour l'image féminine n'avait d'égale que sa défense contre la *fonction du Père* — refus d'être marqué par les effets d'une castration symbolique. Nous le voyons osciller continûment entre les fantasmes d'une mutilation qui ferait de lui une fille, et l'appel à une folie qui viendrait comme protection contre l'angoisse (de castration).

Ce qui se passe à Bonneuil d'important pour tel ou tel enfant n'apparaît pas toujours dans le discours enregistré. La parole de Pierre est ainsi curieusement absente du texte : il témoigne plutôt de sa présence dans la parole des autres. Jacques et Paul expliquent le rôle joué par Pierre en tant que « fou » auprès des uns et des autres. Son départ est toujours vécu comme un deuil. Si la présence de Pierre est ressentie par moments comme trop pesante, son absence révèle à quel point sa « folie » venait colmater l'angoisse de chacun. Pierre n'assiste qu'épisodiquement à ces types de réunions, qui en fait ne lui conviennent guère. Sur le plan verbal, il cherche à donner un spectacle pour la jouissance, à lui-même comme aux autres : dans le discours tout accès au vrai lui est ainsi barré. Il trouve dans un « faire » (de travail manuel) la possibilité de maîtriser une angoisse (de mort) et de s'affirmer hors de la destruction. Particulièrement dans les cas où le *faire* est soustrait au regard d'un Autre ; car il peut ainsi éviter de se donner en spectacle et de se prendre à son propre jeu : il réclame la

1. Lacan (dans le *Séminaire,* 1956-1957) a essayé d'élucider dans quel rapport à l'Imaginaire, au Réel et au Symbolique se trouvent les différents registres du *manque d'objet.* Il distingue entre : la *castration,* relation de l'enfant au père, manque symbolique d'un objet imaginaire ; la *frustration,* relation de l'enfant à la mère, manque imaginaire d'un objet réel (sein) ; la *privation,* manque réel d'un objet symbolique.

2. D'un Autre (au-delà de l'autre réel) qui est le père symbolique, à distinguer du père Imaginaire.

solitude parce que seul un lieu « inhabité » lui permet d'échapper à la hantise d'un objet à tuer.

Les changements qui s'opèrent chez Pierre ne sont pas à lier au procès d'une analyse (c'est une « désanalyse » qu'il lui faudrait), mais plutôt aux effets des nouvelles conditions de vie dans lesquelles il s'est trouvé placé. La mise en impossibilité de nuire (dans une organisation de vie où le parasitage n'est pas possible) joue comme effet thérapeutique, et rend Pierre disponible à des intérêts culturels divers. Chaque retour dans sa famille s'accompagne d'une « rechute » spectaculaire, l'enfant y redevient dangereux, livré à des pulsions incontrôlables. Il y a perte de ses repères d'identité comme être humain, à partir d'une situation où l'interdit de parasitage n'a pas été respecté, d'autant que l'enfant a le pouvoir de défaire les rapports du couple parental en prenant auprès du père la place de sa femme. A ces moments-là il instaure dans le réel un couple père-fils (reproduction en miroir du couple grand-mère-petit-fils), fondé sur la culpabilité du père. Parce qu'il subit la loi de sa propre mère, le père est toujours prêt à se mettre, pour le fils, hors la Loi. Son fils le met en position de voyeur du spectacle (d'horreur) qu'il livre. Mais rien de tout cela n'apparaît dans le texte (ce sont des accidents de parcours sur lesquels on se garde bien de s'appesantir, on ferait le jeu de l'enfant en lui renvoyant l'image du pécheur qu'il rêve d'incarner).

Ce sont les discours tenus par Jacques et Paul qui rendent le mieux compte du trajet effectué. Ici aussi tout n'est pas dans le texte, il faut savoir faire la part de ce qui, dans le dire enregistré, se donne à voir à travers un déguisement (laissant dans l'ombre un rapport au vrai), souvent fonction de la qualité des personnes qui composent l'auditoire (médecins, antipsychiatres, enseignants, etc.).

Les mutiques (autistes) font étroitement partie de la scène (de l'auditoire) d'où les enfants non mutiques prennent la parole ; ce qui s'y dit est entendu par les mutiques si l'on en juge par les effets : la mimique des sans-paroles, les dessins qu'ils livrent à la place des mots.

La trame du discours est constituée par le jeu identificatoire qui se révèle chaque fois à partir de l'absence d'un enfant. C'est par le *manque d'objet* qu'apparaît la fonction occupée par le symptôme de l'autre dans l'économie du sujet. Le cas de Jacques est en cela exemplaire : la perte de Pierre provoque chez lui une dépression qui l'amène à « démissionner de lui-même ». Lorsque Paul oppose à son discours défaitiste le discours de la raison, Jacques lui répond : « C'est moi le fou maintenant. » Comme si cette place laissée vide (par le départ de Pierre ou de Paul) devait à tout prix être occupée à nouveau, pour demeurer la raison d'être de l'institution.

Ce qui est amené dans le dire sur la scène de Bonneuil ne peut être assimilé à ce qui « sort » d'une quelconque réunion de groupe. Il ne s'agit pas tant de résoudre les conflits que de mettre au jour, à travers des ruptures (avec le quotidien), une vérité qui échappe au sujet[1]. Les problèmes sont amenés devant un public qui est là pour recevoir l'angoisse. L'aveu d'une situation intenable perd son caractère *privé*, de secret. Il existe même une forme de complicité entre le public qui demande du « pathologique » et le patient qui en *offre*. Et c'est convenir qu'il y a place pour l'illusion dans ce jeu théâtral, mais aussi pour une démystification (opérée par l'acteur et le spectateur) de ce qui, du symptôme, se trouve porté sur scène.

Se trouve alors dévoilée la fonction de l'*irrationnel* comme ordre garantissant un autre ordre (et dont notre culture se protège par le biais de ses institutions).

1. Cette « vérité dérangeante » fait aussi bien irruption chez les adultes, quoique à un autre niveau. Ainsi l'analyse économique menée par Simone Benhaïm a-t-elle joué comme *révélateur* d'un malaise. Il est apparu que toute gestion « cachée » (l'impossibilité pour les adultes de parler de l'argent « institutionnel ») ne peut qu'alimenter chez les membres de l'équipe des fantasmes d'exploitation. Ce qui doit être *tu* quant à la réalité économique (ou sexuelle) d'un lieu réapparaît dans le discours collectif à travers des mécanismes de déplacements divers. C'est le « pathologique » qui émerge, pathologique ici lié aux effets de la *forclusion de l'économique dans le discours*. Le contexte dans lequel le travail des adultes prend place participe dès lors de la répression (celle présente dans toute institution familiale), la même que l'on retrouve présente, quoique masquée, dans toute idéologie libérale basée sur les idées de charité, dévouement et sacrifice. Un autre livre serait à écrire à partir de là.

La folie garante de l'institution, c'est là une notion dont il faut pouvoir être le support si l'on veut aider le sujet à sortir véritablement de l'institution et non à s'adapter à elle. A un certain moment, l'adolescent prend conscience du bénéfice secondaire d'une « maladie » qui le pousse à chercher refuge dans la ségrégation (qu'il appelle bien souvent). La contestation des mesures de « soins » marque un progrès ; encore doit-elle trouver à ne pas se figer en un rituel prisonnier de l'institution [1] (qui viendrait la justifier et lui donner sa raison d'être). La « folie » passagère d'un des membres risque toujours de se transformer en « folie » instituante de l'institution. Cette notion d'institution éclatée, que nous avons introduite, vise à protéger le patient contre le danger d'institutionnalisation de sa « maladie », danger propre à notre époque.

D'une façon générale, le problème de la destruction des institutions ne doit pas échapper à la recherche, et ne peut être posé sans que soit mis en question notre besoin d'un « fou ». La recherche officielle s'interdit de poser ce genre de question : le discours universitaire et médical n'a-t-il pas pour tâche de maintenir et de reproduire l'idéologie sur laquelle les institutions (comme la hiérarchie universitaire et administrative) se fondent ?

Les structures administratives reflètent les mythes d'une société, Michel Foucault nous le laisse entendre dans des travaux sur lesquels on ne reviendra jamais assez.

1. August Aichhorn (*Wayward Youth*, Viking Press, 1935) avait, dès 1935, entrevu le danger des communautés artificielles que risquaient de constituer les institutions libérales. Il a eu le mérite d'insister sur l'importance d'une vie hors de l'institution, seule expérience valable selon lui. Toute vie dans l'institution, disait-il, risque d'amener l'enfant à s'adapter à des règles inventées par l'administration pour ses besoins propres.

III

De l'anti-psychiatrie à l'anti-pédagogie

Vous avez le droit de faire
tout ce que nous vous disons.
Mais vous ne devez pas dire
ce que nous vous faisons.
Vous avez le droit de procéder
  aux changements
que nous vous demandons.
Mais vous n'avez pas le droit
  de demander
à ce que nous soyons changés.
Vous avez le droit d'aller
partout où nous voulons.
Mais vous n'avez pas le droit
  de vouloir
  que nous nous en allions.

Lieslotte RAUNER

5

Les paradoxes de la théorie comme savoir

Au point où en est notre travail, il nous est possible — il nous était nécessaire — de revenir à notre point de départ et de marquer l'incompatibilité de notre pratique avec une certaine conception de la théorie comme savoir. Cela va, en fait, nous amener à confronter ce qu'on pourrait appeler notre anti-pédagogie avec les positions de l'anti-psychiatrie.

I. DE LA CLÔTURE PSYCHIATRIQUE À L'ANTI-PSYCHIATRIE

Comme Foucault le rappelle [1], si le concept d'« enfant » a permis, au XIXe siècle, le développement d'un savoir théorique sur l'enfance, le principal effet en fut que la société enferma la période de l'enfance dans un système clos et réglementé, distinct du monde de l'adulte. Les idées de *régression pathologique* et de *situation conflictuelle* purent alors surgir, sans que pour autant soit remis en question le caractère des institutions (pédagogiques, médicales, etc.) responsables d'un type de névrose liée à une forme de civilisation.

De là que le discours tenu de nos jours sur la « maladie mentale » (et la découverte de l'enfance handicapée) recouvre une pratique qui, par le biais du dépistage précoce, fait de l'enfant « malade » le véritable garant de

1. Michel Foucault, *Maladie mentale et Psychologie.*

l'institution. La psychanalyse même, récupérée dans le discours de l'institution, est proposée pour le colmatage d'un malaise de vivre. Parce qu'il a trop négligé les questions qui se posent sur le plan des institutions, le savoir théorique de la psychanalyse a, d'une certaine façon, échoué à subvertir la psychiatrie.

Davantage : la dichotomie psychiatrie/psychanalyse a créé une situation dans laquelle la psychanalyse est devenue l'affaire de la seule classe intellectuelle, laissant la psychiatrie conserver, à côté d'elle, la tradition de pratiques médicales d'origine empirique, étayées après coup par des théories faisant fonction de justification imaginaire.

Freud avait été confronté, dans les débuts de sa carrière, à l'inertie de ces mêmes pratiques ou routines médicales[1]. Il eut d'ailleurs à écarter successivement du champ de sa propre pratique l'hydrothérapie, l'électrothérapie et l'hypnose. La psychanalyse elle-même, au cours de son histoire, a continuellement risqué de se trouver réduite à une pure thérapeutique ou à une pratique que n'importe quelle théorie pourrait indifféremment justifier.

L'idéologie médicale.

L'obéissance à des pratiques non véritablement interrogées est plus routinière encore dans le champ de la psychiatrie que dans celui de la médecine ; un aperçu sur l'origine de l'hydrothérapie va nous servir d'exemple.

De façon toute accidentelle, Jan-Baptist Van Helmont (1577-1644) constata l'amélioration d'un de ses patients qui avait été ramené à la vie après noyade : son petit-fils, Franciscus Mercurius Van Helmont reprit plus tard cette observation (vers 1690), et en fit une application systématique. Le malade suspendu par les pieds à une corde qui

1. On peut voir dans Richard Hunter et Ida Macalpine, *Three hundred Years of Psychiatry*, 1535-1860, Oxford University Press, New York, comment des pratiques empiriques se sont conservées tandis que les théories se modifiaient. Freud a rencontré certaines de ces mêmes pratiques au début de sa carrière : cf. *Scilicet* 2/3.

passait sur une poulie était plongé entièrement ficelé dans l'eau, la tête en bas, jusqu'à perte de connaissance. On le faisait ensuite revenir à lui en lui plaçant un « couteau épointé dans le fondement » : ce couteau devait servir à faire évacuer l'eau avalée, cause, croyait-on, de la mort par noyade.

Fondée sur l'observation d'un fait unique, cette pratique subsista très longtemps malgré un taux élevé d'accidents mortels et sans que l'on songeât à la justifier par un quelconque savoir. On la trouve, sous des formes diverses, à l'origine de bien des traitements médico-psychologiques. Itard usait de l'eau chaude pour développer la sensibilité, du Boismont (1798-1881) en fit (avec des patients souffrant d'hallucinations) un usage coercitif au cours d'un « traitement moral ».

C'est à Freud que l'on dut la vérité de ce qui agissait dans l'hydrothérapie, à Vienne et de son temps : ce n'était pas tant la chaleur du bain que la relation établie par le patient avec son infirmière.

L'invention de l'électrothérapie revient à un savant non médecin, John Wesley (1703-1791), soucieux, dit-on, du bien d'autrui. Il avait imaginé une machine électrostatique qui devait servir à administrer aux malades des chocs salutaires. On sait les développements subis par cette pratique (électrochocs) jusqu'à nos jours ; on sait aussi que Freud eut à l'écarter.

Benjamin Franklin fut, sans le vouloir, à l'origine d'une nouvelle pratique, avec la notion de *fait hypnotique* (par opposition au « magnétisme »). Reprises sous le nom de « neuropnology » par James Braid, ses recherches arrivèrent, via l'École de Nancy, jusqu'à Charcot et Freud. Ici encore, c'est Freud qui finit par donner l'explication théorique.

La psychiatrie, dans son histoire, s'est constituée ainsi, à partir de pratiques successives sans rapport aucun à une théorie scientifique ; et c'est le plus souvent le besoin de les justifier qui orienta la réflexion psychiatrique.

Partant d'observations cliniques concernant les autres et lui-même, Freud, pour sa part, élabora la théorie analytique. S'il l'élabora, c'est à travers l'analyse rigoureuse de ce qui, dans ses observations, revenait à ses propres fantasmes ou « délires[1] » — et dans cette direction de recherches même s'inscrivit pour lui la place de la vérité dans la science. La méthode qu'il inaugura ainsi — repérant la place qu'il occupait lui-même dans l'aventure — lui permit de rompre avec l'esprit médical de son époque. Mais la psychanalyse, dans les développements que lui donnèrent les successeurs de Freud (par exemple aux États-Unis), n'a pas toujours su (plus que la psychiatrie) se dégager suffisamment de l'idéologie de l'époque. Les idées psychanalytiques se sont parfois trouvées ajoutées au « savoir » psychiatrique, sans que la tradition de pensée dans laquelle celui-ci prend place en soit pour autant modifiée[2].

Je voudrais essayer de cerner d'un peu plus près cette interférence des idées psychanalytiques et psychiatriques avec le discours dominant.

L'idéologie du rendement.

Aujourd'hui, la psychiatrie (et accidentellement la psychanalyse) paraît avant tout soucieuse d'adapter l'individu aux besoins d'une société de production. Un savoir théorique s'élabore, qui cherche à justifier les notions de maturité ou de dépendance, de santé ou de folie. Ce savoir est mis au service des idées de rendement et d'efficacité — et cela a des effets sur les programmes scolaires ou les types d'institutions éducatives et soignantes mises en place. Le mythe d'une médecine garante de la norme se développe, au point d'inciter le législateur (loi du 15 juillet 1970) à rendre obligatoire le dépistage des troubles psychologiques avant l'âge de deux ans.

1. Cf. O. Mannoni, *Freud,* coll. « Écrivains de toujours », éd. du Seuil.

2. L'influence du structuralisme a amené certains analystes comme certains ethnologues à faire de la structure, qui n'était qu'un outil, un principe. Ce qui n'entrait pas dans la grille structurale se trouvait éliminé. Une conception dogmatique a ainsi bloqué la recherche (notamment dans le domaine des psychoses), en fermant des questions.

Si le dépistage peut avoir en médecine un sens (car il ouvre sur des « soins »), le dépistage en psychiatrie[1] est pathogène : il ouvre sur des mesures de ségrégation, figeant l'enfant dans un diagnostic responsable d'une modification de la situation.

Ainsi, après l'âge de la découverte de l'enfance, celui de l'*enfance malade* est-il venu. Soucieux d'administrer la vie de l'enfant, le législateur se conduit dans la mise en place des structures comme une mère anxieuse et hyperprotectrice (des troubles même mineurs sont « médicalisés » — à des fins de contrôle).

A partir de quoi Thomas Szasz peut repérer derrière ce qu'on appelle la « maladie mentale » un système de valeurs, et dans la psychothérapie une « manipulation de ce système de valeurs[2].

De son côté Ivan Illich[3] accuse l'institution psychiatrique (et sociale en général) de s'être transformée en une juridiction morale réglementant les besoins de l'homme (ceux qu'il devrait avoir), ainsi que le degré de développement intellectuel qu'on serait en droit d'attendre de lui. La programmation qui résulte de ce savoir théorique (sur l'homme), mise au service de l'administration, crée une situation conflictuelle qui engendre la révolte et la répression.

Certaines théories psychiatriques ont dès lors, sous l'influence de l'idéologie du rendement, pour effet de masquer les questions qui se posent réellement à l'expérience[4]. Le savoir théorique reparaît sous les traits d'un pouvoir administratif[5] dont la stratégie est celle du *mana-*

1. Cf. *Le Psychiatre, son « Fou » et la Psychanalyse.*
2. Th. Szasz, *Ideology and Insanity,* Anchor Books, 1970.
3. Ivan Illich, *L'Urgence d'une révolution culturelle,* in *Idoc,* n° 40, éd. du Seuil.
4. Ainsi, de l'usage qu'on fait des tests : on cherche à perfectionner le système des institutions en accentuant une sorte de division du travail (hyperségrégative) entre psychotiques, débiles, caractériels, etc. Moyennant quoi, toute une partie de la jeunesse est mise en « liberté surveillée », à l'écart de la vie active.
5. *Information psychiatrique,* Lyon, nov. 1971. L'institution devient, à l'instar de la religion, un idéal. En psychiatrie, sont ainsi

gement industriel, qu'à son tour la médicalisation justifie. La psychanalyse elle-même n'offre trop souvent aussi que des explications métapsychologiques là où devrait être examiné ce qui dans le problème (de la folie) s'affronte, et interrogé l'archaïsme des institutions, responsables de la production d'une forme d'expression « pathologique [1] ».

Foucault laisse entrevoir quelle coupure est introduite chez le psychotique entre individu et société : alors que le névrosé se fait entendre à lui-même la voix de la société (sous forme de reproches, d'encouragements, etc.), le psychotique, en récusant cette voix, laisse échapper un dire sans contrainte qui nous perturbe (sa souffrance réside dans ce qu'il a subi pour en arriver là — mais sa « folie » est une solution. C'est cette réponse que le médecin rencontre. S'il y a toute une littérature d'attendrissement sur la « souffrance », cet attendrissement ne vise pas tant la souffrance du patient que la culpabilité du médecin ou parent, interpellé par cet étranger qui lui fait mesurer l'énormité de son impuissance).

---

justifiées les techniques de sédation qui vont de l'insuline jusqu'aux enveloppements humides en passant tout naturellement par la narcose et la sismothérapie, cependant qu'à un autre niveau on organise le « collectif institutionnel ». Les parents rassurés peuvent alors, nous dit-on, acquérir la conviction que leur enfant est bien traité (détruit, dirait Cooper).

1. Michel Foucault, *Maladie mentale et Psychologie :* « En fait quand l'homme demeure étranger à ce qui se passe dans son langage, quand il ne peut reconnaître de signification humaine et vivante aux productions de son activité, lorsque les déterminations économiques et sociales le contraignent, sans qu'il puisse trouver sa patrie dans ce monde, alors il vit dans une culture qui rend possible une forme pathologique comme la schizophrénie ; étranger dans un monde réel, il est renvoyé à un monde « privé », qui ne peut plus garantir aucune objectivité, soumis cependant à la contrainte de ce monde réel, il éprouve cet univers dans lequel il fuit, comme un destin. Le monde contemporain rend possible la schizophrénie, non parce que ses événements le rendent inhumain et abstrait ; mais parce que notre culture fait du monde une telle lecture que l'homme lui-même ne peut plus s'y reconnaître. Seul le conflit réel des conditions d'existence peut servir de modèle structural aux paradoxes du monde schizophrénique. »

Le discours anti-psychiatrique.

Le mérite de l'anti-psychiatrie est d'avoir, contrairement à la tradition, cherché à faire parler cette voix (de la folie) hors du cadre institutionnel usuel. Le discours psychotique est reçu publiquement en tant qu'il opère une *rupture* avec les idées reçues, et avec un certain style de vie. La « folie », loin de demeurer cachée, est en Angleterre revendiquée par une « élite » comme un passeport (des personnalités connues écrivent aux Communes : faites disparaître les hôpitaux psychiatriques, *j'ai été fou*). Les patients transgressent le « secret » de leurs confidences au psychiatre, en livrant (dans des écrits) leur témoignage d'une crise appelée « voyage [1] ». Lesdits « voyages » sont devenus ce que Linton appelle des « modèles d'inconduite » socialement reconnus, respectables, au point d'être vécus à présent sur un mode qui est en passe de devenir conventionnel. Il n'y a pas si longtemps, pourtant, que le désordre psychotique entraînait dans notre type de société un déclassement social, arrachant le « fou » à son cadre habituel.

La révolution que le discours anti-psychiatrique est en voie d'imposer aux Anglais, c'est que le psychotique (comme c'est le cas chez le Sedang cité par Devereux [2]) ne pourra plus *échouer* : son désordre fera partie intégrante du groupe social dans lequel il vit. On peut voir ainsi à Londres un psychiatre éminent tantôt pris en charge par ses

1. Mary Barnes et John Berke, *Un voyage à travers la folie*, éd. du Seuil, 1973.

— Dans *Folie pour folie*, in *Partisans*, n° 62-63, nous trouvons également une contribution capitale d'anciens « malades mentaux ». Quelque chose changera dans la psychiatrie si les « malades » se mettent à témoigner sur ce que fut leur internement.

— Une analyste argentine a représenté, sous une forme littéraire et poétique, le délire par lequel elle avait passé au moment de sa formation : Diana Machiavello, *La cage-terrasse*, in *Les Temps modernes*, février 1973. Il y a beaucoup d'autres exemples.

2. G. Devereux, *Ethnopsychiatrie générale*, éd. Gallimard, 1970, p. 63.

amis, à titre de délirant, tantôt assister lui-même ses patients dans ses fonctions retrouvées de médecin-guru.

Ce que la psychanalyse avait réussi à imposer au titre de l'identification au névrosé (à travers une analyse personnelle) se trouve revendiqué par les anti-psychiatres au titre de l'*identification au psychotique*. C'est s'attaquer du même coup à des croyances séculaires, à des préjugés tenaces (qu'une affaire récente en France nous a révélés être tenaces aussi bien chez les analystes) — et démystifier ce qui fut au fondement du secret médical. Car, en portant la folie à la connaissance du public, on annule les effets d'exclusion liés au pouvoir de celui qui détenait le secret (secret d'une tare assimilée à un crime). En levant ledit secret, on exorcise le mal [1] et on retire au « fou » la valeur de péché qu'il avait pour mission d'incarner.

Le problème est toutefois loin d'être simple. Devereux [2] l'a montré ; chaque société possède des idées arrêtées sur la *manière dont les fous se conduisent*. Il y a chaque fois comme un type reconnu de folie. Mais que le désordre en vienne à transgresser ce que la société propose au fou, et voilà le sujet désigné comme délinquant. C'est l'expérience que fit l'un de mes patients envoyé en Angleterre dans une communauté que l'on pourrait qualifier d'anti-psychiatrique [3]. L'adolescent (considéré en France comme « dangereux pour lui-même et pour les autres ») reçut dans ce manoir anglais un accueil merveilleux. Mais, au troisième jour, il étrangla un chat. Le père fut convoqué : en Angleterre, on n'étrangle pas les chats. L'adolescent, en pervers qu'il était, avait saisi très vite le mode d'être psychotique ou délinquant qui ne serait à aucun prix toléré par la société qui l'accueillait. Un examen neurologique fut demandé, auquel le père ne donna pas suite, afin de ne pas entrer dans le système traditionnel des « soins » psychiatriques, système qui aurait sans doute débouché, comme en France, sur l'asile ou son substitut.

1. Développé par O. Mannoni, *analisi originaria*, à paraître chez Armando (Rome).
2. G. Devereux, *Essai d'ethnopsychiatrie*.
3. Finchden Manor, Tenterden, Kent, Mr Lyward.

De façon générale, le non-internement des « malades mentaux » conduit à une révolution des structures sociales en place — dont l'importance a peut-être échappé au législateur quand il propose, comme c'est le cas en Angleterre, la disparition dans les dix ans à venir des hôpitaux psychiatriques.

Né d'une pratique de caractère révolutionnaire, le discours anti-psychiatrique marque en tout cas un tournant radical dans l'histoire de la psychiatrie. Sa force de transformation risque toutefois de se trouver freinée si le savoir théorique se laisse gagner par le langage leurrant (charitable) du moi[1].

Malgré des positions théoriques dont j'ai dit ailleurs qu'elles sont discutables ou erronées[2], le discours anti-psychiatrique peut dépasser dans ses effets *pratiques* l'importance de la théorie psychanalytique.

Le discours analytique.

En ne s'opposant pas à l'institution psychiatrique, le discours analytique s'est trouvé quelque peu limité dans sa recherche. Si la théorie analytique (lacanienne) permet au praticien de se repérer plus correctement face à la psychose, une certaine position idéologique (le mythe de la « pureté » analytique) peut enfermer l'analyste, au niveau clinique, dans le confort d'une certaine routine, évitant des questions qui mériteraient de demeurer ouvertes. Ainsi la réflexion théorique se trouve-t-elle amputée d'un matériel clinique essentiel, que Freud quant à lui était allé chercher du côté de l'interrogation des croyances et des superstitions, en prenant parti contre les savants de son temps[3].

Toute démarche clinique exige du psychanalyste la

1. Laing s'est laissé quelque peu influencer par un séjour qu'il a fait aux Indes où il a découvert la non-violence, et les valeurs de la sagesse orientale. Cela l'a quelque peu et fâcheusement rapproché des positions de l'ego-psychology américaine et même du jungisme.

2. *Le Psychiatre, son « Fou » et la Psychanalyse.*

3. Développé par O. Mannoni, *Freud.*

suspension d'un savoir[1] ; de même, toute nouvelle recherche n'est possible que si l'on aborde une pratique elle-même nouvelle en rupture avec ce qu'attend l'institution[2].

Freud a créé une situation nouvelle par l'introduction du *divan analytique :* il serait naïf de croire qu'il suffirait de supprimer ce divan pour que les conditions d'une nouvelle révolution analytique soient réunies. Ceux qui ont pressenti l'importance d'une psychanalyse qui ne demeurerait pas prisonnière du cabinet de l'analyste se sont trouvés barrés dans leur recherche, par l'orientation médicale de leurs travaux — qu'il s'agisse d'une psychanalyse sans divan ou d'une psychiatrie hors des institutions. Loin que soit amorcée une nouvelle révolution, l'acquis freudien s'est trouvé annulé, et la « libération » des malades mentaux s'est révélée, à l'usage, illusoire, parce que récupérée dans un enclos moralisateur et un cadre administratif.

Redisons-le donc : l'administration, en France, s'est emparée des découvertes faites dans le champ de la psychanalyse, de la psychiatrie et de la pédagogie, pour n'en retenir que ce qui lui semblait utile à une maîtrise du « désordre ». Le pouvoir administratif est devenu à ce point exorbitant que toute recherche située hors des visées officielles se trouve en quelque sorte condamnée à l'échec[3].

1. C'est à ce prix que « la vérité arrive à se formaliser dans la science » (Lacan) *Scilicet* 2/3.

2. On peut regretter que certains psychanalystes français, engagés dans une pratique révolutionnaire, demeurent par ailleurs dans leur pratique psychiatrique tellement « conservateurs ». La psychanalyse est ramenée au rang d'une technique d'appoint, elle co-existe allégrement avec la psychopharmacologie, l'insuline, etc., sans que jamais soient mises en question les contraintes économiques qui dictent un tel choix thérapeutique, choix qu'on rationalise ensuite dans un langage « psy ». Le discours politique, dans ces cas-là, se juxtapose au psychanalytique, sans que jamais la théorie soit réinterrogée par la pratique. La thèse de Simone Benhaïm sur « l'économie de la psychiatrie » devrait pour la première fois présenter une analyse scientifique de l'impasse actuelle de la psychiatrie.

3. Si, à Bonneuil, nous avons réussi à intéresser l'Inspection d'Académie à nos travaux, recevant ainsi l'autorisation de mettre

Seule une expérience clinique non réglementée administrativement peut mettre la théorie à l'épreuve de la vérité. Si les structures administratives sont telles que la théorie se trouve soustraite à toute possibilité de vérification et modification, on fait du théorique un instrument de puis-

---

certains enfants dès l'âge de quatorze ans dans la vie active (à temps partiel), il nous a fallu renoncer très vite à cet appui officiel, dès l'instant où la Sécurité sociale s'était refusée, pour sa part, à inscrire les enfants à l'assurance maladie, accidents, comme la législation du travail l'exige. En refusant cette inscription des enfants, la Sécurité sociale mettait les employeurs en danger d'être poursuivis par l'Inspection du travail. Nous avons ainsi fait l'expérience amère d'un inspecteur d'Académie sans pouvoir face à l'inertie de l'administration. Par son statut d'*école expérimentale,* Bonneuil se trouve dépendre de quatre ministères. Aussi nous a-t-on dit : vos demandes n'aboutiront jamais, ce qui permet à l'inspecteur de vous faire toutes les promesses du monde (on retrouve ici le mécanisme de la « double entrave » (*double bind*) caractéristique des familles de psychotiques ; *l'administration est une mère de psychotique*).

Nous avons été obligés de déployer toute une action parallèle (placements par l'intermédiaire d'amis, etc.) pour éviter la mort à laquelle nous vouait l'administration dès l'instant où nous refusions tout label de sur-spécialiste, qui nous aurait voués de fait à une ségrégation accentuée.

Nous avons la conviction profonde d'ouvrir, à partir d'une praxis, tout un champ nouveau à la recherche (de l'ouvrir à partir d'une possibilité d'a-scolarisation, à partir d'une possibilité d'éclatement des structures institutionnelles, à partir du droit donné à l'enfant de participer à la vie active des adultes et d'échapper à la médicalisation de ses troubles. Ce qui est opérant, c'est non pas la *vertu du travail,* mais la découverte du « compagnonnage », support d'un *désir* de savoir. D'autres ont besoin de fuir toute présence humaine dans la montagne.)

Nous sommes conscients aussi des limites de notre expérience, dès lors que nous avons comme interlocuteurs non des hommes (nous pourrions les convaincre) mais une administration puissante, énorme, invisible et, pour tout dire, irresponsable. C'est là que nous avons pris conscience du caractère concentrationnaire et schizophrénisant de cette machine anonyme, qui nous gouverne dans l'arbitraire et la contradiction.

Si le champ clinique ne peut être étendu, fût-ce à titre expérimental, c'est toute la recherche théorique concernant la « maladie mentale » qui se trouve bloquée. Toute la question de la « dangerosité » du fou ne peut être comprise que si on l'arrache aux structures administratives qui « contiennent » le danger, médicalisant celui qui en est le représentant.

sance qui risque, à l'instar de la religion, de se changer en dogme infaillible, bloquant les questions[1].

II. LA BRÈCHE ANALYTIQUE : VERS L'ANTI-PÉDAGOGIE

Si la découverte de l'enfant constitue l'événement des temps modernes (provoquant l'apparition de l'institution éducative), celle de l'enfant handicapé (et de l'institution médico-pédagogique qui s'y consacre) constitue, on l'a vu, l'événement marquant de l'époque contemporaine.

Une pédagogie spécialisée (qui commence avec Itard) développe une pratique qui met l'accent sur l'expérience, mais une expérience demeurée sous le contrôle du médecin, puis du psychiatre (et de l'administration), à qui est réservé le savoir clinique, c'est-à-dire la maîtrise d'une vérité[2]. Un savoir (sur le handicap et la folie) se trouve bientôt réparti entre une multitude de techniciens, et le problème de la communication de ce savoir a tôt fait de se poser. Des notions dites scientifiques, qui viennent alimenter la pratique, sont diffusées à titre de techniques à ne pas remettre en question aux échelons inférieurs de la hiérarchie (à l'échelon supérieur, elles passent par l'ésotérisme d'un savoir, avant d'emprunter le vêtement de la science médico-psycho-pédagogique).

L'ouverture des cadavres a inauguré un tournant décisif dans l'histoire de la médecine, Foucault nous le rappelle : la maladie s'est alors détachée de la métaphysique du péché, pour se matérialiser dans l'individu à travers une référence à ce qui, de cette maladie, se donne à lire dans la dissection. Là prend naissance une médecine qui se veut science de l'individu ; là s'origine, aussi, un savoir qui porte en lui la dimension de l'interdit et du secret[3].

1. Le « danger » représenté par des lieux comme Bonneuil ne réside-t-il pas dans l'ouverture des questions qui s'y opère, là où l'administration a eu, jusqu'à présent, le pouvoir de les fermer ?

2. Michel Foucault, *Naissance de la clinique*, PUF, 1963.

3. Ch. Daremberg, *Histoire des sciences médicales*, Paris, 1870 (cité par Foucault).

Cette attitude se reflète dans la médecine mentale. L'autopsie n'y a pas grand sens et pourtant on imagine quelque lésion invisible dont la maladie relèverait.

Loin de s'occuper exclusivement de l'homme malade, la médecine a étendu bientôt le champ de sa connaissance à l'homme bien portant pour définir l'image modèle de l'homme, aux fins d'une politique de la santé. Cette image modèle correspond à l'idée que se fait la médecine d'un corps en bonne santé physique, intellectuelle et morale.

Si le XVIIIe siècle est en quelque sorte le siècle de la dissection, le XIXe celui de l'orthopédie (physique et mentale), le XXe siècle est celui de la programmation de la « santé mentale » que le pouvoir administratif gère (via dépistages et mesures de redressement divers[1]).

Des théories philosophiques, pédagoqies et médicales s'élaborent à partir de là, théories qui suscitent elles-mêmes de multiples techniques de rééducation. On se trouve aux prises avec une *pratique* (faite de bon sens populaire et de traditions) et une *théorie* à visée scientifique, toujours plus ou moins imprégnée de l'idéologie de l'époque. Il y a là à l'œuvre comme un double savoir qui, pour avoir connu un destin opposé chez Itard et chez Freud, mérite néanmoins qu'on s'y attarde.

1. J.-L. Lang, *Rééducation en externat,* éd. ESF, 1971. « Il nous paraît nécessaire de différencier, d'après leurs âges réel et mental, leurs niveaux d'aspiration et d'intérêt, des groupes d'enfants divers. La séparation entre déficients légers et semi-éducables en sections distinctes nous paraît ici justifiée : les objectifs lointains, les mesures, les rythmes de progression ne sont pas les mêmes pour les enfants destinés *a priori* à regagner le monde normal du travail et pour ceux qui auront toujours plus ou moins besoin d'une assistance ou d'une tutelle portant soit sur leurs conditions de travail, soit sur leurs conditions de vie, soit sur les deux... L'argument anti-ségrégatif peut être combattu à plusieurs niveaux : présence de plusieurs sections dans un même centre, regroupement des enfants à certaines occasions (fêtes) pour certaines activités (récréations, clubs, ateliers, repas)... ce qui a le mérite de mieux « souder » l'équipe éducative. »

Itard.

En 1801, « Victor », enfant de onze ans, découvert errant, entièrement nu, dans les bois de Lacaune, est confié à Itard, spécialiste de l'oligophrénie et de la surdi-mutité [1]. Pinel considère Victor comme incurable ; mais le pronostic d'Itard est moins sombre. Il estime Victor *normal* (du côté de la nature) ; c'est la culture qui, selon lui, a fait défaut [2]. Tout doit, pense-t-il, être appris au « sauvage », à commencer par le langage. Des soins médicaux sont jugés nécessaires à un état physique qu'il faut rééquilibrer. On peut voir là l'origine d'une démarche conjuguée de la médecine et de la pédagogie, démarche qui prend chez Itard le nom de « médecine morale ». Il place en elle tous ses espoirs.

Un programme en cinq points est élaboré [3]. On sait qu'il inspirera des éducateurs spécialisés, tels Séguin, Maria Montessori, Alice Descoeudres. Ils verront dans l'œuvre d'Itard l'amorce d'une pédagogie expérimentale à l'usage des inadaptés.

L'expérience du sauvage de l'Aveyron est poignante à chaque instant parce que, si le principal souci d'Itard est de faire entrer Victor dans l'univers de la parole, ses conceptions *a priori* sur la nature du langage font qu'en réalité il barre le chemin aux possibilités que pourrait avoir son élève. Cette erreur saute aux yeux de tout psychanalyste

1. Lucien Malson, *Les Enfants sauvages, mythe et réalité,* suivi de *Victor de l'Aveyron,* par Jean Itard, coll. « 10/18 ».

2. O. Mannoni, *Itard et son Sauvage,* in *Clefs pour l'imaginaire.*

3. « 1) L'attacher à la vie sociale, en la lui rendant plus douce que celle qu'il menait alors...

2) Réveiller la sensibilité nerveuse par les stimulants les plus énergiques et quelquefois par les vives affections de l'âme.

3) Étendre la sphère de ses idées en lui donnant des besoins normaux et en multipliant ses rapports avec les êtres environnants.

4) Le conduire à l'usage de la parole en déterminant l'exercice de l'imitation par la loi impérieuse de la nécessité.

5) Exercer pendant quelque temps sur les objets de ses besoins physiques les plus simples opérations de l'esprit en déterminant ensuite l'application sur des objets d'instruction. »

qui lit sa remarque observation ; mais les pédagogues ne la remarquent point et sont comme fascinés par l'ingéniosité dont sur un chemin erroné il a fait preuve. Le mérite d'Itard est de ne pas refuser l'inconnu de l'aventure clinique ; mais il ne peut à cette époque être libre de toute préconception : l'influence de la théorie condillacienne l'amène à demander à la pratique (c'est-à-dire à Victor) de venir illustrer ses idées philosophiques. Loin d'être à l'écoute des demandes de Victor, il exige son effacement, nécessaire au triomphe de la science. C'est bien parce que Victor est être de langage (même s'il ne parle pas) que cette expérience se trouve dès lors vouée à l'échec.

Ainsi, la même théorie qui fournit à Itard l'axe autour duquel s'ordonne une observation clinique, le met d'un autre côté dans l'impossibilité de poser les vraies questions. Sans compétence théorique, Mme Guérin [1] a dans la pratique une attitude plus sensée, moins nocive ; mais on ne peut attendre d'elle une observation utilisable. C'est finalement Victor qui, dans les ratés de sa rééducation, nous livre la vérité de ce qui échappe à la construction théorique d'Itard dominée par une idéologie « missionnaire ».

Ce qu'Itard n'a pas su faire, c'est — suivant ce qui sera le conseil de Charcot — se soumettre à sa propre expérience de Victor *sans aucune idée préalable,* jusqu'à ce que quelque chose prenne sens pour lui dans cette expérience. Si Victor devait être l'*enseignant,* ce ne pouvait être que de cette façon. Mais cette tâche, précisément, était barrée par les *résistances* d'Itard, résistances que masquait le savoir même.

Il faut attendre Freud pour qu'on puisse comprendre l'enseignement donné par Victor : la vérité d'une théorie, c'est la clinique (le patient) qui la détient. Freud (contrairement à Itard) n'utilise de construction théorique que pour pouvoir mieux s'orienter dans l'expérience clinique. Le patient, loin d'être comme le voulut souvent la tradition psychiatrique un modèle pour illustrer la théorie, est celui grâce à qui les questions peuvent se poser : dans le

1. C'est le nom de la « gouvernante » qu'on a donnée à Victor.

déguisement du symptôme, sous forme d'énigmes à déchiffrer.

Pour résumer : dans le savoir de la rééducation, comme dans celui de la psychiatrie, subsistent, au cœur même de la théorie, des croyances qui infléchissent la pratique. Itard voit le problème, sans pouvoir cependant en tirer un enseignement en ce qui le concerne, lui. Il se croit à l'abri d'une bonne théorie, alors que cette théorie nouvelle, pour meilleure qu'elle soit, traîne avec elle sa part de leurre et de mécanismes défensifs. Protégé par ses constructions savantes, Itard rate ce qui demeure perceptible à Mme Guérin, plus disponible à recevoir l'inattendu. La maîtrise d'une vérité dont il se croit l'unique détenteur, c'est pourtant Victor qui en est le support ; dans le jeu mis en place Itard se trouve ainsi joué par sa propre théorie. Loin de les utiliser, il écarte les obstacles qui surgissent (au même titre que les « enfantillages[1] »). Un double savoir est là : celui de la « compétence » d'Itard, et celui, banal, de Mme Guérin (avec qui Victor fait des progrès). Ces deux savoirs, séparés chez Itard, chez Freud se rejoignent.

Freud.

Dans l'analyse du *Rêve de l'injection faite à Irma,* Freud parle en langage ordinaire, il donne de ce rêve (et des autres) des interprétations que l'on pourrait, à certains moments, qualifier de « délirantes ». Plus loin (au chapitre VII de la *Science des rêves*), dans un langage qui se veut scientifique, Freud élabore — à partir des analyses précédentes — un morceau théorique absolument essentiel. Et cependant, ne pourrait-on voir ce travail théorique comme un effort de justification de ce qui, dans un premier temps, s'est élaboré de façon moins formelle, avec le langage du désir, celui de l'inconscient ?

1. Itard désignait comme « enfantillages » tout ce qui se passait entre Victor et Mme Guérin. Il y opposait le « sérieux » de la rééducation. Il semble bien que, du côté des enfantillages, une partie essentielle se jouait : c'est dans le monde du jeu qu'on voit Victor naître à l'existence d'autrui.

A ne retenir que la face théorique de l'œuvre freudienne, les analystes en viennent trop souvent à oublier qu'elle est faite d'une autre langue, nourrie de l'expérience. Les années qui précèdent la *Science des rêves* sont aussi celles de l'analyse de Freud devant Fliess. Dans l'analyse qu'il fait de cette étape de la formation de Freud, O. Mannoni[1] distingue, voire oppose l'un à l'autre, deux types de savoir : celui acquis par Freud auprès de ses maîtres (Charcot et Breuer) et fondé sur l'observation clinique ; et cette autre forme de savoir, plus difficilement communicable, portée non tant par le désir conscient que par les avatars du désir inconscient. Par la rencontre avec Fliess, le savoir de Freud subit une mutation essentielle : « Ce que Freud avait appris chez Charcot, c'était à s'identifier au patient. Ce qu'il a appris de Breuer, c'est que Breuer ne savait rien d'autre que ce que sa patiente pouvait lui apprendre. Et ce qu'il avait à apprendre « de » Fliess, c'est que le patient apprend tout l'essentiel du transfert lui-même[2]. »

Ces savoirs se soutiennent, se complètent, mais ils peuvent aussi à certains moments entrer en conflit l'un avec l'autre : « Quelque chose venu des profondeurs abyssales de ma propre névrose s'est opposé à ce que j'avance encore dans la compréhension des névroses, et tu y étais, j'ignore pourquoi, impliqué. L'impossibilité d'écrire qui m'affecte semble avoir pour but de gêner nos relations... quelque chose d'analogue s'est-il passé pour toi[3] ? » Freud de cette façon va découvrir l'*analyse* (par opposition à la méthode cathartique).

La vérité qui éclate entre Freud et Fliess ponctue les différents moments des découvertes freudiennes. Ce qui a pu jouer au cœur de cette relation comme ouverture à la connaissance humaine (au prix de mille tourments, de luttes et souffrances somatiques), nous n'en savons pas grand-chose — si ce n'est cette remarque de Freud : « J'ai réussi là où le paranoïaque échoue[4]. »

1. O. Mannoni, *L'Analyse originelle*, in *Clefs pour l'Imaginaire*.
2. *L'Analyse originelle*.
3. S. Freud, *La Naissance de la psychanalyse* (lettre 66), PUF.
4. Jones, *Freud Life and Work*. Hogarth Press, Londres, 1953-1957.

Freud, grâce à Fliess, et à travers ses patients, s'analyse « comme un autre », son savoir est continuellement modifié par les effets de la situation transférentielle. Il ne le comprend qu'après coup, une fois passé le moment où, selon la prédiction de Fliess, il devrait mourir (1907). Et il faut attendre la fin de l'analyse de *L'Homme aux rats* pour que se rejoignent les deux savoirs, venus, l'un, des conceptions de Charcot et de Breuer, et l'autre, de l'expérience du transfert sur Fliess.

La découverte surgit toujours au moment où la recherche se dérobe : Freud situe l'objet de sa recherche (la psychanalyse) dans une relation fantasmatique au désir de l'Autre. C'est sous la forme de cette relation que quelque chose de l'ordre de la connaissance lui parvient au niveau de l'inconscient – à travers le vœu d'être reconnu.

Fliess est donc le destinataire d'un certain discours, il est le lieu à partir duquel une réponse se fonde : à poser là sa question, Freud reçoit en retour des effets de sens de son propre message, et cela constitue la marque par laquelle il est amené à faire œuvre de création [1].

Freud occupe les cinq années qui suivent la rupture avec Fliess à analyser cette période de sa vie ; mais il n'éprouve plus guère le besoin de se livrer. De ce *second mouvement* dans sa propre analyse, nous ne connaissons rien, si ce n'est cette confidence à Ferenczi : « Vous avez non seulement remarqué, mais vous avez compris que je n'ai plus maintenant aucun besoin de dévoiler complètement ma personnalité et vous avez correctement rapporté ce fait à sa cause traumatique. Depuis l'affaire Fliess que vous m'avez vu récemment occupé à surmonter, ce besoin a été supprimé [2]. »

Freud va désormais s'exprimer dans son œuvre : c'est là que va se continuer son analyse.

La psychanalyse reçoit de tout ce qui précède la marque d'une forme de *bilinguisme.* Il y a la langue banale à l'œuvre dans le discours qui se tient entre le patient et

1. *Le Psychiatre, son « Fou » et la Psychanalyse.*
2. Jones, *Freud Life and Work.*

l'analyste, et la langue spécialisée, ce savoir de compétence dont les analystes usent entre eux. Ce savoir théorique dans l'œuvre même de Freud revient tantôt à une psychologie du développement *(Trois Essais sur la sexualité)*, tantôt à une psychologie de l'histoire individuelle *(Cinq Psychanalyses*[1]). Un mythe théorique a été construit à partir de notions développementales, évolutionnistes, psychologiques, auxquelles s'ajoute un modèle scientifique du XIXe siècle : celui de la pulsion énergétique.

Et cependant, lorsque Freud relate dans la langue banale son expérience avec les patients, il n'y a pas de trace d'une croyance au développement. On voit au fil de l'analyse avec quel art le patient est soutenu dans sa question, et comment entre l'analyste et lui une place est laissée pour le surgissement d'une vérité — vérité qui n'appartient ni au patient ni à l'analyste, mais surgit *entre*, dans une situation de drame où le patient doit se situer comme Je.

Chaque époque a ses croyances qui lui servent à justifier ce qui, d'une réalité désagréable ou choquante, doit demeurer à l'abri de toute mise en question. Dans son élaboration théorique, la psychanalyse n'est pas à l'abri de ce danger : elle est tentée par moments d'offrir une réponse métapsychologique (comme nous le rappelle Foucault)[2] là où l'on s'attendrait qu'elle laisse les vraies questions se poser.

Malgré l'influence de l'idéologie médicale de son époque, Freud sait être à l'écoute d'une expérience et entendre le dire du patient à partir de ce qui de lui y participe, parce qu'il se garde d'occuper dans la relation soignant/soigné une quelconque position d'autorité. Le patient ne constitue pas pour lui (comme c'est le cas chez Itard) l'écran sur lequel projeter un savoir théorique. C'est une différence essentielle.

1. Michel Foucault, *Maladie mentale et Psychologie.*
2. Lacan assimile volontiers sa théorie à un mythe. Mais, d'un point de vue psychanalytique, il s'agit de repères qui nous interrogent. Les disciples de Lacan ont parfois tendance à faire subir à ces repères une réduction idéologique ou médicale. Ce qui devrait demeurer ouvert cède à une tentation métaphysique. Ce qui devrait être donné comme moment d'un processus se fige en absolu.

Le savoir de Freud, mais aussi dans une certaine mesure celui de Mme Guérin, vient comme effet d'enseignement [1], je veux dire comme effet d'une démarche où *c'est le patient qui d'une certaine façon se trouve être mis au poste d'enseignant.*

Mme Guérin ne sait pas que c'est Victor qui lui dicte le message qu'elle lui adresse. Freud, dans un premier temps, ignore tout de la façon dont il se trouve impliqué avec son patient dans une expérience qui l'amènera à provoquer le surgissement d'un *savoir* à la place de la vérité (du symptôme) — et à le faire surgir de façon qui révèle au patient que « c'était donc cela » ce dans quoi il s'était perdu.

Au total, la psychanalyse s'est constituée à partir de l'expérience de Freud avec son propre monde « délirant » et avec son implication dans le « délire » du patient ; c'est de là que sont sorties l'*interprétation* — c'est-à-dire la façon dont l'analyste intervient dans le langage banal, pour relancer une question — et la *construction théorique*, qui sert de mythe offert comme repère à ce qui se passe dans le présent (il s'agit à partir de là, non de reconstruire un passé mais de lui conserver une origine mythique). La démarche de Freud est ambiguë, mais elle se tient continuellement sur deux versants, qui se rejoignent dans la vérité révélée et contrôlée par l'expérience clinique.

La démarche d'Itard rejoint au contraire ce que Lacan désigne comme le *discours de l'Université.* Un savoir se constitue d'une censure opérée sur les marques de l'inconscient, alors que le discours de l'analyste procède de la levée de la censure. Le discours de l'un masque l'échec, le discours de l'autre cerne l'impossible (le réel) — et dévoile le manque que le discours universitaire avait à charge d'oblitérer [2].

1. J. Lacan *Scilicet* 2/3, p. 396 : « C'est un demi-tour constitué par le discours de l'analyste, soit du discours qui prend sa place d'être d'une distribution opposée à celle du discours du maître, primaire, que le savoir vient à la place que nous désignons de la vérité. »

2. La psychanalyse loin de subvertir le savoir médical a servi au renforcement de la hiérarchie médicale. Il n'est pas rare de voir des

Parce qu'il a pour visée de faire à Victor l'application d'un savoir « théorique », Itard échoue à ce que prenne vérité ce qui se produit comme effet dans une démarche analytique (où l'analyste a à suspendre un savoir dans la pratique, pour pouvoir, dans le temps de l'élaboration théorique, faire que la vérité se formalise dans la science).

Le paradoxe du savoir théorique réside dans la façon dont on en use, comme masque pour oblitérer la vérité d'une expérience, ou comme outil pour s'orienter plus commodément dans une recherche clinique (dans laquelle on se trouve soi-même impliqué).

analystes travailler docilement dans les institutions les plus répressives et prôner ensuite la révolution dans des groupes intellectuels fermés. Cette coupure entre théorie et pratique est responsable de la stagnation d'une recherche.

6

Une action hors de l'établi

Si les recherches théoriques ne doivent pas être coupées d'une réflexion sur l'implication du médecin dans la situation clinique véritable, celle-ci à son tour doit être située par rapport aux structures qu'impose l'*administration* et qui s'avèrent pathogènes dans leur effet.

Interroger une expérience conduite avec des adolescents *en marge des institutions*, ce peut être mener au regard de la pédagogie une réflexion parallèle à celle que l'anti-psychiatrie autorise dans son propre champ.

L'évasion.

Nous avons cherché à offrir à certains adolescents, rejetés par l'institution scolaire et familiale, une possibilité d'échapper à un monde qu'ils ressentent comme hostile en leur facilitant l'accès à des lieux d'accueil chez des paysans [1], chez Deligny [2] ou dans un appartement de Bonneuil (contigu à l'école).

Leur lieu de refuge a été parfois, dans un premier temps, transformé par eux en une forteresse défendue contre le monde extérieur.

1. Il faudrait connaître des bergers : ils peuvent offrir l'isolement et le dépaysement radical que l'on trouve de plus en plus difficilement chez les paysans en passe de devenir des industriels de la terre (ce qui change jusqu'à leur rapport au temps, aux bêtes et aux gens).

2. Deligny nous a toujours aidés, même et surtout dans les cas graves.

Un de nos adolescents est resté ainsi pendant près d'un mois retranché dans sa chambre, en attente d'une nourriture qui était déposée devant sa porte à certaines heures de la journée. Il avait été jusqu'à démolir sa radio pour se protéger de l'irruption d'une voix étrangère. Pas question qu'il subvienne lui-même à ses besoins matériels en allant chez les commerçants, tant il se savait en danger d'être submergé par le risque d'un passage à l'acte : « Dès que je sors, je vois rouge. » L'adolescent s'était ménagé un monde asilaire à sa mesure. Son temps étant celui d'une nourriture (qu'il réchauffait sur un réchaud électrique) et d'un sommeil (retrouvé à partir du moment où toute drogue « soignante » lui fut supprimée). Puis vint le temps de l'ennui : la découverte de l'ennui lui permit de formuler le vœu de sortir du ghetto qu'il s'était construit. Il eut faim non de nourriture, mais d'un contact humain. A partir de là se fit, de façon toute progressive, le retour dans un univers social (non sans qu'il scandât son trajet de ruptures, avec des périodes massivement régressives, et de fugues, c'est-à-dire d'une mise à l'épreuve de l'adulte en qui il cherchait à placer sa confiance [1]).

Les structures administratives n'offrent malheureusement de possibilités d'isolement qu'à l'asile ou en prison.

1. Ce retour dans l'univers social (la rencontre banale des gens du quartier) se traduit par la quête d'un *regard* venu de celui supposé savoir qui est le sujet (« normal », « fou » ou « pervers »). Dans la mesure où la rumeur publique désigne Pierre comme dangereux (à Bonneuil), il ne se trouve plus en sécurité nulle part. Le moindre geste risque d'être fantasmé par la population comme geste meurtrier, mettant ainsi l'adolescent à la merci d'une dénonciation ou d'un appel à la police. Dans le miroir qui lui renvoie l'affolement d'autrui, Pierre se saisit donc comme spectateur d'un jeu où, en tant qu'acteur, il est celui qui défie toute loi. Ce défi incarné par Pierre est ce qui est perçu par le regard de l'Autre : et, dès lors, la panique manifestée par l'un ou l'autre habitant du quartier rend présent le danger de mort. Désigné comme dangereux, Pierre le devient en vérité dans un ultime effort pour se protéger d'un risque de séparation (de l'objet aimé). Paradoxalement, c'est cette séparation-rejet qu'il provoque, appelle et répète. Comment éviter la matérialisation de ce rejet ? c'est la question avec laquelle nous nous trouvons quotidiennement confrontés.

Les structures d'accueil ne se conçoivent guère hors le cadre d'une vie en commun. Mais cette vie en commun n'a plus rien aujourd'hui de la richesse des communautés d'autrefois (au sens de Max Weber). Les « communautés » d'aujourd'hui sont des groupements artificiels de gens qui vivent entre eux, coupés de toute participation à la vie de leur commune ou de leur secteur géographique. L'administration renvoie en fait les individus à une solitude qui subsiste même quand on les « groupe ».

L'isolement que Bonneuil offre aux jeunes qui le demandent n'a rien à voir avec l'abandon moral dans lequel les plonge l'anonymat d'une administration fondée sur la ségrégation.

Cela dit, notre « communauté » garde un caractère artificiel dans la mesure où les jeunes se sentent exclus de la vie active de leur commune et coupés de possibilités vraies de rencontres avec les jeunes du voisinage (notre civilisation « dénature » les rapports humains, elle met en place des structures artificielles. Les centres culturels et maisons de jeunes, trop bien organisés, deviennent ainsi des lieux de non-rencontre). Le découpage imposé par la sectorisation a encore réduit les possibilités d'échanges (divers lieux de province « sectorisés » de fraîche date ont dû arrêter le travail entrepris avec nous). Or les jeunes ressentent comme une nécessité la possibilité d'avoir *ailleurs* un lieu vers lequel éventuellement s'évader. Dès qu'un lieu géographique institue une clôture il met en place un potentiel de violence[1].

1. A Bonneuil, les clôtures surgissent de partout. La tolérance des habitants des grands ensembles est nulle ; si ailleurs ils sont gentils, c'est à condition qu'on ne les dérange pas. L'aide qui nous a été offerte (travail chez l'artisan) nous a été retirée dès la première difficulté rencontrée avec l'administration (le refus de la part de la Sécurité sociale d'immatriculer les enfants).

L'administration (que ce soit la mairie ou l'académie du Val-de-Marne) érige elle aussi des barrières de protection. Chacun vit dans la hantise d'avoir à se « couvrir » face à une instance supérieure. L'irresponsabilité administrative, la loi du caprice qui est sienne, a véritablement des effets psychosants. L'administration a été responsable de la « décompensation » de certains de nos enfants qui se sont trouvés, à cause d'elle, dans une situation persécutive que l'on peut qualifier d'« intenable ».

Comprenons bien de quoi il s'agit.

Dans les communautés d'autrefois, les enfants étaient soumis dès leur plus jeune âge à une dispersion très grande des attaches libidinales[1], ce qui évitait aux formations conflictuelles de demeurer prisonnières de la relation parents-enfants. Se disputer avec un seul parent (mère ou père) n'impliquait pour le sujet aucun risque d'être abandonné par la classe des mères ou des pères. L'enfant participait tôt aux activités des adultes et — à la différence de l'homme moderne — ne se sentait nullement désorienté[2] lorsqu'il quittait son territoire (s'il quittait, comme le rappelle Devereux, un milieu pour un milieu moins familier, ce n'était jamais le radical inconnu ; chaque individu avait clairement conscience de l'organisation de son milieu socio-culturel).

Dans notre type de société, l'enfant se trouve dès le plus jeune âge à la merci du caprice de l'autorité parentale. Il est exposé à tous les chantages à l'abandon (au retrait d'amour). Loin d'être facilitée, l'évasion du milieu familial ou social est sanctionnée par la loi, faisant de l'enfant la victime d'une double répression (sociale et familiale). Il ne trouve à s'échapper d'une situation de *stress* (qui lui renvoie l'image d'un monde qu'on lui présente à la fois comme dangereux et interdit) qu'en choisissant une réponse « folle » ou une conduite délinquante[3].

1. R. Linton : Kardiner Abraham, *The Individual and his Society*, New York, 1939.

2. G. Devereux, *Essai d'ethnopsychiatrie.*

3. Dans le non-dit de l'institution familiale et scolaire il y a méfiance à l'égard de qui ne fait pas partie de l'institution. Dans la mesure où l'intérêt de l'adulte ne se trouve polarisé que par ses petits problèmes personnels centrés autour de l'enfant, ce dernier pris au piège d'un *nœud* de tensions ne peut trouver d'issue que dans la violence (démarche qui le protège contre la peur d'un monde qu'il ressent comme hostile.) Toute institution coupée d'un intérêt qui la dépasse a des effets mortifères : c'est cependant dans cette voie pathogène que l'on s'engage actuellement en France.

L'apprentissage. Travail et société.

Le fait est que le jour où l'administration nous mit en situation de ne plus pouvoir envoyer les enfants travailler à l'extérieur chez l'artisan (travail qui avait l'attrait du jeu « défendu »), la communauté eut à lutter contre un appauvrissement dans la qualité des échanges, appauvrissement équivalant à une *mort* (les enfants étaient mis par l'administration en situation de se « décompenser » à nouveau).

Seul le droit à la révolte pouvait aider ces adolescents, rendus par la situation administrative à une vie sans intérêt. Mais, s'il n'est pas soutenu par une action cohérente à l'extérieur, le droit à la révolte a tôt fait de se trouver « récupéré » et éteint par la routine institutionnelle. Aussi ces enfants furent-ils envoyés pendant un temps chez des artisans en province : là, dans une position de repli, ils purent retrouver une certaine joie (et l'estime d'eux-mêmes valorisés par la participation à une tâche vraie).

De quoi s'agit-il dans cet envoi en artisanat ?

« N'est-ce pas céder à quelque mirage romantique que de vouloir idéaliser les maîtres artisans ? » se demandait Koyré[1] en 1948. Ce n'est pas l'opposition de l'artisan (assimilé à un artiste) à l'ouvrier qui a retenu notre attention, mais l'apprentissage comme rapport à une personne, à un maître, sur lequel une forme de transfert devient possible (par opposition à une formation scolaire anonyme, où l'adolescent n'a pas le sentiment d'être entré dans le monde du travail, mais de prolonger sa situation d'écolier jusqu'au moment où il sera pris par l'usine). Ce rapport d'apprentissage diffère radicalement de tout ce qui a été élaboré sous le nom « d'ergothérapie ». Au cours de l'ergothérapie le sujet, comme l'ouvrier à l'usine, se trouve coupé du produit de son travail. Ce produit est même pour ainsi dire nul, et la valeur sociale du travail est encore plus frustrante que dans le travail en usine.

1. Alexandre Koyré, *Études d'histoire de la pensée philosophique*, éd. Gallimard, 1971.

A travers la forme de travail que nous avons instaurée dans le monde extérieur, l'adolescent définit sa « réussite » (ou le plaisir pris) par rapport à un adulte qu'il investit de son estime. Ce problème du transfert dans le domaine de l'apprentissage n'a guère été approfondi (on sait que, dans le système scolaire, l'enseignement fonctionne comme drame). On a étudié le rapport de l'homme au monde des objets en oubliant ce qui s'est dégradé dans le rapport des hommes entre eux : quelque chose a été atteint au niveau de la joie de vivre, le plaisir de travailler est devenu le privilège d'un nombre de plus en plus réduit d'individus.

Il faut, à partir de là, noter que Freud a toujours admis la fatalité d'un sort qui voue la majorité des hommes à ne « travailler que sous la contrainte de la nécessité ». Il a relié ce destin à une fatalité biologique et y a vu la source de bien des conflits sociaux. Les dons [1] (la joie que l'on retire du travail) sont, nous dit-il, peu répandus : il n'y a que de rares élus, la sublimation (réussie) ne peut être l'apanage que de quelques-uns, la masse est vouée à subir (sans qu'on y puisse rien) une forme de contrainte ou de répression. Dans le développement donné à sa recherche Freud est ainsi, par plus d'un point, en accord avec l'idéologie bourgeoise et scientiste de son époque.

Depuis lors, l'accent a été mis sur le fait que la croyance aux dons ne repose sur aucun critère scientifique valable.

1. Des expériences ont été faites dans le Milwaukee (université du Wisconsin, Howard Garber) sur deux groupes de nouveau-nés noirs de mères « débiles ». La moitié a été laissée à la mère. L'autre moitié a été confiée le jour à des éducateurs et rendue à la famille le soir, les mères ayant reçu parallèlement une formation pédagogique. Les enfants de ce dernier groupe attinrent un Q. I. de 125, alors que ceux du premier groupe attinrent péniblement un Q. I. de 0,90. L'environnement (le facteur socio-économique et culturel) est donc d'une importance plus grande que la qualité des chromosomes. L'inégalité commence au berceau.

Cette thèse développée par H. Garber semblerait donner raison aux tenants de la « rééducation précoce ». Il s'agit évidemment de tout autre chose. Les mères du second groupe ont été, d'abord et avant tout, arrachées aux conditions de vie aliénantes dans lesquelles elles se trouvaient jusqu'alors placées. Déchargées pendant la journée du poids des enfants, à l'abri de la misère et correctement logées, elles se trouvaient le soir disponibles pour écouter leurs enfants et leur parler.

De multiples expériences sont là pour montrer que la prétendue « débilité » est bien souvent le résultat d'une inégalité culturelle et socio-économique qui commence dès le berceau. Il serait toutefois exagéré de dire que tout se joue avant trois ans ; car par la suite, dans notre système scolaire, les maîtres ne s'intéressent souvent qu'aux plus doués, les enfants les plus gâtés sur le plan du langage, et dont le comportement est le plus « adapté » aux exigences d'un certain milieu.

La croyance de Freud en l'existence d'une élite se double par ailleurs d'une attitude éminemment conservatrice à l'égard des femmes. Il ne met nullement en question l'idée, propre à son temps, que l'œuvre civilisatrice doit demeurer l'affaire des hommes. Il estime au contraire que la femme (comme le prolétaire) ne peut avoir véritablement accès à la sublimation ; elle serait, selon lui, condamnée de naissance à mener une « vie au second plan » — cela ferait partie de son destin biologique.

Une forme d'éducation patriarcale voue la femme (mais aussi le prolétaire et le nègre) à demeurer soumise et respectueuse de l'autorité, la conditionne à s'opposer à tout esprit de risque : maintenue à l'état « d'immature » elle ne peut dès lors que freiner chez ses propres enfants toute velléité d'indépendance, se faisant ainsi complice d'un ordre répressif. Plus la mère appartient à une classe socio-économique faible, plus elle a à cœur de préparer ses enfants à une vie de soumission : pour les « conserver » vivants, elle en fait involontairement des prisonniers[1].

1. C'est ce qu'a merveilleusement illustré George Jackson (*Les Frères de Soledad*, éd. Gallimard) dans les lettres écrites à sa mère du fond de sa prison : « Jamais on ne s'est soucié de considérer que nous pourrions être autre chose que ce à quoi on nous a destinés dès le début. (Je demande l'électronique ou le dessin industriel, on me répond d'être réaliste.) Tu dois saisir, comprendre pleinement que nous n'avons que peu ou pas de prise sur nos propres vies... A ma naissance, je ne savais très exactement rien. Et je n'ai eu personne, personne pour m'expliquer les choses vraiment importantes. Les systèmes scolaires sont « arrangés » pour apprendre aux jeunes « ce qu'on doit penser » et non « comment penser ».

« Robert n'a jamais eu le temps de dire bonjour ; et aucun de vous

Freud voit en la femme celle qui risque de contrecarrer l'œuvre civilisatrice de l'homme. De même pour Claude Lévi-Strauss[1] la femme incarne le désordre, elle constitue une menace pour l'homme (et l'univers). Ces êtres égarés, nous dit-il, (les femmes) ont plus besoin que les autres (les hommes) d'éducation (c'est-à-dire de répression).

Si les femmes se sont, à l'époque contemporaine, affranchies de toute tutelle « éducative » elles le doivent à la libéralisation de la sexualité dans la société. Or, si Freud estime que la vie sexuelle de l'être civilisé est gravement lésée il accepte pourtant l'interdiction sociale qui pèse sur toute manifestation sexuelle infantile : cela lui semble relever des « nécessaires contraintes » imposées par la civilisation. La répression sexuelle devient ainsi le garant le plus sûr d'une soumission intellectuelle et morale, voire d'un a-politisme (a-politisme et a-sexualité qu'on tente d'exiger de nos jours encore des écoliers adolescents).

Comme le discours anti-psychiatrique, les travaux de Reich ont valeur de symptôme. Ils dévoilent ce qui dans la répression sexuelle (et la violence éducative) est effet d'aliénation. De façon paradoxale, le refus social de la sexualité va de pair avec le refus, dans la société, d'offrir aux jeunes de réelles possibilités de sublimation : on y substitue la contrainte (dans une situation où le désir se trouve annihilé).

On rencontre ainsi (dans des cas extrêmes, mais qui ont valeur d'exemple) des adolescents en état de refus scolaire qui à seize ans ne vivent que pour l'instant de la journée où la nourriture viendra apaiser leur faim. Ils ne sont pas sans savoir que c'est d'une autre faim qu'il s'agit, et leur vérité, dès lors, éclate dans le symptôme.

---

n'en savait assez pour m'apporter quoi que ce soit, de toute façon, parce que vos parents ne savaient rien.

« Ne vois-tu pas que cela nous mène à la véritable source du mal : l'aliénation et le délaissement, la pression extérieure, le système et ceux qui le soutiennent ? Robert n'en savait pas plus, tu n'en savais pas plus et moi non plus ; aussi il faut se tourner vers ceux dont la mission est d'assurer une meilleure répartition des biens de la société. »

1. *Mythologiques III,* « L'origine des manières de table ».

Partis de l'envoi des enfants en artisanat, nous voici parvenus au repérage de ce qui est bien « le malaise dans la civilisation » en toute son extension.

Des lieux de vie dans leur environnement.

L'existence de lieux que l'on pourrait qualifier de *lieux de vie* (par opposition aux lieux de « soins ») offre aux adolescents une possibilité de se soustraire à un monde qu'ils se sont mis à détester. Ce qu'ils recherchent : la rupture avec un style de vie (avec les institutions familiales, scolaires, etc.) A partir de là, le sujet arrive à ressaisir par quoi il est parlé, il peut accepter de nouer une relation à un adulte qu'il se choisit et investit de sa confiance. La relation maître-disciple qui s'instaure n'a pas de prix : ce qui se trouve partagé va bien au-delà d'une discipline intellectuelle ou scolaire — c'est l'amitié, que l'adolescent découvre parfois pour la première fois de sa vie. Les effets en sont bénéfiques dans la mesure où l'adulte réussit à se maintenir à une certaine place, renvoyant l'enfant à un autre objet de désir que sa personne propre. Dans le type de rapport qui se noue, l'enfant se trouve toujours en danger de venir combler le vide affectif de l'adulte. C'est pourquoi il est important que ce dernier ait une vie personnelle réussie. Sinon il risque de provoquer une situation aussi nocive dans ses effets que l'a été la propre « machinerie familiale » de l'enfant. Ce qui se joue là sur le plan transférentiel est bien de l'ordre de l'aventure analytique : ce qui se noue a pour destin de se dénouer, d'être abandonné, voire vomi.

Mais un lieu de vie est un lieu que l'on quitte (parce qu'il permet d'autres dépaysements). C'est pourquoi il est important qu'il ne se structure pas sur le mode de la famille nucléaire [1], mais qu'il soit en prise avec les intérêts et le

1. Si à Bonneuil l'axe de la maison tourne autour d'un couple, celui-ci a sa vie propre et ses enfants, et la maison demeure toujours ouverte à tous. Cette capacité d'accueil d'étrangers et d'étudiants a fait un lieu non replié sur lui-même (quoique isolé dans la commune). Bonneuil —

combat du monde extérieur. Dès l'âge de douze, quatorze ans, les enfants sont capables de participer de façon responsable à la vie de leur commune (travail à temps partiel chez l'artisan, etc.) Ivan Illich a montré à quel point les enfants de cet âge posent mieux que les conseillers municipaux les questions justes ; mais la bureaucratie se sent embarrassée et menacée par ces questions. En fait, la hiérarchisation administrative (dans l'organisation de la commune), le cloisonnement des services publics rendent impossible toute tentative réelle de participation. L'enfant (comme les adultes) se trouve dans la réalité exclu d'un monde qui le concerne. Ce qui a été rendu possible dans notre expérience, c'est le rapport noué par les enfants avec les employés de Famiprix ou les commerçants des environs. On ne peut toutefois parler de véritable échange. Les enfants ignorent les adultes, mais établissent avec les objets de consommation un rapport vivant. Le marché est fait avec une conscience toute professionnelle. Le maniement

---

qui en cela diffère de l'institution familiale — ne cherche pas à « conserver » « ses » enfants. Loin de s'offrir comme lieu idéalisé, Bonneuil s'offre comme carrefour, halte ou tremplin à une vie qui, loin d'être confisquée à l'enfant, lui est en quelque sorte « rendue ». Ce qui est rendu, c'est la notion d'avenir (chez un enfant parfois dépossédé d'un présent et coupé d'un passé).

C'est dans un tel contexte qu'il faut situer cette autre notion qu'un jour ou l'autre Bonneuil (et les lieux qui ont servi de relais) est amené à être vomi. Ce jour-là l'enfant se sent le droit de quitter un lieu pour un projet qui le concerne. La « reconnaissance » à l'égard d'adulte « à qui on doit tout » passe d'abord par la pulsion de mort. A un moment, l'enfant acquiert la capacité de se séparer d'une réalité gratifiante (celle soumise au seul principe du plaisir), il l'acquiert par la symbolisation.

L'adaptation n'est pas proposée comme but. Une situation est créée qui permet à l'enfant de se dégager du pur registre du besoin (et de la chosification d'une réalité), pour se situer plus correctement par rapport à ce que ça veut de lui dans le registre du désir (c'est alors que se dégage un rapport au vrai). Le « je veux » émerge toujours comme effet de signifiant. Il s'oppose au « moi veut » (qui est le *il veut* de l'identification imaginaire). Le danger des micro-sociétés — danger auquel nous cherchons à échapper — est de piéger patients et soignants dans des identifications imaginaires que l'on peut qualifier de « paranoïaques ».

de l'argent, le problème des prix constituent une chose importante pour certains. J'ai été frappée par la gentillesse et la tolérance des employés et commerçants à l'égard des enfants[1]. Mais la porte de sortie du magasin franchie, l'enfant retrouve les rues vides des cités de banlieue, un anonymat enveloppe de sa grisaille indifférenciée les individus.

Nous avons eu des difficultés avec certains habitants de HLM voisines. Pierre s'introduisait dans les caves, attendant l'arrivée d'une ménagère pour « l'assommer ». Il a fallu faire de ces habitants nos alliés, leur demander de ne pas chercher l'intervention de la police, prier la police elle aussi de nous laisser faire.

Importante un moment, notre action n'a pas laissé pour autant de traces « éducatives » ; une fois la période troublée passée chacun est retourné à sa solitude, prêt à se faire à nouveau le dénonciateur intransigeant d'un « désordre » dont il réclamera l'exclusion.

Des animateurs culturels, désignés comme « gauchistes » par la population, sont venus un moment régulièrement chez nous. Ils avaient établi leur quartier général dans les caves d'une proche HLM, leur vœu était d'amener les jeunes désœuvrés (chômeurs, sortis de prison, psychopathes) à organiser quelque chose par eux-mêmes et une baraque désaffectée avait été mise à leur disposition. Mais les jeunes attendaient que les adultes leur fournissent des loisirs à consommer, eux n'avaient pas d'idée, pas d'opinion politique non plus. Ils étaient contre le travail, la vie en banlieue, les cités-dortoirs. Rien n'était possible selon eux, pas même de rêver. Les animateurs se sont laissé gagner par le poids de l'inertie, de l'indifférence et de la résignation générales, ils ont abandonné la partie au bout d'un an[2].

1. Il y a eu des passages à l'acte, des crises d'épilepsie ; on nous téléphone, l'intervention de la police demeure l'exception.

2. Les adolescents de Bonneuil ont été sollicités, d'une part par ce qui tenta de se créer autour des animateurs culturels dans un lieu proche des « Émouleuses », d'autre part, par les activités organisées par la commune de Créteil au Mont-Mesly.

Il y avait là deux mondes, l'un polarisant le désordre, la violence, le

C'est pourtant ce lieu de rencontre sinistre qui a été à un moment investi par certains aînés. Paul s'est senti de plain-pied avec les marginaux désœuvrés. Jacques affichait un mépris et une supériorité de classe (les jeunes en fait le ménageaient, tout en se sentant nettement supérieurs à ce bourgeois intellectuel en visite). Irène se plaisait bien dans ce groupe, on ne sait trop si elle se dérangeait pour les garçons du quartier ou pour les animateurs à qui elle aimait parler. Il n'y avait pas de véritables échanges d'intérêts, c'était un regroupement de solitudes. Mais le départ de ces animateurs a été pour nous la perte du seul lien véritable établi avec des habitants de la commune.

Le Centre culturel du Mont-Mesly (fréquenté pendant un moment plus par les adultes du troisième âge que par les jeunes) a eu, par contre, beaucoup de mal à se faire accepter par les enfants. Ce n'était pas un lieu de rencontre, mais un lieu organisé de loisirs, trop bien tenu au gré de certains. Les adolescents « à problèmes » s'en excluaient, comme si l'ordre faisait partie d'un monde qui n'était pas fait pour eux.

Ce monde extérieur [1], l'adolescent en fait s'en proté-

---

mythe du crime, l'autre, le monde bourgeois aseptisé, ordonné. Le sentiment de solitude, celui du « faire semblant » étant présents aussi bien d'un côté que de l'autre. Les uns jouent aux cyniques et aux durs, les autres cultivent l'illusion de l'entente. Ce qui s'organise au niveau des fêtes et activités culturelles demeure marqué par le néant (désolation d'un lieu régulièrement détruit) ou empreint de cette inauthenticité si propre aux lieux plus cossus. Chez les uns et les autres, tout semble organisé par l'administration pour que ça ne parle pas — et quand ça parle, ça ne peut être qu'au niveau du symptôme. Quelque chose de ce trajet-là put néanmoins être repris ensuite avec les enfants à Bonneuil. Se trouvait repris le drame de vivre dans un « pas vrai » qui finissait par vous rendre, selon le dire des uns, « mutiques ».

1. « Vous avez tort, me dit un sociologue, d'opposer le monde intérieur de l'institution au monde extérieur. Le monde extérieur vous l'avez (sous forme de l'intrusion de la Sécurité sociale, etc.). »

Cet argument est généralement avancé pour me notifier que « j'ai tout sur place ». Porter mes regards ailleurs, faciliter l'évasion des adolescents d'un lieu qu'ils désignent eux-mêmes comme ségrégatif, serait, d'après mon interlocuteur, faire preuve d'idéalisme, voire d'esprit boy-scout.

« J'ai vécu, rappelle volontiers Deligny, dans des institutions où

geait, et il a fallu du temps pour que les adultes comprennent que, justement, il devrait être, plutôt que la vie dans l'institution, privilégié comme pôle d'intérêt et de contestation.

Même si elle se prétend anti-institution, une institution court toujours le risque (nous ne le répéterons jamais assez) de reproduire le modèle de la famille nucléaire bourgeoise, se refermant de façon mesquine sur ses petits problèmes, ses petits malheurs, ses petits intérêts. Non seulement cette machine-là ne permet pas de vivre, mais elle est porteuse de mort : appelé à se figer, le désir ne peut s'ouvrir sur aucune réalisation concrète.

Conditionné dans sa famille à demeurer à l'abri du risque, l'enfant reproduit la même conduite ailleurs. Ainsi, Pauline se met en route pour la maison de jeunes, puis s'arrête en chemin, indécise : il lui semble qu'elle ne peut, avec ce corps-là, se rendre chez les « normaux ». Elle reproduit cette scène chez elle, prenant les parents à témoin de son impuissance et de l'exclusion dans laquelle elle se perd. Elle s'offre par moments comme déchet d'un territoire social : c'est elle qui crée son isolement.

Les adultes de Bonneuil participent tous de ce genre d'isolement dans la mesure où ils ne sont reliés à aucune activité de la commune. Ils forment un îlot privilégié, ouvert sur un monde extérieur élargi (stagiaires venant de France et de l'étranger), mais coupé des soucis propres à l'académie du Val-de-Marne, à la mairie, etc. L'articulation de Bonneuil avec la vie de la commune demeure une tâche qu'il n'a pas été possible de mener à bien[1]. (Nous avons connu à certains moments un véritable abandon de la part des autorités administratives, qui ne se manifestaient que pour empêcher notre fonctionnement.)

L'interdiction administrative relative au travail des aînés à l'extérieur eut, nous l'avons vu, des effets persécutifs au

---

tout était dedans : l'école, la chapelle, la brasserie, les jardins, les vaches et les cochons… tout et y compris la morgue. La morgue, mais pas le cimetière. »

1. Cf. plus loin (chap. 11), une lettre au maire restée sans réponse.

niveau des enfants et des adultes ; un autre effet fut d'abolir la notion d'opposition « monde intérieur »/« monde extérieur », pour ne laisser en place qu'une seule scène, traversée par la répétition, effet de la pulsion de mort, paralysant toute initiative. Bonneuil apparaissait ainsi comme le petit théâtre où se reconnaît le jeu de la société.

Le discours de l'administration trouvait un écho dans l'institution, en opposition à un autre discours, de contestation, qui se tenait lui aussi à l'extérieur (avec l'appui du public et de la presse, et qui avait aussi son incidence propre à l'intérieur). Deux conceptions du monde antagonistes furent brusquement représentées dans l'institution [1], dévoilant des positions idéologiques divergentes. Le discours de référence (et les conseils d'adaptation) à la réalité se firent entendre (en opposition à des positions dénoncées comme utopiques). L'abolition de toute différence entre le subjectif et l'objectif, propre à tous les discours d'adéquation, ne laissait de place qu'à un énoncé sans ponctuation, coupé de toute dialectique. Il n'est certes pas indifférent que le pouvoir administratif (ou éducatif) s'efforce toujours de substituer par divers biais ce qu'il appelle « réalité » à la vérité qui se donne à lire dans l'insistance répétitive du symptôme ; il se condamne du même coup à ne pas entendre cet autre discours désigné par Marcuse sous le terme de : dimension de dépassement [2].

Dans un univers unidimensionnel, l'homme est conditionné à s'orienter vers une consommation passive d'objets (que ce soient des objets réels, des objets de loisir ou des objets de connaissance), il devient étranger à ce qui dans sa vie devrait le concerner. Dans son souci d'uniformisation, l'administration éducative ne retient d'un discours que sa relation d'adéquation (« ce matin j'ai pris du café, cet après-midi j'ai réussi à me déshabiller »), laissant échapper ce qui ailleurs cherche à se faire reconnaître dans un rapport à la vérité du désir. Dans le champ du langage mis

1. I. Althusser, *La Philosophie comme arme de la révolution*, in *La Pensée*, n° 138, avril 1968.

2. Lucien Goldmann, *La Création culturelle dans la société moderne*, Denoël/Gonthier, 1971 (développé par L. Goldmann).

en place n'est possible qu'une parole ayant trait à la performance ou à la compétence, la dimension de la fantaisie se trouve proscrite, comme se trouve forclose toute référence tierce (projets, politique, etc.).

Un autre discours est cependant là, qui insiste et résiste au discours dominant : il entre en conflit avec l'administration enseignante, toute orientée vers une division technique du travail au service de l'organisation sociale en place[1].

La participation des enfants à un travail à l'extérieur fait partie intégrante du discours qu'ils tiennent contre une société qui les relègue dans une zone à part, celle de l'enfance inadaptée. Situé à une étape où il leur apparaît comme marginal et interdit, le travail chez l'artisan a tout l'attrait du plaisir défendu. Le désir ne peut exister qu'à partir d'une négation ; la revendication de liberté trouve à se réaliser dans un travail en marge des habitudes scolaires d'une société-travail qui suscite envies ou jalousies auprès de la fratrie ou des amis (l'argent gagné sert à des projets, ou le plaisir pris dans le travail compense la modicité de l'argent effectivement gagné).

La présence d'autres ouvriers va toutefois faire surgir chez les adolescents la conscience de ce qu'ils dénonceront comme contrainte et qui n'est que discipline inhérente à la nature même du travail entrepris : la mécanique, comme la cuisine, a ses lois propres. Le travail en marge se détache à ce moment de la pure dimension du *besoin* de plaisir : surgissent une tension de désir et une ambivalence. Mais pour avoir accès au désir (et être en mesure de le soutenir), il faut pouvoir en payer le prix — et ici se dessine ce qui (au cœur même du désir) se révèle être de l'ordre de ce que l'on appelle la castration.

Le jour où Jacques rencontre des limites dans son plaisir de remonter les pièces détachées d'une voiture (limites qui sont celles où commence la responsabilité du patron à l'égard du client), il veut « tout laisser tomber ». Aux remarques des ouvriers, il oppose soudain de l'orgueil et un

1. Rossana Rossanda, *Thèses sur l'enseignement,* in *Il Manifesto,* éd. du Seuil, 1971.

mépris de classe. Revendiquant de façon absolue le droit au plaisir, il ne saurait accepter d'obstacles sur le chemin de la jouissance, ni admettre l'idée qu'un autre pourrait se révéler plus fort que lui. Le travail chez le mécanicien a, d'autre part, cessé de se situer dans le contexte du marginal, l'autorisation — qu'on a fini par obtenir de l'administration — le situe dans une deuxième étape : un contexte d'organisation administrative, voire d'obligation. L'attrait du défendu a laissé la place à une sorte d'institutionnalisation du marginal. Du même coup, quelque chose s'est trouvé, selon l'adolescent, récupéré. Ainsi, s'il se trouve coupé d'un contexte idéologique (l'idée de service rendu à la commune, l'idée d'échange, etc.), le travail chez le mécanicien risque de se trouver ramené à un équivalent scolaire ; rien d'étonnant dès lors que le symptôme du refus scolaire surgisse sur les lieux mêmes du travail manuel (et que le discours politique tenu par l'adolescent soit brusquement l'émergence d'un « instinct de classe petit-bourgeois », résistant à tout changement). Dès l'instant où Jacques échoue à réaliser sa liberté dans le travail, il a l'impression que c'est « sa » liberté qu'on cherche à lui ravir. Si le « plaisir pur » ne peut être atteint sans entraves, le travail se trouve rejeté au nom de son « manque de sérieux » : seul le travail « libre » est le travail sérieux. Puisque la responsabilité d'une voiture ne lui est pas accordée pleinement, Jacques accuse le garagiste de ne lui offrir qu'un amusement, et c'est dès lors le « sérieux » du travail scolaire qu'il revendique.

Cette question du travail et de ce qui doit s'y sauvegarder de plaisir est loin d'être simple. L'adolescent exige la maîtrise du travail entrepris, mais il rencontre inéluctablement des limites dans cette recherche : au-delà du maître réel, il s'affronte à un rapport de capture, de saisie par l'image de l'autre. Dans ce type de relation narcissique à l'autre (que Lacan désigne comme ce qui se trouve être à la base de la tension agressive), il y a toujours pour le sujet une sorte d'ambiguïté et d'instabilité fondamentale, comme si à certains moments d'une expérience avec l'autre il se trouvait mis en demeure de choisir : ou lui ou moi. La fonction de maîtrise se trouve ainsi frappée d'un équilibre éminemment instable. Nous sommes toujours confrontés à quelque chose de cet ordre lorsque nous mettons l'adolescent à l'épreuve de ce que nous nommons réalité. Nous en saisissons, comme un effet, les défenses du sujet : et ce que ces défenses voilent au dernier terme, c'est la mort (dont la pulsion est toujours à l'œuvre là où le désir est en jeu). C'est bien pourquoi seule une référence à une dimension tierce (ainsi le travail, mais seulement lorsqu'il joue comme médiateur dans le rapport à l'autre) peut aider à sortir le sujet d'une lutte spéculaire présente dans toute tension agressive.

Proposer quoi ? Fonction de l'imaginaire.

L'adolescent traque notre position idéologique : il lui manque de pouvoir servir une cause. Mais « servir une cause » ne peut prendre qu'au niveau de la vocation d'un pays : dans la mesure où la vocation d'un pays est, comme le dit Jacques, « chacun pour soi dans le brigandage », proposer un idéal, c'est « pas sérieux ». La réalité de Jacques, Pierre et Paul est l'image d'un banditisme politique dans laquelle ils baignent. Que les éducateurs veuillent y opposer le rêve d'une société meilleure, plus juste, c'est bon pour les boy-scouts. Les enfants veulent du sérieux. C'est ce qu'ils nous laissent parfois entendre. Le discours collectif (radio, télé) dans lequel ils se trouvent pris les maintient trop souvent dans un pur affrontement imaginaire dont la seule issue est la violence : le sérieux qu'ils revendiquent n'est dès lors rien d'autre que le reflet ou l'ombre de ce qu'ils désignent comme « brigandage » chez l'adulte [1].

Le système scolaire comme le travail professionnel perdent leur sens quand ils deviennent une fin en soi, coupés de toute possibilité de dépassement. Un enfant d'ouvrier risque de ressentir la réussite comme une trahison contre les intérêts de la classe à laquelle il appartient ; et

1. « L'éducation » consisterait-elle à rendre les enfants tolérants au « brigandage » ? Cela pose de redoutables problèmes...

« révolutionner », selon les termes d'Althusser, « l'instinct de classe » de l'enfant de bourgeois suppose une éthique. Elle surgit de la praxis ; encore faut-il que les effets en soient repris dans le discours collectif par lequel l'enfant est tenu.

L'enseignement ne se soucie plus aujourd'hui que de garantir la reproduction de rôles ; mais l'étudiant n'est même plus assuré de devenir un cadre[1]. La promesse des enseignants (les diplômes) devient ainsi de moins en moins crédible. Les jeunes ne recherchent d'ailleurs pas tant la promotion sociale qu'une raison de vivre — que nous sommes de plus en plus impuissants à pouvoir leur offrir. Le discours dans lequel les jeunes se trouvent pris est un discours vide de tout contenu spirituel. (En 1867 déjà, Marx constatait que la vie des hommes tendait de plus en plus à ressembler à l'univers des choses. Une transformation n'est possible, disait-il, que si les individus ont en main la production et le droit de participer réellement à la vie politique de leur pays. Or, ils sont coupés de l'une comme de l'autre. Dès l'enfance, on apprend à l'individu à remettre son sort entre les mains de plus qualifiés que lui. Ce qui a fait dire à Lénine[2] que l'enseignement a-politique ou non politique est une hypocrisie bourgeoise destinée à duper les masses.)

Tout l'effort de l'administration consiste généralement à tenir l'enfant à l'écart de ce qui pourrait l'intéresser dans la vie réelle : l'organisation des hôpitaux de jour et centres de « soins » divers est faite pour masquer le champ de la réalité sociale. Ainsi des enfants « soignés » dès l'âge de onze ans dans le circuit de l'école parallèle (hôpitaux de jour) se retrouvent-ils parfois à seize ans définitivement a-sociaux et pervers, pour avoir reçu précocement une chimiothérapie massive à la place de toute éducation. « Vous croyez aux examens, nous à l'éducation. » Ainsi s'exprimait encore récemment le directeur d'une école anglaise (offrant enseignement à la carte, travaux agricoles, etc.). « Rien de plus dangereux pour les autres (nous disait

1. Rossana Rossanda, *Il Manifesto,* éd. du Seuil, 1970.
2. Lénine, *Œuvres,* t. III, p. 490, éd. du Progrès, Moscou.

encore cet homme) qu'un être chez qui on a tué toute envie et éteint toute imagination. »

Les enfants (mais aussi les adultes) dits « handicapés » sont plus exposés encore que les « normaux » à se trouver pris dans un système dans lequel la parole est muselée — la répression subie par l'adulte ayant toujours des effets au niveau de l'enfant (dans le symptôme mis en place).

Que se passe-t-il, inversement, quand l'idéologie n'a pas d'effets de mort ? Ce qui étonne les étrangers à Bonneuil, c'est le calme qui y règne.

« Comment faites-vous pour que le parasitage soit absent ? » est la question que l'on nous pose encore.

Or, le désir de parasiter n'existe pas dès l'instant où le psychotique trouve à faire coïncider son désir (délire) avec une réalité sociale (fût-ce la cuisine, le bricolage, ou la mécanique), dans un rapport avec le monde extérieur. Dans les cas où cela n'est pas possible, il faut qu'une dimension de fuite dans l'imaginaire ou le réel (fugues) puisse être introduite (c'est l'intrusion de l'adulte dans le monde de l'autiste qui empêche ce dernier de quitter son univers de surdité sécurisante).

Proscrire l'imaginaire, c'est créer une situation où le délire aura désormais à se déployer dans le réel. S'il est vrai que l'on entretient une inadaptation au réel en favorisant le monde de la représentation au détriment de celui de la production, il est non moins vrai que la réalité du travail n'est désirée qu'à partir d'un contexte où quelque chose peut aussi se dire et se jouer sur une Autre scène (de théâtre). Certains voudraient détruire les scènes de théâtre au profit de l'usine ; ils oublient que le malaise de notre époque est également lié à l'accroissement de l'anonymat (et à la concentration administrative). Les adolescents psychotiques ont à certains moments besoin de fuir les institutions conçues pour eux parce qu'ils recherchent dans le réel un dépaysement que, sur le plan imaginaire, ils n'arrivent plus à trouver. Il leur faut parfois pouvoir se réconcilier d'abord avec les cailloux (dans un lieu « déshabité »), avant d'avoir accès à un monde où les mains, jusque-là habituées à détruire, auront enfin envie de produire.

L'enfant (mais aussi l'adulte) dit « handicapé » est un être plus qu'aucun autre en danger d'être colonisé. L'internat augmente le risque de « colonisation », en aggravant les effets de la ségrégation[1]. (Les maîtres ont à charge d'adapter l'enfant à ses « limites ». Tout concourt à créer et à maintenir la classe des « handicapés » — comme si la société en avait besoin.)

De là que la formule de l'internat a très vite été abandonnée à Bonneuil, au profit d'une solution de familles d'accueil hébergeant le soir ceux qui ne peuvent retourner dans leur propre famille. Les enfants ont à tel point besoin de différents lieux que certains autistes se sont mis à parler pour signifier qu'ils étaient en *attente* qu'on vienne les chercher. Nous aurions souhaité pour les adolescents un hébergement dans des foyers de travailleurs (cela leur aurait permis d'échapper aux effets d'une cellule familiale réduite) ; mais l'administration s'y est opposée. L'administration se conduit, nous ne le répéterons jamais assez, comme une *mère de psychotique*, elle freine toute innovation. Un pouvoir technocratique a pris la place d'un discours scientifique.

Nous avons pu mesurer (lors de la publication de notre « Lettre ouverte aux ministres ») la solidarité du public dans les problèmes qui nous concernaient (refus de l'administration de laisser aux adolescents le droit de continuer à effectuer des stages dans le monde du travail). Nous nous sentons tous concernés (écrivent enseignants, médecins, psychologues, parents) par le problème de la prolongation de l'âge scolaire[2]. Toute une catégorie d'enfants souhaite-

1. Il n'est pas inutile de rappeler ici (cf. Ph. Ariès, *L'Enfant et la Vie familiale,* éd. Plon) qu'au XVIe siècle les écoliers vivaient chez les bourgeois de la ville une vie d'*adultes célibataires.* Ce n'est qu'au XVIIIe siècle que s'est développée l'idée d'internat. La visée de l'internat était ségrégative, il s'agissait d'enfermer l'enfant dans le monde de l'enfance. L'internat avait à former les enfants dont la société avait besoin. Au XIXe siècle, c'est la famille conjugale réduite qui a pris le relais de l'encadrement moral en usage dans les collèges.

2. « Ce qui me frappe, nous écrit un enseignant, c'est qu'après un ou deux ans de scolarité chez nous, ces enfants (“ normaux ”) sont considérablement plus “ abrutis ” qu'ils l'étaient à leur arrivée. Il me

rait recevoir une formation professionnelle précoce sur les lieux mêmes du travail.

Le refus de l'école est, paradoxalement, pour certains adolescents le refus de demeurer prisonniers d'une situation où l'on n'apprend rien de ce qui serait utile dans la vie. Les enfants emmagasinent les connaissances hors de l'école ; à l'école, ils apprennent à se tenir dans les rails d'une domestication (l'enfant est conditionné à « s'adapter à ses limites », il n'est pas aidé à faire éclater ces prétendues limites). Mais toute éducation extra-scolaire, comme le montre Illich, devient atteinte à la légalité : « Les écoles endoctrinent l'enfant pour qu'il accepte le système politique que les enseignants représentent, bien que l'on s'empresse de proclamer que l'enseignement est a-politique. »

Aujourd'hui les jeunes rejettent l'endoctrinement et réclament des raisons de vivre. Toute la conception de l'éducation serait à revoir. Mais toucher à ce problème, c'est porter atteinte à une véritable religion. Il est pourtant difficile de faire œuvre d'innovation sans toucher à l'institution scolaire, car c'est bien elle qui est en question (les aménagements intérieurs ne changeront rien au fond du problème). Cette situation rappelle, en bien des points, le contexte dans lequel les psychiatres institutionnels ont mené leur recherche en France : leur recherche s'est trouvée limitée dans la mesure où leur discours devait demeurer garant de l'institution (et de la psychiatrie). Toute une pratique s'en est trouvée pervertie : on s'oriente

---

semble évident que non seulement une scolarité normale ne leur apporte vraiment rien, mais encore que l'ensemble de leurs mécanismes psychologiques est déréglé. J'ai l'impression que pour ces enfants c'est le milieu " classe " qui est un milieu hostile... ils ne peuvent trouver de conditions favorables au développement de leur être qu'en faisant des choses vraies dans un ensemble d'activités qui ne soient pas senties comme artificielles, c'est-à-dire un atelier, un bureau (à l'extérieur)... Je suis persuadé que l'embrigadement sans discrimination à l'école jusqu'à seize ans est néfaste pour au moins 5 % des " normaux " ».

de plus en plus, à l'heure actuelle, vers une médicalisation abusive du non-médical [1].

Lieu de vie, lieu de formation.

Le travail effectué à Bonneuil, avec des cas de psychiatrie dite lourde (mais aussi avec des enfants « normaux » en révolte contre le « système ») ouvre un champ à toute une recherche dans le domaine de l'éducation. Loin d'être garante de l'institution, cette recherche vise à son éclatement.

Si à Bonneuil la psychanalyse nous donne des repères, elle n'est pas utilisée au niveau des techniques de psychothérapie. Il arrive que des enfants éprouvent le besoin de parler à un analyste : cela se passe toujours hors de l'école ; c'est hors de l'école aussi que l'un ou l'autre va chercher auprès d'un étudiant [2] une aide sur le plan scolaire. Ainsi

1. La dévalorisation du statut du psychologue (décret de décembre 1971) laisse préjuger de l'orientation idéologique que l'on compte donner à la recherche (des travaux essentiels comme ceux de Michel Foucault sont demeurés lettre morte pour l'administration, qui organise les « soins » et la « rééducation » selon les critères scientistes du siècle passé).

Le VIe Plan prévoit la mise en place de structures médico-répressives d'étranglement de tout le secteur de l'enfance. La notion du « handicap » a fini par gagner le monde du travail où un circuit spécialisé est mis en place pour prolonger les effets de la ségrégation scolaire.

2. Bruno et Nathalie Mannoni à l'époque où ils étaient encore étudiants. L'étudiant, que rien ne destine à l'enseignement « primaire », supporte aussi mal que son élève les contraintes du programme. Il lui arrive même de se demander par quelle grâce il a pu lui, étudiant bien noté, échapper à la « débilité » dont souffre son élève. N'est-ce pas, se demande-t-il, la seule façon pour l'enfant de résister à l'ennui (mortel) d'un programme vécu par l'élève (et son maître) comme totalement périmé et absurde ?

C'est l'élève qui lui donnera la réponse à sa question.

Un écolier qui, à quatorze ans, ne possède (malgré les multiples « rééducations » dont il a fait l'objet) qu'un niveau de 10e, ne s'ouvrira aux « problèmes » que si on lui donne d'abord le droit et les moyens de critiquer de façon radicale le savoir tel que nous le concevons. C'est

leur est donnée la possibilité d'amorcer hors de l'institution des transferts multiples, et d'échapper par là au piège que constitue toute institution (familiale, scolaire, etc.), lorsqu'elle a pour noyau l'enfant.

La plupart des adultes de Bonneuil ne sont pas en analyse, ils sont cependant remaniés par les effets d'un certain discours qui s'y tient [1]. Le rôle joué par Rose-Marie

---

de sa pratique (s'il a la possibilité de travailler chez l'artisan) qu'il fera surgir, de lui-même, les questions théoriques nécessaires à sa formation (ou à sa survie : le calcul du 12 % pour ne pas se faire « rouler »). La question qu'il ne manquera pas dès lors de passer est celle-ci : « Pourquoi faut-il tant d'années pour apprendre de façon compliquée ce qui est si simple ? Où est la mystification et à qui profite-t-elle ? » Ce genre de questions, il n'y a évidemment, me dira-t-on, que des enfants « débiles » ou « psychotiques » pour les poser...

1. C'est à travers son propre fantasme que chacun fait son entrée sur la scène d'une institution (même si celle-ci se donne comme anti-institution). Il faut savoir saisir la réalité de chacun (réalité soumise au principe du plaisir) dans son insistance répétitive, afin de pouvoir dégager la vérité du discours symptomatique qui se tient. Les adultes sont amenés à reproduire les luttes de fratrie sur la scène de l'institution, à y transposer leurs difficultés personnelles, voire à revendiquer inconsciemment des « soins ». Ce bain « psy » (le discours imaginaire présent dans toute institution), nous en cherchons le dégagement dans un rapport au travail et à la recherche. Un certain rapport au travail (pratique théorique) joue comme élément tiers et permet d'éviter les effets d'une pulsion de mort toujours présente là où le désir est en jeu. Lorsque les individus se trouvent piégés dans un nœud imaginaire de tensions, le rapport au savoir s'en trouve obturé ou perverti (on y trouve d'ailleurs le reflet de mécanismes existants chez l'enfant, mécanismes de défense qui reçoivent le nom de « blocage scolaire », « débilité », etc.). Il importe de préserver au-delà des personnes le sens d'un travail (qui ne doit pas avoir l'enfant « malade » pour unique aliment) et d'un message (qui n'a de sens qu'à dépasser les intérêts d'un groupe professionnel). La pluralité de réunions et de contacts avec l'extérieur (la rencontre d'autres soignants avec Lefort, d'autres étudiants avec Fedida) a permis d'échapper aux effets paralysants du cadre institutionnel.

Le refus de faire de Bonneuil le théâtre rogerien où se jouerait le drame de la « communication bloquée » des adultes a permis de transposer le pathologique à un autre niveau, celui d'un « faire » créateur, et d'échapper par là à la réification et au culte du symptôme (les effets d'une telle position se lisent au niveau du dynamisme des enfants, qui ne peut que se trouver bloqué si l'institution dite « éclatée » se transforme en micro-société sur le modèle de la famille,

et Yves Guérin a été important, ils ont toujours su trouver le mot juste dans les cas les plus graves. La formation professionnelle de l'un et de l'autre était des plus réduites, ils ont surtout eu la chance l'un et l'autre de ne pas avoir été déformés, ils se sont sentis d'emblée de plain-pied avec l'univers des enfants fous. Mis en position d'être responsables, ils ont su jouer le jeu très simplement [1].

---

véhiculant alors un même type de discours conflictuel et de secrets).

Les étudiants (qui, au fil des années, ont cessé d'être étudiants) ont toujours eu la pleine responsabilité de ce qu'ils avaient envie de créer. Un groupe stable est demeuré avec nous pendant près de quatre ans, avec des éléments de ce noyau d'autres Bonneuil devraient pouvoir être créés. Nous nous heurtons là à un problème économique et politique : ce type d'entreprise marginale ne peut être généralisé sans bouleverser les structures administratives qui nous régissent, et sans remettre en cause la gestion économique de l'institution, laquelle gestion ne peut (sans effet fâcheux) être maintenue hors du champ de l'analyse.

Les petits commerçants et artisans, mais aussi ceux qui mènent la gestion d'une institution sur le mode de l'exploitation familiale agricole (et qui se trouvent en fait en situation d'exploitation) ont tendance (dans la mesure où ne joue pas la conscience de classe) à ne souhaiter que des réformes limitées, dans une optique « chacun pour soi ». Les « baïonnettes idéologiques », comme le montre Lukacs, « viennent alors redoubler les baïonnettes réelles de l'État ». C'est tout un concept d'ordre qui se trouve intériorisé et dont l'effet sur les membres de l'équipe peut être vécu comme violence.

Les recherches menées par Simone Benhaïm font voir que le prétendu « vécu » dans une institution ne saurait se traduire en termes exclusivement psychologiques ou sociologiques. La vérité de ce que l'on désigne comme « vécu » renvoie à la réalité économique de l'institution, et cela d'autant plus lorsqu'il y a pression pour le soustraire au champ de recherche. Le discours « psy » ne peut alors que servir de caution à *ce qui doit être tenu caché*. C'est ce que l'administration attend du « psy ». S'il se rebiffe, on lui dit qu'il « sort de sa position d'analyste ». L'analyse serait-elle devenue de nos jours plus rassurante pour l'administration que les sciences économiques ?

1. Pour que la maison arrive à vivre avec un budget des plus réduits, Yves Guérin a dû cumuler les fonctions de chauffeur (levé dès 6 heures du matin pour le ramassage en car des enfants), d'éducateur, de jardinier, de menuisier, d'administrateur (chargé des relations avec toutes les instances administratives), Rose-Marie elle-même, pour faire face aux tracasseries administratives de la Sécurité sociale, a dû

Tout le problème de la formation se trouve du même coup posé[1]. La hiérarchisation administrative a pour principal effet d'empêcher les gens d'avoir accès au savoir – et cela n'est pas sans effet lorsque ces mêmes adultes ont des enfants en charge. L'adulte « adapté à ses limites » peut-il faire autrement que de maintenir l'enfant dans les limites qu'à son tour on lui trace ?

Le perfectionnement de structures administratives de plus en plus spécialisées et anonymes risque de rendre un jour impossible toute vie qui n'aurait pas été, au préalable, programmée par un ordinateur.

Enseignants, soignants, étudiants sont de plus en plus nombreux à vouloir réinventer un métier de plus en plus inadapté à la situation actuelle. Réinventer son métier signifie mettre en question les structures dans lesquelles nous sommes (avec les élèves et les patients) emprisonnés. Peut-être parce qu'il n'y a plus de quoi vivre dans notre travail à l'heure actuelle, des lieux d'accueil (opposés aux lieux de « soins ») tendent à naître en France, lieux en marge de l'établi, à partir desquels peuvent être réinterrogées les structures générales. Un jour, sans doute, cela fera

---

réduire à certains moments les fonctions qu'elle aimait (éducatrice) pour un travail stérile de bureaucratie administrative (travail dont dépendaient les « agréments », dont dépendait l'allocation versée directement par l'Aide sanitaire et sociale aux parents).

La somme de travail fourni a mis à un moment le couple dans une situation que l'on peut qualifier de persécutive : les exploités, c'étaient eux. Cette situation a pu susciter des critiques de la part de sociologues qui la comprenaient superficiellement.

Si le couple Guérin avait revendiqué quelque chose, ce n'aurait pas été de gagner plus, mais, une fois la sécurité assurée, une part égale dans le pur intérêt du travail lui-même. Or, les contraintes imposées par l'administration tendaient à aliéner Yves et Rose-Marie Guérin dans un travail de routine et leur donnaient, par moments, l'impression d'avoir leur vie confisquée par l'institution.

1. Les éducateurs peuvent-ils demeurer longtemps à l'abri d'une déformation liée à la fonction même d'éducateur ? Si oui, à quel prix ? Sinon, pourquoi ? Ces questions capitales ne peuvent être éludées, si on a pour souci de maintenir les conditions nécessaires d'une mise en question continue.

effet sur le politique, l'éducation, la psychiatrie et l'économie, supports d'une forme d'équilibre à laquelle nous sommes soumis[1].

1. Notre type de société est fondé sur une hyperspécialisation responsable d'une division du travail, d'une séparation des fonctions, et d'une hiérarchie de plus en plus cloisonnée. Pleins pouvoirs sont donnés aux technocrates qui (comme le note M. A. Macciocchi, *Tel Quel* 48/49) gèrent la société, là où il y aurait besoin de « compétence sociale » et de bouleversement des structures. Seule une rupture du processus actuel de cristallisation des structures bureaucratiques peut donner une nouvelle impulsion à l'invention, à l'enthousiasme des masses.

Comme le souligne encore Maria Antonietta Macciocchi, le problème n'est pas tant au niveau de la modification juridique d'une forme de propriété (passage de la propriété privée à l'État) qu'au niveau d'une réelle initiative donnée aux travailleurs dans un processus de production qui ne leur demeurerait pas étranger.

La mise en place de l'appareil administratif français dans le seul domaine de l'Éducation nationale et de la Santé met l'enseignant et le soignant à des postes d'irresponsabilité. L'illusion d'autonomie leur est donnée ; dans la réalité, toutes les issues sont bloquées. Dans le monde administré (comme dans les familles de psychotiques) se met en place un potentiel de violence.

IV

Recherches

Je voudrais qu'un livre ne se donne pas lui-même ce statut de texte auquel la pédagogie ou la critique sauront bien le réduire ; mais qu'il ait la désinvolture de se présenter comme discours : à la fois bataille et arme, stratégie et choc, lutte et trophée ou blessure, conjonctures et vestiges, rencontre irrégulière et scène répétable.

Michel FOUCAULT

7

Discours de l'institution et sujet du discours

PAR ROBERT LEFORT

Ce qui s'écrit et se dit sur l'institution[1] est animé, la plupart du temps, par un désir de la défendre (ou de la détruire), plutôt que par un souci de situer la place d'où ça parle : ce qui permettrait de mettre en évidence ce que l'institution cherche à forclore comme parole.

Nous chercherons à poser la question du discours de l'institution par un détour théorique, là où quelque chose est à dénoncer avant tout aménagement d'une pratique, bien que, comme le rappelle Michel Foucault, une théorie soit aussi une pratique, « mais locale, régionale, non totalisatrice ; lutte contre le pouvoir, lutte pour le faire apparaître et l'entamer là où il est le plus invisible et le plus insidieux ».

Le pouvoir de l'institution fausse toute démarche thérapeutique, comme on le voit dans les cas où les parents se trouvent conviés par l'institution même à s'associer à une réflexion sur la relation qui les lie à leurs enfants. Toute tentative d'élucidation se limite généralement à l'expression d'une rivalité entre institutions : la famille et l'IMP — et le pouvoir de ce dernier barre et invalide alors l'accès au savoir qui était visé. Le glissement se fait inconsciemment vers la question de l'exercice de ce pouvoir. Qu'elle soit faite de respect ou de révolte, l'attitude des parents est pleine de méfiance dans la mesure où ceux-ci se sentent exclus ; tout au plus peuvent-ils rêver de participer au pouvoir de l'institution en s'identifiant plus ou moins à elle,

1. Institution psychiatrique, scolaire, familiale ou psychanalytique.

puisque son pouvoir est celui qu'ils rêvaient d'exercer en tant qu'éducateurs de leurs enfants.

Dans ces conditions, le discours analytique a peu de chances de se soutenir ; les résistances qu'il rencontre sont au service du pouvoir et la psychanalyse se trouve ainsi mise au seul service d'un savoir. Si un analyste dans l'institution rétablit, en un colloque singulier, une part de vérité au niveau du sujet de l'inconscient, les effets de dévoilement qui s'ensuivent ne peuvent qu'entraîner des réactions du milieu institutionnel, réactions résorbées dans une demande de savoir sur l'autre, c'est-à-dire dans un vœu de « prendre le soigné comme objet d'étude ». Quels que soient les remaniements d'organisation ou de fonction, le collectif de l'institution considère généralement les psychothérapies individuelles ou de groupe comme un moyen de « savoir quelque chose sur le sujet » : cette information se trouve partagée lors des classiques « réunions de synthèse ». Vain savoir, qui perd à jamais (pour l'analyste dans sa praxis et pour le sujet dans sa recherche) le bénéfice du surgissement d'une parole, puisque cette parole meurt, aussitôt née, dans un discours qui en forclôt l'efficace au niveau psychologique, psychiatrique, voire nosographique. Quand nous disons cela à propos des IMP, n'oublions pas que l'institution familiale nous a, depuis longtemps, confrontés aux mêmes difficultés.

Dans l'institution familiale aussi, la demande de savoir exprimée par les parents (un savoir sur leur enfant) tend à éluder le vrai problème inconscient. C'est, par exemple, « l'enfant symptôme [1] », qui ne peut sortir de cette place sans remettre en cause tout l'équilibre familial ; ou encore l'arrêt de la psychothérapie d'un enfant, qui en est arrivé au point de se poser des questions sur le discours familial inconscient et la caution qu'il y apporte malgré lui.

Un cas particulier nous servira à illustrer ce qui se trouve éludé dans la demande de savoir, et ce qui, dans toute institution y compris la famille, s'articule entre cette demande et la vérité du sujet.

1. Cf. F. Dolto, *Le Cas Dominique,* éd. du Seuil, 1971.

Vincent est venu me consulter avec ses parents pour des troubles du comportement et des échecs scolaires. Ce qui le rend particulièrement difficile en classe est qu'il se présente toujours comme un enfant jouant à l'adulte : ce qui concerne sa vie d'enfant, jeux, relations, apprentissage scolaire, est toujours marqué par l'échec. Tout se passe comme s'il ne pouvait vivre à sa place d'enfant et de fils, mais se trouvait contraint à jouer le rôle d'un adulte, expression symptomatique d'un désir inconscient, qui n'est pas le sien. Son désir, il l'annonça d'emblée : « Ce qui m'intéresse, c'est ce qui s'est passé avant ma naissance ; je voudrais faire de la paléontologie. » Ce qui s'était passé avant sa naissance, c'était l'abandon de poste du grand-père paternel, qui avait abandonné sa famille alors que le père n'avait pas dix ans. Le père n'avait pu faire le deuil de son propre père, et appelait inconsciemment Vincent à cette place vide, l'aliénant dans une place d'adulte et, qui plus est, le voyant comme un raté... au même titre que son grand-père. Vincent se trouvait cerné dans une répétition au niveau même où l'inconscient apparaît comme le discours de l'Autre. Tel était le savoir de Vincent que, dès ce premier entretien, il fit entendre que son problème de comportement était bien peu de chose, une sorte de passe-temps servant à masquer la vraie question, celle de son père. Le père n'était pas sans vouloir en savoir quelque chose (comme c'est le cas chez les ascendants d'enfants psychotiques), mais il s'était débarrassé de sa propre question par un déplacement qui éjectait Vincent hors de sa place dans la lignée, mettant le fils à la place du grand-père. Curieux effet d'un savoir qui semblait surgir trop vite et affleurer si brutalement que Vincent ne put revenir, faisant une fugue le jour de la deuxième séance ; cette sorte de savoir avait fait que, à son insu si l'on peut dire, il avait abordé le débat essentiel, celui de la mort au niveau des générations, autrement dit la question du père mort.

Lacan a pointé là, et développé dans son enseignement, toute la clé de l'entrée du sujet dans le Symbolique, et cela dans la droite ligne de la démarche freudienne où le mythe du meurtre du père est central. Faut-il rappeler que, par le biais du signifiant qui le constitue, le sujet sort de ce débat inconscient marqué par la castration, ce qui lui permet d'accéder au désir ? Il faut le rappeler puisque c'est l'objet d'une méconnaissance – mais qui dit méconnaissance dit reconnaissance. Et le paradoxe de la vérité veut que c'est à la méconnaître au point de ne rien vouloir en savoir, que la castration revient dans le réel, ou que le délire vient à la place de ce dont on ne voulait rien savoir – ce qui est encore une forme de reconnaissance : car le délire n'est pas à la place de l'objet mais à celle du manque. L'homme ne court pas tant après un objet qu'après un manque qui sera le garant de son désir. Peu lui importe, alors, ce qui lui occasionne ce manque, autrement dit l'agent de sa castration. Si, théoriquement, c'est le père symbolique, d'autres représentants pourront venir jouer les agents de cette castration, en fonction même de la structure signifiante du sujet. Cela dit, il ne suffit pas d'identifier de façon simpliste, imaginaire, toute autorité, depuis le maître d'école jusqu'au ministre en passant par le gendarme, au « père symbolique ». Mais l'imaginaire, en gardant ses droits, permet au sujet d'exercer son agressivité, à propos des divers représentants de l'autorité, voire de théoriser quelque antiposition, et par là de mettre en acte ce qui est passé sous silence : la dimension symbolique du parricide.

Que la castration et la mort situent, à la limite, le sujet dans l'ordre du signifiant et soient la cause efficace de son discours, voilà qui est bien une limite où le sujet, à chaque instant, peut s'évanouir, n'être plus que le support d'une parole qui lui échappe, mais maintenu, bon gré mal gré, en cet inconfort, dans le champ même de son désir. Mais le désir est désir de signifiant, donc désir de castration, reste qu'il produit ses propres objets sur le plan imaginaire, car depuis que le miroir lui a renvoyé son image le sujet en reste définitivement marqué ; il sait, à la fois, et ne sait pas comment cette image fascinante n'a pu être dépassée et lui être rendue que par le canal du regard de l'Autre : point d'amarre qui le renvoie à être le signifiant du désir de l'Autre. Il peut l'être, on le sait, et s'y complaire, avec la complicité de l'Autre, au point qu'il peut y perdre son propre désir, comme l'obsessionnel qui construira sa névrose contre cette fermeture, ou comme le débile qui n'aura pas le matériau de cette construction, ou comme le schizophrène qui construira, contraint et forcé, en dehors du champ de l'Autre. C'est le discours du fou, dont la valeur a été appréciée soit comme nulle puisqu'en dehors de la raison et de la loi, soit « comme une parole de vérité » (Michel Foucault) – vérité de quoi ?

Ne serait-ce pas qu'au-delà du sens le discours de la folie, se repliant sur sa propre matière signifiante, émet des messages sur le code ? Le sujet y apparaît comme un pur signifiant, non sans un effet de dévoilement angoissant pour l'autre ; mais en même temps apparaît dans sa pureté la dimension du discours comme objet de désir, débarrassé des scories du sens, et restituant l'image d'un sujet au bord de quelque aphanisis[1] primordiale. Par ce biais la folie atteint à sa fonction de vérité ; mais insoutenable en tant que telle. Si, pour un court instant, l'énoncé peut venir au premier plan, la présence du sujet qui l'énonce a tôt fait de revenir et de recouvrir bruyamment l'énoncé par l'énonciation ; le discours cesse d'être un pur énoncé, pour redevenir le support d'une quête à se faire reconnaître, à se faire entendre au-delà de la raison. L'oscillation se poursuit ainsi entre les deux membres de l'opposition, à un niveau de structure, entre le discours-vérité, objet du désir insoutenable, et le discours-qui-s'énonce, mais qui manque dans la folie son but, faute d'être reconnu.

A quel niveau manque donc cette reconnaissance, sinon au niveau de ce qui est institué : c'est-à-dire de ce qui est l'objet d'une répétition, et qui peut toujours se répéter, quitte à éloigner à l'horizon sa dimension d'objet de désir ? Le discours sera ritualisé et pourra servir à la communication en même temps que celui qui le tiendra en tirera un pouvoir – Pouvoir de tenir en laisse la dimension radicale de la vérité, en empêchant qu'elle fasse irruption, en la soumettant à la répression. Est réprimé ce qui risque toujours d'apparaître, et que la folie aborde dans sa fonction de vérité : le statut du sujet dans son rapport au

1. Terme introduit par E. Jones : crainte de disparition du désir sexuel. (Cela peut amener le sujet à refuser la satisfaction afin de garder l'objet du désir. Dans le rapport au désir, *l'homme n'est pas vrai, la situation,* dit Lacan, *lui échappe*.)

signifiant – le fait qu'au-delà de l'image fascinante dans le miroir ou dans l'autre il y a du « rien » sans lequel le sujet serait ravi à lui-même, non sans horreur. Méconnaissance majeure dont l'institution est l'instrument et le support : on a enfermé le « rien » dans l'asile – enfermé dans sa manifestation la plus dévoilante, il n'en demeure pas moins à la charnière de l'énoncé et de l'énonciation pour tout sujet.

Ainsi, l'énoncé serait comme le discours fou, dans la mesure où la recherche contraignante de la vérité devrait aboutir à quelque objet dont la formulation serait indépendante de celui qui la formule – comme l'est le présupposé d'un discours scientifique. Mais n'y a-t-il pas là un leurre où l'on reconnaîtra sans peine une structure beaucoup moins désincarnée, celle du fantasme $\$ \diamond a$[1]. Quelque part existerait un tel objet, dont on sait qu'il ne comporte pas d'image spéculaire, et dont le degré de pureté serait tel qu'il ne devrait rien à tel ou tel sujet qui en ferait l'énonciation, en somme pur objet de désir sans Autre.

Cette limite n'est atteinte que dans le discours de la folie. Elle reste lointaine, mais toujours comme une tentation, dans le discours du névrosé ; en particulier chez l'obsessionnel, qui doit toujours se défendre d'être pris dans les rets de l'Autre et de sa jouissance. Il s'en défend par des mécanismes d'annulation du sujet de l'énonciation. Le prix de sa défense contre sa propre castration et contre la mort est, on le sait, l'impossibilité de rencontrer son propre désir. Il ne peut accepter la loi du père mort, comme si là encore l'énonciation, même virtuelle et mythique, était refusée au profit de l'énoncé d'un bien principiel, qui serait au-dessus de la loi et qui en serait la cause.

Ce Bien peut être l'objet d'un savoir, et la vérité supposée qu'il contient, le principe d'une volonté dont les supports seront les institutions. Si la loi, selon Lacan, est la même chose que le désir refoulé, l'institution est du côté du désir interdit et impossible ; dans le principe, le désir est un facteur de désordre qui va à l'encontre du but de l'institution, un ordre qui se veut un bien en soi quand on ne sait

1. Cf. ce graphe de Lacan, *Écrits,* p. 817.

plus qu'il y a du désir. Il en reste encore cependant, chez ceux qui prennent à cœur cet ordre et la défense de l'institution. Sade a poussé l'ironie jusqu'à dénoncer la loi qui fomente les tyrans, et vanter les institutions idéales comme la prostitution, l'inceste et même le meurtre, à ceci près que le Bien qui fonde la loi est remplacé par l'idée du Mal, l'Être suprême en méchanceté.

L'ironie est moins poussée, la méconnaissance plus grande quant à ce qui concerne nos institutions, instituts médico-pédagogiques et autres. Mais la pédagogie et la psychiatrie sont actuellement des champs où le débat institutionnel se poursuit, sans qu'on s'engage cependant trop loin dans la question des structures. On reste prudemment au niveau des contenus. Le réformisme a de l'avenir, et les législateurs travaillent beaucoup, non pas pour faire la loi, mais pour promulguer une institution totalisante, instrument du pouvoir. Il est vrai que tout ne va pas dans ce sens ; depuis toujours, mais surtout depuis les événements de Mai 1968, les choses s'orientent beaucoup plus vers la notion de contrat. Un contrat de progrès, par exemple, sur le plan général. Sur le plan institutionnel, ça ne serait plus l'institution qui ferait la loi, mais l'adhésion de ses membres au collectif. C'est l'introduction de la démocratie libérale dans l'institution, qui octroie le droit de vote à ses adhérents.

On parle, dès lors, de « libération de la parole » et de « droit à la parole » : c'est faire bon marché de la relation concrète qui s'établit entre le sujet et l'institution. Le sujet reste le débiteur parce que l'institution garde le pouvoir. Elle redistribue les places ; elle se veut bonne et aimante ; elle veut le Bien des sujets, et, comme le « droit à la parole » est devenu, avec la psychanalyse, un bien essentiel, elle s'organise de réunions en synthèses et en ateliers, pour que le sujet puisse s'y exprimer. Toute une pédagogie de la relation interpersonnelle s'y affirme — sous sa houlette. Si, auparavant, la « mauvaise institution » s'imposait aux sujets comme une autorité contraignante, maintenant, en leur renvoyant la question du discours à tenir, elle les met dans la position d'être responsables de son existence même : on peut tout dire, sauf parler contre l'institution et la rejeter.

En effet, on peut toujours dire à un sujet qui se montre agressif qu'il l'est contre lui-même, puisqu'il met l'institution en péril et que cette institution c'est la sienne ; c'est un peu comme si on lui disait qu'il va tuer sa mère, celle qui l'aime et qui veut son bien. Dans un IMP où le débat s'orientait vers une mise en question des rapports de la directrice avec l'institution, cette personne, non sans lucidité, réunit les enfants pour leur dire : « Vous me décevez, vous ne m'apportez plus rien. » Elle pointait là vraiment ce qui est attendu des sujets par l'institution : que par leur adhésion et leur discours ils la mettent à la place d'une mère puissante et bonne, qu'ils en soient satisfaits masochiquement, au sens fort du terme, puisque la culpabilité est le moteur d'une telle relation. Ainsi, affirmé en principe dès le début, le droit à la parole se retourne-t-il pour déboucher sur une parole aliénée au service de l'autre.

Il faut le dire, la situation n'a que trop tendance à se structurer de la sorte, dans une répétition dont la pente accélérée peut facilement donner bonne conscience et fournir la garantie d'une fausse vérité. Les sujets sont au service de toute institution à laquelle ils appartiennent, mais cela est encore plus manifeste dans une institution dite soignante. L'approche psychologique, la compréhension qui peut aller jusqu'à la séduction, les entretiens psychothérapiques par un thérapeute porteur, qu'il le veuille ou non, de la mystique institutionnelle renforcent les sujets dans la position inconsciente qui avait fait d'eux des caractériels, des débiles ou des psychotiques. Ils retrouvent la demande qui les a faits ce qu'ils sont. Dans son échec et sa déchirure la demande de l'institution soutient le désir inconscient d'avoir des sujets (les patients) pour soi : dans leur transfert, qui est répétition, les sujets se prêtent à ce jeu. Ce désir manque toute élucidation, dans la mesure où l'institution est confrontée à une question de vie ou de mort : son narcissisme serait en question, dont les sujets seraient l'enjeu. Dans ces conditions la situation transférentielle ne peut que se répéter sans fin, et l'investissement de la répétition en tant que telle peut mener les sujets prédisposés vers des positions sadiques et paranoïaques ; ce sont les « cas difficiles », dit l'institution. Alors ils sont exclus du jeu, puis de l'institution ; ce sont eux qui ne veulent pas reconnaître que l'autre détient leur vérité et leur bien, ils sont rejetés avant de rejeter, ils n'ont plus qu'à recommencer ailleurs un épisode identique.

Dans d'autres cas, la rencontre entre l'institution et les sujets peut engendrer des phénomènes de couple. En effet, si l'institution lâche difficilement les sujets qu'elle a pris, les sujets le lui rendent bien. Après avoir été branchés sur l'institution, les soignés sont faussement libres de choisir. Plus qu'un lieu auquel ils pourront toujours avoir recours, comme il leur est généralement dit à leur sortie, l'institution devient, à leur insu et à celui des soignants, un lieu de débat entre désir et demande, qui débouche souvent pour le déviant sur la demande d'être ré-interné, — il le demande explicitement, pour les cas les plus lucides, ou passe à l'acte pour y arriver.

A partir de là, nous devons nous interroger sur la place du discours de l'institution : ne participe-t-elle pas à la fois du discours obsessionnel dans son refus du risque de mort, et du discours pervers dans son fantasme ?

La parole elle-même se trouve déviée, dans un tel discours. Si dans la relation analytique tout se joue au niveau du sujet supposé savoir, c'est que le sujet supposé savoir ne sait rien en réalité de la vérité de l'autre qui parle, il n'est dans cette position que par un effet de transfert, et c'est la seule chance pour le sujet d'apprendre quelque chose sur soi. Il en va tout autrement dans le triangle institution-soignant-soigné. L'institution y est venue à la place de la loi, c'est-à-dire du désir, mais dans une perspective de désexualisation. Le soignant n'est plus seulement supposé savoir, mais il sait, il est fort de son savoir, et il est reconnu comme sachant par les soignés, ou par les parents des soignés, qui ont ainsi leur parole barrée. Comment en serait-il autrement, puisque la vérité est au lieu de l'Autre, à ceci près que cet Autre n'existe pas et que, dans ce cas, quelqu'un en usurpe la place ? Quelqu'un d'ailleurs pris lui-même au jeu — et ses rapports à la parole en sont perturbés. Mais qui dira si ce ne fut pas la cause du choix qu'il fit de cette place, avec ce qu'elle comporte de rapport au pouvoir et de son exercice par cette même parole ? La bascule dans l'Imaginaire est ici corrélative du système institutionnel. Les soignés sont faits pour l'institution et les soignants, et la parole qui se déverse là est l'instrument du pouvoir.

La présentification de l'objet ne s'inscrit plus sur fond d'absence, comme dans le registre symbolique, mais exclut cette absence, et l'objet (le patient, l'enfant) y est sollicité, — que ce soit pour son éducation ou son traitement — non pas d'un ailleurs, qui lui ouvrirait son propre champ, mais du champ même de l'institution, qui le réduit à n'être que pour-autrui. Dans un tel jeu, ce qui s'instaure au niveau du soigné n'est pas un sujet, mais un réel. Comment ne pas évoquer le rapport de l'enfant psychotique avec sa mère ? Il a fort peu de chances de trouver dans l'institution une autre perspective. Les rapports de la débilité avec la structure psychotique rendent compte aussi du peu de tendance que le débile montre à sortir de sa position, quand c'est celle-là même qu'il retrouve dans l'institution. Non pas qu'il n'y trouve rien d'autre ; il y trouve aussi un savoir qu'on lui propose d'acquérir ; s'il le fait, c'est avec une lenteur désespérante. Mais il ne manque pas de s'engager, au niveau de la désexualisation accrue de la situation, dans une relation privilégiée avec tel ou tel membre de l'équipe institutionnelle — relation « idéalisée », en miroir, capable d'alimenter ses fantasmes narcissiques mégalomaniaques.

Maud Mannoni a parlé, à ce propos, de « demande d'amour pervertie » ; il y a, en effet, perversion, dans la mesure où le sujet manque à se situer selon son pôle sexuel ; il ne fait que suivre là ce qui sous-tend le discours institutionnel, c'est-à-dire l'annulation du père dont l'institution prend la place, le renforcement des tabous sexuels, l'idéalisation des identifications en miroir ; les tendances homosexuelles y trouvent leur compte, dans des effets de capture qui sont les seuls permis par un tel discours.

Il y a, dans le discours institutionel, une forme qui s'apparente à la pensée magique ; c'est le vécu qui en décide, étant donné la relation duelle qui lie l'institution et le soignant d'un côté, le soigné de l'autre. Dans la visée thérapeutique ou pédagogique, la parole prend forme de commandement, fondée qu'elle est sur le savoir psychologique ; la méconnaissance du sujet en temps que tel en est la condition première.

Une telle analyse de l'institution montre toute l'entropie d'un tel système, si forte qu'il a tendance à se perpétuer et à se multiplier, car il fait jouer, au premier plan et exclusivement, une demande inconditionnelle : la demande d'amour. Comme si les déviants, selon une vue psychologique, avaient manqué d'amour et que, seule, la satisfaction de leur demande pouvait les sauver. La psychanalyse interrogée, trop influencée par le mythe de la frustration, ne s'est pas suffisamment centrée sur sa question propre : à savoir ce qu'est un sujet désirant. Elle n'a pas assez souligné la part qu'a l'institution dans le barrage du désir de ce sujet lorsque, comme on dit, elle le « prend en charge ». Seule, pourtant, la psychanalyse peut poser la vraie question, étant donné ce qui est en cause. Elle ne l'a pas fait ; les analystes ont été sollicités et récupérés par l'institution.

Les psychanalystes ont manqué d'articuler leur pratique avec le point de vue politique qui est celui de l'institution. Peut-être n'ont-ils rien voulu en savoir ; ce qui expliquerait l'irruption actuelle d'une politisation, s'accompagnant d'une mise en question partielle, partiale aussi, de la théorie psychanalytique. Peut-être aussi un objet comme l'inconscient, un mythe comme celui du meurtre du père, qui radicalisent la position psychanalytique, ont-ils de quoi susciter quelques résistances.

Il n'en demeure pas moins que l'apport politique peut soutenir et élargir des interprétations déjà psychanalytiquement fondées. Est-ce le cas, pour le problème institutionnel ?

Oui, dans la mesure où les institutions forment un tout dans un système politique et que dénoncer ce système passe forcément par ses institutions. Il y a une idéologie incontestable dans l'exclusion des sujets à l'intérieur des institutions soignantes, dans la clameur qui s'élève en faveur de l'autorité et de la hiérarchie, dans la responsabilité mise en avant pour masquer le pouvoir.

Cet état de fait semble actuellement se renforcer et s'accélérer dans toutes les institutions. Il ne peut que susciter une interrogation politique dont on a vu comment la psychanalyse, en posant la question du sujet, c'est-à-dire du sujet de l'inconscient, pouvait y tenir sa part — une part essentielle puisque, de par sa nature, elle peut élucider ce qu'il y a d'inconscient et de masque dans toute idéologie, bourgeoise ou autre.

Toutes les positions d'autorité et de hiérarchie qui se réfèrent au pouvoir sont non seulement des structures institutionnelles internes mais, surtout, des structures administratives — que ce soit conseils d'administration ou ministères. Je crois que personne ne le sait mieux et ne le dénonce plus que les psychiatres des hôpitaux. La grande machine administrative reçoit des critiques unanimes, mais on devrait s'étonner que les principes directeurs soient les mêmes dans les conseils d'administration d'institutions privées si, justement, il ne s'agissait pas d'une seule et même idéologie.

Nous sommes ainsi toujours ramenés au lien entre institution et idéologie : comme si les institutions étaient, avant tout, la mise en acte d'une idéologie. Celle qui a cours actuellement se fonde sur la défense de l'autorité et de la hiérarchie affirmées comme des principes. Si nous posons alors la question de ces principes en tant que tels, nous sommes renvoyés à ce qui est méconnu, à ce qui fonde dans l'inconscient une telle position de principe — et là se rappelle à nous la question du père et de son autorité, qui nous renvoie au complexe central de castration.

Mais, si c'est là l'enseignement de la théorie psychanalytique, il ne faut pas oublier qu'elle s'est constituée au départ et s'est développée à partir de « ratés » : névroses, psychoses, perversions ; elle en garde beaucoup de traces, tout particulièrement sur cette question du père, tant dans ce qui peut en être appréhendé par nos contemporains que dans le milieu analytique. Lacan a souligné le registre dans lequel se dialectisait le débat, le registre symbolique, et le canal de ce débat, inconscient, le signifiant. C'est le signifiant qui représente le sujet dans un monde de signifiants où le père est représenté par « le nom du père » ; la perte du sujet par son entrée dans cet ordre est la castration. Que le père en question soit le père symbolique, le père mort représenté par le nom du père, voilà ce dont chaque analyste, à son propre niveau et dans sa praxis, connaît l'atermoiement souvent interminable. Le père idéal du névrosé ou le père réel du psychotique occupent toute la place ; le père idéal, en tant que fantasme, est porteur de l'autorité et, à ce titre, peut être au centre d'une idéologie partant de ce seul et même point commun. Ayant mis la fonction du père au premier plan, la psychanalyse a pu, dans un glissement vers un père idéalisé sur le plan imaginaire, voire vers un père « réalisé », tenter d'expliquer trop facilement certains mouvements de révolte ; elle prêtait le flanc à d'autres attaques, en apparaissant comme le soutien d'un tel père détenteur de l'autorité.

Qui dira ce dont il s'agit, à l'énoncé d'une position de défense ou d'attaque : le désir de défendre la figure paternelle, dont l'insuffisance fait boiter l'identification du sujet et le renvoie à son « manque-à-être », contre lequel il se défend ; ou encore : une attaque contre le père comme responsable d'une castration maternelle insoutenable, de la menace de quoi le sujet se défend à son propre endroit ? Simple indication, dans les deux cas, du mouvement qui est en cause dans le symptôme névrotique, mais qui peut trouver sa systématisation exemplaire dans la perversion sadique ou masochique.

Pour en revenir aux positions administratives et aux conseils d'administration dont nous sommes partis, comment ne pas entendre, de la place du psychanalyste, que ces principes affirmés ne sont que le masque de désirs inconscients personnels ? Par exemple, dans telle institution, un groupe d'éducateurs fait un effort de réflexion pour couper court à un certain type de relation qui lie la directrice et les enfants, étiquetés débiles, dont le symptôme dominant est l'inappétence scolaire. Cette relation est la répétition de la relation mère-enfant que les éducateurs eux-mêmes ont connue, au moins sur le fond, c'est-à-dire qu'ils n'existent que pour autrui et ne répondent qu'à l'appel du « manque-à-être » de l'autre.

Jusqu'à l'arrivée de ce nouveau groupe d'éducateurs et d'instituteurs qui faisaient cet effort de réflexion sur la relation intersubjective, les éducateurs qui les avaient précédés s'étaient mis, peu ou prou, à l'unisson des enfants. Ils avaient subi, dans l'esprit de l'institution, des manipulations telles qu'à chaque instant ils étaient dépossédés de leur propre parole, et réduits à des activités occupationnelles, nombreuses et variées d'ailleurs, qui donnaient une certaine image très active de l'institution. Un minimum de prise de conscience de ces éducateurs entraînait leur départ fréquent et peu d'entre eux restaient plus d'un an, sinon moins.

La situation nouvelle créée par la mise en question de la relation entre les adultes et les enfants déboucha sur un état de tension et de malaise entre ces éducateurs et la directrice, qui alla jusqu'à mettre en question la vie même de l'institution. L'institution, en la personne de la directrice, faisait une dépression ; elle avait perdu son objet symptôme.

Les analystes, jusque-là sollicités, comme c'est la règle dans les institutions, au niveau d'une fonction thérapeutique pour les enfants, prirent une place de référent dans le débat du groupe des adultes. L'agressivité qui s'était déployée tomba progressivement, au fur et à mesure que s'affirmait et se découvrait une nouvelle perspective. Mais un rebondissement ne se fit pas attendre : le conseil d'administration, après quelques manœuvres plus ou moins claires, passa à l'acte et remercia éducateurs et instituteurs, en se fondant plus sur des craintes imaginaires et un fantasme que sur des faits. Le principe invoqué explicitement était l'intangibilité de la directrice. Les analystes, jusque-là considérés comme apportant la caution de leur spécialité, devenaient les complices d'une déviation « gauchisante ». L'argument politique servait à masquer le lien particulier et fantasmatique du conseil d'administration et de la directrice. Toute évolution s'avérait impossible, puisque le discours se situait sur un plan idéologique qui masquait le vrai rapport inconscient à une image idéalisée.

Cet exemple, succinctement résumé, peut donner quelque idée du réseau complexe des motivations en cause. En tout cas, et c'est ce que nous avons voulu souligner, porter le débat d'un côté ou de l'autre, c'est-à-dire du côté idéologique institutionnel comme il se pose le plus souvent, ou du côté analytique, reste insuffisant. Du premier côté, en effet, les résistances ont beau jeu de s'appuyer sur un type de société ; ce qui peut les entamer ressort du combat politique. Quant au second point, c'est toute la question du traitement de l'institution qui est en cause. Je ne pense pas que la structure de symptôme qui est celle de l'institution permette quelque abord thérapeutique, puisque rien de cet ordre n'est demandé à l'analyste. On lui demande plutôt, dans une certaine perspective perverse, sa complicité.

Pour nous, quelque chose se ferme dans le champ de l'institution dont la fonction est de conserver et de reproduire, de répéter. L'expérience de Bonneuil montre qu'à se centrer différemment les buts inconscients qui sont à la base d'une institution ne sont plus des « symptômes à traiter », l'institution ne devient plus l'objet premier, les sujets y reviennent au premier plan.

Maud Mannoni développe, par ailleurs, la notion d'*Institution éclatée*, c'est-à-dire, pour reprendre ses termes : « Un lieu de repli à une vie dont l'essentiel se déroule ailleurs, dans un travail ou un projet à l'extérieur. » C'est là une visée qui lève le symptôme majeur de l'institution : elle prend le risque de mort, elle peut être rejetée, elle n'est qu'un élément dans la dialectique du sujet qui se constitue. Plus encore, elle peut devenir le lieu où se dénoue le lien pathologique qui verrouillait le sujet, le maintenait dans la névrose, ou le poussait, dans l'impasse où il était, vers une reconstruction psychotique. Dans le blanc non symbolisé d'une relation primordiale, le délire menaçait avec ses certitudes : sauf à ce que cette relation soit reprise transférentiellement et que la réponse qui y soit donnée soit autre qu'une présence réelle et qu'une demande.

Nous reprendrons ici, pour finir, le cas de Jacques [1], en donnant l'essentiel de ce qu'il développa pendant plusieurs

1. Cf. chap. 4, « Folie, mise en scène et jeux de langage ».

mois au cours de séances hebdomadaires avec moi en dehors du lieu institutionnel. C'est sur sa propre demande qu'il était venu me voir [1] et il montra comment, dans son discours, il pouvait mener son débat librement, parce qu'il n'avait reçu à aucun moment de réponse, ni répressive, ni adaptative.

Il a pu développer ainsi le fantasme d'être tout-puissant sous la forme d'un colonel SS qui mettait toutes les femmes en camp de concentration, non pas pour en jouir mais pour rester entre hommes ; il déléguait la possession des femmes à des esclaves forts, des Turcs, et de cela il jouissait. Quant à lui, plutôt que de s'approcher d'une femme, il pensait s'adresser à un chirurgien, pour être châtré réellement.

Un jour, il se montra très anxieux de ce qu'il avait ressenti le dimanche qui précédait. Au cours d'une sortie avec ses parents, il avait rencontré un adolescent de son âge et une adolescente « blonde aux yeux bleus », enfants d'amis de ses parents. Selon le schéma qu'il annonçait dans son histoire précédente, il était parti avec le garçon et avait refusé que la jeune fille les accompagne, bien qu'elle l'eût proposé. A la séance suivante il jouait le désespéré, mais on ne savait pas, à l'entendre, si c'était parce qu'il devait renoncer à son système d'ostracisme envers les femmes, ou à cause de l'émoi dans lequel il était à propos de cette jeune fille et qui lui faisait regretter de s'être comporté « comme un idiot » ; il oscillait ainsi entre un vain durcissement de sa position antérieure et un attendrissement à la pensée qu'il pourrait la revoir. Cela le renvoyait à des questions bien attendues chez un adolescent dans son cas, mais qui étaient nouvelles pour lui, à savoir, dans l'anxiété du doute, s'il était capable de plaire. Son doute remplaçait le chirurgien.

1. Je ne fais que passer à l'école de Bonneuil ; j'y suis par contre très présent dans mon absence. Tantôt on se réfère à mon nom dans ce qui se dit à Bonneuil, tantôt un des enfants exprime le désir de venir me parler. Cette place que j'occupe constitue un relais privilégié, permettant l'expression du négatif envers l'institution, authentifiant ainsi ce qu'il y a de répétitif et de transférentiel. C'est une dimension qui est évidemment très atténuée, voire absente, lorsque l'analyste est à l'intérieur de l'institution et est identifié à elle par le sujet parlant : ce qui le fait s'adresser alors à une réalité le poussant sur le versant paranoïaque du discours.

Deux points sont à noter ici. En premier lieu, quelque chose de semblable avait pu venir au jour parce qu'on n'avait pas pris son discours délirant précédent comme sa vérité, ou qu'une dénégation n'y avait pas été apportée dans un but adaptatif et pédagogique. Plus encore, il n'avait pas été répondu, à Bonneuil, par un discours défensif à ses attaques identifiant le lieu institutionnel à un lieu de folie, à un camp de concentration, toutes appellations participant de ce qu'il disait des femmes. Toute défense de l'institution aurait répété vainement dans la réalité sa relation avec une image maternelle investie d'un terrible pouvoir, qu'il avait toujours évité d'aborder directement.

D'autre part, tout le savoir que nous pouvions avoir du cas de Jacques par le biais de la théorie ne pouvait lui servir à rien si n'était pas préservée, dans la situation concrète, sa chance à lui d'avoir accès à ce savoir sur son désir. Notre savoir théorique pouvait concerner son délire ; en faire état pouvait l'authentifier comme sa vérité au lieu de l'Autre ; seule une situation définie dans le champ analytique pouvait permettre à Jacques d'accéder, dans le transfert, à un savoir sur lui, différent de notre savoir et dont nous ne pouvions être que le garant.

Là est le point essentiel de divorce entre le discours institutionnel et le discours analytique. Si l'institution ne se veut pas, dans une perspective d'effacement, comme le relais transférentiel avec l'extérieur, elle devient abusive. Comment réformer l'institution dans ces conditions si, pour ce faire, il faut la priver de son discours-symptôme ? Peut-être ne ferait-on alors qu'agir sur le même mode envers elle que celui dont elle use envers ses sujets. Ne serait-ce pas tomber dans une institution au second degré ? Ce qu'il faut, c'est ne pas perdre de vue la structure du sujet parlant ; sauvegarder la chance qu'il a d'acquérir un savoir sur lui-même, c'est-à-dire sur son désir inconscient ; ne pas répéter dans la réalité ce qui a fait de lui un déviant — on pourrait dire aussi un adapté. Dans ces conditions, les institutions doivent être remplacées par des lieux en rupture, ouverts sur l'extérieur. Bonneuil en est une tentative.

Qui dira s'il n'y a pas là la chance d'un vrai discours révolutionnaire, qui est en même temps action ?

8

De la formation *

PAR FRANÇOISE PETITOT FORT
ET DES COLLABORATEURS

Les pages qui suivent se donnent comme un témoignage.

Bonneuil a accueilli pendant quatre ans un groupe d'étudiants. Qu'est-il advenu d'eux au cours de cette forme très particulière de rencontre avec l'enfant psychotique ? Les pages qu'on va lire s'efforcent de le traduire. Ce qui est dit ou entr'aperçu là déborde pourtant ce que les uns et les autres peuvent déjà en saisir consciemment. Françoise Petitot Fort et ses camarades nous livrent ce en quoi chacun, à un moment donné, s'est trouvé perdu. Et la maîtrise de ce qui s'est trouvé perdu, on ne peut la posséder que si déjà on se trouve ailleurs. Ceux qui ont pu ne pas demeurer piégés dans le seul Imaginaire de l'institution se sont découvert un désir d'être autre chose que ce pour quoi ils avaient été appelés à venir à Bonneuil, comme individus. Le « je » énoncé dans la conscience surgit d'ailleurs.

Dans la mesure où l'analyse n'a pas été récupérée à Bonneuil dans une quelconque technique de psychothérapie (collective ou individuelle), quelque chose de l'ordre de la dimension analytique s'y est trouvé comme préservé. La passion pour une recherche a joué comme un élément tiers, imposant au « vécu » de chacun sa cohérence et son dynamisme propre : l'ordre symbolique est venu réordonner la trame d'un « vécu ».

Certains ont trouvé à Bonneuil de quoi transformer ce qui, dans leur propre parole, se trouvait en impasse au niveau du message. Ici va se donner à entendre un sens *qui vient à un moment déborder les signes qui sont manipulés au niveau de chacun.*

M. M.

* Tous les prix mentionnés sont ceux en usage en 1973, date de la première édition de ce livre.

Il nous est apparu impossible qu'un travail sur Bonneuil paraisse sans contenir au moins un témoignage des « enseignés » et une tentative pour interroger la notion même de formation.

École expérimentale, après tout, Bonneuil l'est à plusieurs titres, pour les adultes comme pour les enfants, puisqu'il se présente comme lieu de formation où, en échange de notre travail, nous est donnée la possibilité d'être « formés », de participer à une recherche et d'y mener la nôtre, en principe prévue comme partie d'un cursus universitaire. Telle est, en quelque sorte, la base de départ.

Le texte que voici a été préparé dans des réunions de travail (avec parfois des participants venus de l'extérieur), au cours desquelles est apparue une grande difficulté à parler de Bonneuil sous l'angle de la formation : beaucoup d'entre nous, encore très impliqués dans leur relation à ce lieu et aux personnes qui s'y trouvent, rencontraient des obstacles (et peut-être peu de désir) à rendre compte d'une telle « formation », comme si, à poser la question, était posée celle d'un programme ou d'un projet clos en quelque sorte, alors que nous n'avions en fait que des interrogations.

Il est d'ailleurs remarquable qu'un travail de recherche, au sens où actuellement on l'entend dans le cursus universitaire, ait présenté de grandes difficultés pour la plupart des stagiaires, et que ce qu'on pourrait appeler la « production » ait été relativement faible par rapport à ce que nous étions supposés fournir. Devant les impasses rencontrées dans l'élaboration de tels textes on peut se demander si, par-delà la difficulté d'un « rendu » dans le circuit institutionnel, ce qui se déroulait à Bonneuil n'était pas tel qu'il exigeât, en quelque sorte, la « suspension » de tout travail de type universitaire, voire d'une « recherche », au sens que prenait le mot alors pour nous[1].

1. A prendre la recherche à l'intérieur du cursus universitaire, on peut se demander ce qu'il advient d'un questionnement véritable : car, du moins dans le cadre des sciences humaines, il ne suit pas obligatoirement le rythme universitaire. Un certain travail théorique d'allure scolaire doit peut-être se voir suspendu pour que puisse exister une recherche réelle, et non une élaboration abstraite.

Écrit dans de pareilles conditions, ce texte-ci est un témoignage qui, comme on dit, n'engage que son auteur et ne saurait rendre compte des positions de tous les stagiaires. Peut-être même certains ne s'y reconnaîtront-ils pas. Mais est-il nécessaire d'être « objectif » et « exhaustif » pour tenter, de la position et dans l'ignorance qui sont nôtres, d'interroger ce qu'il est convenu d'appeler la formation du personnel soignant et éducatif ?

« Après Bonneuil, disait une stagiaire, on ne peut plus exister de la même façon. On ne peut pas rester ailleurs, toutes les autres institutions sont invivables. »

Si cette phrase pointe le risque pour Bonneuil de s'affirmer comme lieu privilégié, idéal, dont on ne pourrait sortir tellement on s'y trouve bien, elle indique peut-être aussi à quel point nous nous trouvions concernés sur un autre plan que celui de notre statut d'étudiants ou de stagiaires. A lire ce livre m'apparaît maintenant *la parenté entre les stagiaires et les enfants* ; et sans doute est-ce pour cela même qu'il faut tenter que quelque chose soit dit. On souhaite que les « fous » parlent enfin de leurs asiles ; de même peut-on attendre des « enseignés » qu'ils parlent de leur formation, avant d'être devenus à leur tour des « enseignants », c'est-à-dire avant d'être passés du côté de la barrière qui donne « droit à la parole ». Précisément : ce « droit à la parole » qui, dans notre système, appartient au « pouvoir » et à « ceux qui savent », quelle rupture n'était-ce pas pour nous, non seulement de le recevoir, mais d'être en quelque sorte sommés de le prendre[1] !

Cela ne rendait pas les choses plus faciles pour autant, « déformés » comme nous l'étions par notre scolarité, et interpellés comme nous l'étions par la situation que nous vivions avec les enfants. Lâchés frais émoulus de la Faculté (mais aurait-ce été différent si nous avions eu quelque temps de pratique psychiatrique traditionnelle ? les réac-

1. Certain candidat stagiaire n'a-t-il pas été, pour appuyer sa candidature, jusqu'à promettre de se taire... montrant par là sa « bonne volonté » à respecter la hiérarchie du savoir (ses maîtres lui avaient fait comprendre que, n'étant pas psychanalyste, il ne pourrait que « traumatiser » des enfants en usant de cette « arme » qu'est la parole).

tions de certains stagiaires « de passage » nous laissent supposer le contraire) ; sans aucune fonction au milieu des enfants, sans rôle, sans « blouse blanche », sans « tests », sans rien à faire de « technique », uniquement là pour vivre avec eux. Pas de dossiers, aucune « information » sur les enfants comme celles qu'on donne dans des réunions dites de synthèse... l'impression pour moi, la première fois, d'étouffer, l'envie de sortir, de fuir, et l'angoisse créée par la ville de Bonneuil, par Créteil, par cette banlieue concentrationnaire... et toujours des enfants qui sans cesse vous questionnent au cœur même de vos propres difficultés, et tout ce qui peut à tout moment arriver de partout, les coups, la merde, les mots ; tels sont les souvenirs de mes premiers mois à Bonneuil. Et la phrase que j'employais alors : « Mon corps n'est pas ton corps », dite et redite sans cesse, au-delà même du nécessaire, comme si nous nous sentions en quelque sorte si « atteints » que nous avions besoin de définir notre territoire et ses limites, que nous voulions préserver. Et l'impression de ne rien comprendre, de ne rien savoir, de ne rien « maîtriser ». Impossible de projeter là notre savoir universitaire, nos quelques connaissances de pathologie, ou nos quelques notions sur la psychanalyse : tout allait toujours trop vite, tout était imprévu, et quand quelque chose semblait enfin à peu près assimilé, digéré, voici que d'ailleurs une autre interpellation surgissait. Accepter d'être mis en cause par la folie, la recevoir, c'était en quelque sorte la condition même de notre stage.

Nous étions à Bonneuil pour mener une recherche, mais aussi pour « faire tourner » la maison : payés en formation, non en argent [1], il nous était en même temps demandé

1. Le non-paiement des stagiaires a posé de nombreux problèmes. Hormis les fantasmes d'exploitation que nous avons pu voir surgir, il amène la question de ce *en* quoi on est payé (quel plaisir on y prend comme a demandé un des enfants : question que les stagiaires eux-mêmes ne peuvent éviter de se poser). Il introduit aussi la question de la généralisation de telles expériences : une école comme Bonneuil ne peut fonctionner autrement qu'elle ne fait pour des raisons strictement financières. Si la Sécurité sociale peut se permettre de payer des prix de journée souvent voisins de 100 francs, il est hors de question de

d'oublier nos connaissances universitaires pour nous laisser précisément questionner par ce qui se disait et se passait là. La situation mise en place en ce lieu permettait aux enfants de dire leur « maladie » autrement que dans le symptôme asilaire : l'adulte, de son côté, était amené à abandonner toute prétention à la « maîtrise » et toute compulsion à vouloir tout savoir *sur* l'enfant. Quelque chose de nous avait d'abord à être perdu. Situation éprouvante au point qu'on peut se demander ce qui a permis de la supporter, de la prolonger, voire de la désirer.

La question posée à son insu par chaque stagiaire était certes différente de l'un à l'autre ; ce qui nous fut commun : la possibilité de la poser, de la reprendre, de la transformer. Un certain « désir de savoir » (mais quoi ?) fut le support de ma propre démarche ; une fascination pour ces enfants qui disaient ce que moi, « pauvre névrosée », ne pouvais dire, et qui me semblait si proche d'une vérité que je découvrais comme étant aussi la mienne. Les enfants posaient de façon juste des problèmes concernant la vie, la santé mentale, la politique, dans une dimension de vérité différente de ce que nous avions connu jusqu'alors. Mais, ce faisant, ils parlaient de notre propre insatisfaction scolaire, et dévoilaient ce que nous ne faisions souvent que ressentir confusément, ou ce que nous cherchions parfois à censurer. Le clivage n'apparaissait pas au niveau soignant/soigné : adultes et enfants étaient porteurs de contestations et de questionnements identiques[1]. Simplement, nous

---

demander de telles sommes aux parents. Mais se faire reconnaître par la Sécurité sociale serait accepter d'entrer dans la jungle de règlements qui justement empêchent le type d'expériences fait à Bonneuil. Cf. chap. 10 pour cette problématique de la reconnaissance par la Sécurité sociale.

1. Ces questions, ces contestations, nous pouvions les maintenir présentes, les discuter avec les enfants ; elles orientaient sans cesse notre travail. Nous n'étions pas — comme c'est si souvent le cas ailleurs — contraints de reporter notre interrogation dans des « lieux faits pour ça » (cellules politiques) : renvoi qui a pour effet de perpétuer un cloisonnement entre la technique supposée « neutre » et des engagements « politiques » qui modifient peu la pratique.

avions réussi une « adaptation » qu'ils refusaient, et sur laquelle ils nous interrogeaient.

Cette situation de grande insécurité, cette rupture avec notre formation antérieure (un savoir « sur » l'autre), cette nécessité d'avoir à inventer sans cesse ne furent pas sans produire quelque effet.

Éplucher les pommes de terre avec des enfants dont certains mangent les épluchures, faire de la peinture avec des enfants qui se gavent de couleur, faire ce qui, à ce moment-là, se définissait comme « expression corporelle » avec des enfants qui viennent chier sur vos genoux, participer à des jeux d'eau avec des enfants qui littéralement se vident dans le bassin, répondre à celui qui demande « ce qu'on vient faire là puisqu'on n'est pas payé pour ça, quel plaisir on y prend ? »... dans toutes ces situations où aucune réponse « pédagogique » n'était possible — les enfants en auraient cerné la « fausseté » et l'auraient démasquée —, qu'est-ce qui, de nous, répondait ?

Les enfants nous voulaient « non protégés », et c'est cela qu'il était difficile de vivre. Notre rapport au savoir (et à ce qui s'y oppose) avait comme support ce qui peut être appelé « transfert [1] ». Face à ces difficultés, nous aurions voulu, aux réunions hebdomadaires, parler de nous, de ce que cela nous faisait, ou parler des enfants. Certains d'entre nous furent avides d'accumuler des informations sur tel ou tel enfant, d'autres réclamèrent des réunions où seraient abordés les problèmes de fratrie et les rivalités des adultes entre eux. Que quelque chose, là, puisse nous échapper nous semblait intolérable. Pourtant aucune de ces demandes n'a jamais eu vraiment de suites. A une stagiaire qui s'en plaignait, un autre répondit : « Ailleurs on pose ces questions et ça n'avance pas. A Bonneuil on ne les pose pas et ça avance, alors ? »

Si les stagiaires de « passage » étaient étonnés par le

1. Il n'est pas inutile de rappeler ici que, pour Freud, le transfert est avant tout conçu comme *résistance.* Ce que reprend Lacan lorsqu'il indique que « le transfert est le moyen par où s'interdit la communication de l'inconscient » (Séminaire 1964 : *Les Quatre Concepts fondamentaux de la psychanalyse,* éd. du Seuil, 1973) [M. M.].

calme des enfants, ils le furent aussi bien souvent par le silence des adultes lors de leurs réunions hebdomadaires d'équipe, ou entre eux. Alors que la mode est à la « communication », à « l'expression », et qu'on fait même de communication et expression les critères du bon fonctionnement d'une institution, ce silence pose une question. Il n'était d'ailleurs pas toujours sans difficulté pour les stagiaires eux-mêmes. A un moment, nous avons nous-mêmes recréé une hiérarchie en rapport au discours qui se tenait ; il y avait ceux qui parlent (ou peuvent parler) et ceux qui ne parlent pas ; clivage qui en recouvrait dans notre fantasme un autre, entre ceux qui « savent » et ceux qui « ne savent pas ». Le discours du groupe ne se situait ni au niveau d'une approche dont l'enfant aurait été l'objet, ni à celui d'une dynamique entre adultes, mais à celui d'un essai pour théoriser une pratique. Prisonniers d'une formation antérieure (véhiculant l'idéologie technocratique d'une hiérarchie fondée sur le savoir), nous nous sommes trouvés confrontés aux difficultés d'appropriation de ce savoir. Ceux qui semblaient avoir la maîtrise d'un savoir étaient pour les autres, comme participant d'un certain pouvoir. Nous avons dû apprendre à nous situer par rapport à cette notion discutable du « savoir-pouvoir [1] » : par rapport à notre dépendance à l'égard de celui qui est censé le posséder, et par rapport à la domination dont nous nous sentons alors l'objet.

Nous avions du mal à admettre qu'un travail fécond ne peut s'opérer qu'à partir de l'analyse des échecs. Notre silence fut dans un premier temps pure protection contre le risque de laisser échapper à notre insu une « erreur [2] » qui

1. Ce qui nous fascine, ce sont des modèles qui, à l'instar des *modèles* publicitaires, nous apparaissent toujours comme « forts » et sans faille. Or, ce n'est qu'à partir d'une dimension de *manque* (à être) qu'un discours ayant quelque rapport au vrai peut se tenir. Tout discours qui tente de se formuler à partir d'une position de puissance est discours pédagogique au sens où l'on peut parfois qualifier ce dernier de « paranoïaque », comme on a vu avec les écrits du Dr Schreber [M. M.].

2. Cette crainte de « l'erreur », cette peur de « se tromper », participe évidemment du désir de tromper l'autre (et du vœu de faire envie en *donnant à voir* des performances intellectuelles) [M. M.].

dévoilerait un manque. Nous avions aussi tendance à réclamer une « direction juste », qui nous mette à l'abri de tout renversement dialectique. Cette position figée ne pouvait évidemment qu'être porteuse de mort, pour les enfants comme pour nous. Le rapport au savoir de chacun d'entre nous n'a trouvé à se modifier qu'à travers des remaniements successifs et douloureux. Peut-être avons-nous entrevu là ce que pourrait être une véritable attitude de « recherche ».

Alors, Bonneuil, lieu de formation ? Si Bonneuil n'est pas lieu de « soins », il n'est peut-être pas non plus un lieu de formation au sens habituellement donné à ce terme. Lors de réunions d'équipe, les stagiaires définirent Bonneuil comme un « lieu de vie [1] » pour eux aussi (certains y

1. A propos de la notion « lieu de vie » (si difficile à réaliser en France), il n'est pas inintéressant de rappeler ici l'expérience américaine de Browndale (cf. la thèse de médecine de Pierre Tuffet : *La Famille thérapeutique*). Quatre cents enfants (psychotiques, caractériels, inadaptés scolaires) sont accueillis à Browndale (Ohio) dans des « familles thérapeutiques » composées de très jeunes gens de dix-huit à vingt-cinq ans, venant d'horizons très divers (étudiants en rupture d'études, jeunes immigrants, éducateurs spécialisés insatisfaits) et ayant suivi en deux ans une formation qui comprend, entre autres choses, la psychothérapie de groupe. Des facilités leur sont données (à partir de l'autogestion de leur budget) pour qu'ils puissent mener une recherche personnelle et éventuellement entreprendre une analyse didactique. Les « familles thérapeutiques », auxquelles s'ajoutent des stagiaires ou du personnel de service et une équipe de nuit, accueillent deux à six enfants (hétérogènes quant à l'âge, au sexe, aux « troubles »). Elles vivent dans une maison ordinaire (achetée) au sein de la communauté normale. Elles disposent de leur budget propre, alimenté par le prix de journée (environ 200 F payés par le gouvernement au titre de l'Éducation et non de la Santé). Elles sont totalement maîtres de ce budget qu'elles peuvent organiser à leur gré et qui doit couvrir les frais de la maison.

Les enfants fréquentent l'école « normale » de la communauté. Pour ceux qui ne peuvent encore accéder à l'école, il existe l'école de Browndale (une ferme où les enfants élèvent des chevaux, les montent, construisent des pirogues, naviguent, pêchent, construisent des moteurs et pilotent...). Les « familles thérapeutiques » ne durent jamais plus de quatre ans, souvent moins : *on ne peut être parent à vie.* Les jeunes reprennent après ce temps leurs études, fondent un foyer, etc., mais peuvent continuer à travailler à différents titres dans le

trouvaient la dimension qu'on rencontre dans une analyse personnelle). Il y avait là, pour certains, et à propos de ce qu'ils y avaient vécu, quelque chose de l'ordre de l'incommunicable. Parler de Bonneuil comme lieu de formation (ou d'antiformation), nous amenait toujours à parler *d'ailleurs*, comme si la question n'était pas dans Bonneuil, mais plutôt dans ses rapports avec l'extérieur.

Bonneuil, lieu d'accueil ? Oui, autant pour les adultes que pour les enfants. Une possibilité était donnée de questionner sa formation, sa pratique, voire de réinventer son travail. Bonneuil nous a appris à nous trouver du côté des « fous » et des enfants dans la violence qui leur est quotidiennement faite. L'université, les écoles d'éducateurs apprennent aux étudiants à occuper un rôle bien défini qui correspond à l'image idéale que l'école et la famille se font de l'homme « équilibré » et « sain ».

---

centre (comme superviseurs, enseignants). La seule consigne pour chacun est de traiter les enfants comme s'ils étaient les siens.

Les « parents » font donc avec les enfants les courses, le ménage, la cuisine, les conduisent à l'école, etc. La psychothérapie est, pourrait-on dire, « diffuse », dans le sens où tous les événements de la vie quotidienne sont utilisés sur le mode alterné de régression au stade où s'originent les troubles et de rééducation à la vie. Les temps essentiels sont ceux du lever, du coucher et du repas. La thérapie se fait « à ciel ouvert », devant tout le monde, dans la salle de séjour aussi bien que dans la salle de bains. Une grande partie des traitements est d'ailleurs prise en charge par les enfants entre eux.

Il n'existe dans les familles aucun « spécialiste ». Chaque chef de famille possède cependant une liste de tous les spécialistes possibles (du plombier au psychanalyste) qu'il peut appeler à discrétion jour et nuit : c'est la banque de ressources. Ces spécialistes n'ont aucun pouvoir institutionnel, ils doivent conseiller les parents, leur communiquer leur savoir et travailler à leur propre disparition en tant que recours.

Les maisons sont regroupées par zones pour lesquelles existe un certain équipement, entre autres des « social workers » qui s'occupent des familles naturelles des enfants, chaque zone étant dirigée par un « supervisor ». Ce responsable de zone assume surtout un rôle de questionnement auprès des familles thérapeutiques, en les interpellant au niveau de leur pratique quotidienne.

« Browndale n'est pas construit selon une structure de production mais selon une structure de besoins, et les décisions concernant ces besoins doivent être assurées à tout instant et sans délais. »

L'institution scolaire se trouve en collusion avec l'institution familiale, enfermant l'enfant dans une double répression idéologique. C'est aux effets d'une telle situation que nous avons été sensibilisés.

Nous avons été amenés du même coup à contester la spécialisation des tâches et la division du travail qu'elle entraîne. Éducateurs, médecins, psychologues participent avec les enfants à un même travail, qui n'exige aucune spécialisation (cuisine, courses, etc.) mais utilise les intérêts propres à chacun (théâtre, contes, pop'music, jeux d'eau), dans une situation ouverte aux renouvellements et en prise sur le monde extérieur (stages des enfants chez des artisans et dans le monde rural). Ce sont les enfants qui nous ont interrogés sur ce que, malgré toutes nos contestations verbales, nous tendions à reproduire comme cloisonnement entre diverses activités. Ils pointaient là ce qu'il en était de nos maîtres en nous.

De fait, c'est l'idéologie sur laquelle s'était fondée notre propre formation qui s'est trouvée questionnée[1] ; il a fallu abandonner ce qui en nous participait à des croyances, des préjugés destinés à « conserver » un héritage culturel au point de lui faire perdre sa valeur même de message. Les adultes ne peuvent qu'apprendre aux enfants à accepter leur propre statut de prisonniers. Pour qu'il en soit autrement, il faut accepter de faire de l'enfant son propre éducateur.

Une situation s'est trouvée questionnée à Bonneuil dans laquelle, par moments, nous étions perdus : quelque chose de l'enfant ne pouvait être compris qu'à partir de ce qui, en nous-mêmes, se trouvait concerné. Et cependant il y avait évitement voulu de toute psychanalyse appliquée aux membres de l'équipe.

Dans nos réunions hebdomadaires apparaissait avec insistance cette visée : une recherche qui était loin d'avoir pour objet l'enfant ou l'institution. Quelque chose était attendu de notre ignorance même et de nos échecs : il faut

1. Nous avons également développé cette interrogation dans des réunions d'étudiants animées par Pierre Fedida. Ces débats hors de Bonneuil nous ont beaucoup apporté.

cerner là l'effet propre d'enseignement. Nous avons eu le désir d'en savoir plus, et ce désir de savoir s'est retrouvé comme à exploiter hors des réunions, à travers l'*obstacle* que nous lui opposions [1]. Quelque chose venait s'opposer à une transformation, bloquant et débloquant la recherche tour à tour.

Notre évolution a fait partie intégrante de l'évolution des enfants. Tout s'est passé comme si nous avions été amenés avec eux à apprendre avec quoi parler, en nous dégageant des fascinations et mirages porteurs de destruction. Et la fonction de ce rapport mortel avec soi ou avec l'autre est restée posée comme une interrogation : interrogation qui n'est peut-être pas étrangère à l'entrée de certains en analyse. D'autres ont abandonné la profession, se dirigeant vers le théâtre, ou vers un autre type de vocation ou d'engagement politique.

Bonneuil, à se définir comme « lieu de vie », nous a permis, de façon parfois sauvage, une réinterrogation, un déconditionnement et une transformation : mais cette transformation, par elle-même, ne nous donnait pas les repères qui permettraient de la décrire. La formulation de ces repères demande un autre travail, d'une autre nature.

1. Ce qui est désiré, c'est l'objet du désir de l'Autre et cela suppose le désir de mutiler l'Autre de son objet. Le maintien d'un projet de travail commun a permis que se déplacent sur le travail (de recherche) des tensions dont, sinon, l'enfant (en tant qu'objet envié du désir de l'Autre) aurait subi les effets réels [M. M.].

9

Scène, mise en scène : dénonciation d'une idéologie du corps

PAR FLORENCE STEVENIN
ET DES COLLABORATEURS

« Moi, ce genre d'atelier (théâtre), ça ne m'intéresse pas. Vouloir faire parler le corps, c'est bon pour les mutiques, moi c'est avec ma langue que je peux parler le plus précisément et dire les choses que je veux » (Jacques).

Évoquant ce qu'il en est de la scène et des jeux de scène à Bonneuil, ces paroles d'un adolescent à l'école ouvriront le compte rendu de notre travail, un travail qui ne se donne pas comme un modèle à imiter – il inviterait tout au plus le lecteur à suivre ce qu'a été un trajet.

Des « ateliers » (théâtre, musique, peinture, jeux d'eau, etc.) furent mis en place par les stagiaires et les enfants. Choisi de façon quelque peu arbitraire, le terme d'« atelier » recouvrait pour l'adulte le vœu que soit donné langage à toute forme de production désirante. Ces lieux étaient investis par l'enfant (par-delà l'activité mise en place) en fonction de la permanence du mode de rencontre qu'ils représentaient pour lui. Des activités ludiques spontanées s'y superposaient à une vie en prise sur un travail réel (cuisine, mécanique, etc.) effectué dans le monde extérieur ou à Bonneuil même (selon ce qui était choisi ou refusé par l'enfant).

Rien dans notre formation ne nous avait préparés à la rencontre avec l'inattendu, avec les réactions imprévisibles d'enfants en situation d'avoir le droit de dire ce qu'on nous avait appris à taire. Ceux qui n'avaient pas de mots à leur disposition donnaient à voir, dans leur corps maladroit, distordu, bavant et trébuchant, ce qu'ils étaient impuissants à faire entendre. Cette autre parole, cette situation, dans laquelle nous ne pouvions rien, même à nous y reconnaître, criait une angoisse quelquefois insupportable. Fallait-il éduquer, redresser, appareiller ce corps non conforme à nos normes ? Rien qu'à poser la question, on s'apercevait qu'on ne faisait que redoubler, répéter, « l'attitude corrective » adoptée par l'institution médicale ou pédagogique, attitude que nous contestions, mais qui était aussi à l'origine de notre propre histoire.

L'histoire de notre corps est l'histoire de notre éducation : *l'histoire du corps est l'histoire de l'éducation.* Depuis l'Antiquité (et surtout depuis la Révolution française), on ne conçoit pas de doctrine, de technique d'éducation corporelle ou physique, qui ne se réclame de la médecine, mais les concepts médicaux ne sauraient engendrer d'eux-mêmes (*s'ils ne les recelaient déjà*) une philosophie et une théorie éducatives : en fait, la médecine a charge de transmettre et d'enseigner à l'enfance l'ensemble des idéologies sociales politiques et économiques d'une époque. Les différentes techniques corporelles demandent à la médecine d'*éclairer le concept de santé*, de lui fournir ou de reconnaître la représentation *d'une sorte d'optimum corporel*, de surveiller ainsi la santé de la jeunesse (pour avoir à éviter de soigner des hommes dès lors que les maladies, les dérèglements, les infirmités leur viennent de leur enfance). Mais la médecine ne s'avise pas qu'à lui faire tenir une telle position idéale l'éducation lui masque l'appel de ses propres préoccupations morales : pourquoi développer le courage physique, si on ne le reconnaît pour vertu ? Pourquoi guérir des difformités, transformer une morphologie, sinon pour se conformer à des règles esthétiques elles-mêmes solidaires d'une *représentation d'ensemble de ce qu'il faudrait être* ? Cette *position idéale*, que l'éducation fait tenir à la médecine, est un fait politique. La médecine est appelée à servir de caution aujourd'hui dans les conditions que voici :

On n'éduque pas un sujet en fonction des fins qui doivent lui convenir, mais en fonction des besoins de la société. La pédagogie et la médecine ont comme devoir de préparer le corps dès l'enfance à l'avenir auquel la vie sociale le destine. Cet avenir est de *lier son histoire* à celle *du travail et du capital.* Il ne saurait être question de gaspiller la force de production, le pouvoir économique que représente le corps, en désordres, en plaisirs solitaires. Un corps n'est pas fait pour jouir de lui-même. Ce qu'annonce le pédagogue :

« L'homme de notre temps se trouve entraîné dans un courant d'action où son devoir est tout tracé : développer le plus possible la part d'énergie vitale qui se trouve individuée en sa personne, puis mettre ce moi étendu et tendu au maximum à la disposition de la Société *pour en accroître le rendement.* Il apparaît clairement qu'ainsi orienté soit vers la production et le rapport, soit vers l'impérialisme (impérialisme national ou impérialisme de classe d'ailleurs), la vie moderne exige de tous non seulement une intelligence admirablement outillée pour l'action, mais aussi un corps en parfait état, c'est-à-dire sain et vigoureux... » (Ernest Loisel[1]).

Il ne s'agit pas là du simple avis d'un pédagogue, mais de la traduction de la doctrine officielle. On lit dans les instructions concernant l'école primaire (1923) :

« A l'enseignement par l'aspect, forme intéressante de la méthode concrète, il faut superposer une autre forme de la méthode, qui n'en est encore qu'à ses balbutiements, mais qui décuplera l'efficacité de l'art pédagogique : l'enseignement par l'action... Quant à l'éducation physique, elle prend soin de l'âme autant que du corps : l'hygiène est une vertu et ce sont des qualités de la volonté, de la décision, d'énergie et d'endurance *que donne la gymnastique bien comprise.* Sans vouloir tout subordonner dans l'éducation intellectuelle et dans l'éducation physique à la culture morale, insistons sur les liens qui unissent celles-là à celle-ci et sur la place éminente que doit prendre dans les préoccupations des éducateurs la formation des consciences et des caractères[2]... »

Une fois le corps ainsi fondé comme objet de connaissance, à éduquer selon une échelle de jugements de valeurs (l'éducation physique trouve sa raison d'être et son sens

1. Ernest Loisel, *Bases psychologiques de l'éducation physique*, Armand Colin, 1934.
2. *Ibid.*

dans la mise en œuvre de cette morale), qu'en sera-t-il de l'éducateur, confronté à un corps dont il ne sait rien, qui fait scandale par sa fonction de désordre, qu'il ne peut pas reconnaître ? Face aux corps des enfants arriérés, psychotiques ou caractériels, le « savoir » pédagogique s'appuiera sur les données de la biologie et de la psychologie, dans le but de contrôler au moins les réalisations de l'enfant. La tâche de l'éducateur sera ainsi de rechercher, à travers toutes les phases du développement physique, moral, intellectuel de l'enfant (dont il connaît les normes et qu'il doit pouvoir repérer en stades), les dispositions et les tendances qu'il devra développer et celles au contraire qu'il devra réfréner, *pour pouvoir diriger le développement.*

Cette histoire, dont nous prenions aussi origine, nous laissait totalement désarmés face à ceux qui donnaient à voir dans leur corps ce que nous ne pouvions entendre. Nous tombions en arrêt devant le symptôme. Au lieu de laisser parler le corps (dans ses « absences » épileptiques, etc.), nous voulions parler de lui — façon, peut-être, de masquer notre angoisse. Notre formation ne nous avait pas préparés à faire quelque chose *avec* ce type d'enfants, mais à faire quelque chose d'eux. Certes, nous n'avions pas pour nous protéger les impératifs d'un « programme à accomplir », et n'avions d'ailleurs nulle envie de venir à Bonneuil pour y reproduire des activités scolaires stéréotypées, ou les activités « gentilles » en cours dans les patronages ou clubs hospitaliers de loisirs... Mais nous n'étions pas, pour autant, plus disponibles à l'invention, coupés que nous étions de notre propre enfance. Inventer nous était interdit. Or, ce qui nous embarrassait intéressait l'enfant. Bien plus : c'est du lieu des failles de l'adulte que la question de l'enfant arrivait à être posée. Et lorsque nous y opposions notre non-entendre nous en lisions l'effet au niveau des enfants : notre propre surdité (à l'enfant ou à l'enfant en nous) induisait dans le groupe des mécanismes d'exclusion. A vouloir par moments (par peur) nous cramponner à une position de « maître », nous induisions chez les enfants des mécanismes de ségrégation entre grands et petits, entre ceux qui parlent et ceux qui ne parlent pas (ces « morpions à tuer », comme disaient les grands). Notre désordre envahissait la scène.

Dans les débuts, nos défenses nous firent tomber dans tous les pièges de l'expressivité (une scène envahie par les décors, des enfants surchargés de costumes, plantés dans la passivité de rôles distribués, le corps réduit à son activité motrice expressive dans le geste pesant de sa représentation, faisant ainsi de la scène le lieu de la répétition, « l'une des figures les plus masquées de la mort[1] »).

Nous cherchâmes ensuite à pasticher le psychodrame, réintroduisant dans le mouvement du jeu les symptômes donnés à voir par l'un ou l'autre enfant. Avec humour, les aînés mettaient par moments en relief l'étendue de notre insuffisance, ils nous interrogeaient aussi sur nos motivations et notre façon de vouloir le bien de l'autre. « C'est vraiment pas sérieux, qu'est-ce qu'on fout donc là ? » marmonnait de temps à autre un des aînés, fuyant brusquement ce qu'il estimait être « notre folie » : pour le « sérieux » d'un travail scolaire avec lequel il renouait (par dégoût de « notre débilité »), ou dans l'enthousiasme d'un travail artisanal qui lui permettait de fuir Bonneuil, les dingues, et nous.

Un thème universitaire nous avait été proposé, ou nous avait séduits : la recherche sur le corps. Or, cette recherche, non seulement nous avions bien du mal à lui faire prendre forme, mais nous ne pouvions même plus rien en penser... Ce que nous avions à inventer ne s'accommodait pas des repères théoriques d'un savoir sur l'homme dispensé par la Faculté (le corps en a été longtemps un terme exclu, sauf comme manifestation de l'espace, et comme intérieur dévoilé du cadavre dans le champ de l'anatomie). Savoir que prend pour objet un enseignement qui dispense ce qu'il y a à voir, dit ce que l'on doit voir, et ce qu'il faut penser (et bien penser). Les repères de ce savoir finissaient par nous gêner, puisqu'ils ne remettaient en cause ni sa finalité ni son objet, mais permettaient seulement de discuter ses nombreuses méthodes d'applications.

1. Michel Foucault.

Les enfants nous faisaient sentir que nous étions ridicules. Notre production demeurait à un niveau didactique et moral. Nous faisions de l'excellent théâtre, de l'excellente peinture pour enfants des écoles... pour enfants asexués, dépourvus de corps. Certes, des émotions étaient exprimées, des drames mis en acte, mais toujours avec un certain privilège donné au texte, un texte écrit dans un langage familier – qui n'en demeurait pas moins un texte, c'est-à-dire un carcan.

Nous nous engageâmes alors dans une nouvelle direction de recherches, sous l'influence d'Artaud. Nous nous intéressâmes aux mythes africains. Il devint là possible à l'enfant comme à nous de faire émerger ce qu'il en est (d'une position de sujet à l'égard) de la vie, la mort, le désir et l'interdit. Nous ne cherchions pas tant à découvrir un langage qu'à rendre possible une parole – en partant, non d'une autre parole toute faite, mais du désir impératif de lâcher, comme dit Artaud, la « parole d'avant les mots ». A mettre ainsi en scène ce que la vie refoulait, nous fîmes surgir le rapport à un corps que nous traitions comme un étranger, parce que notre éducation nous avait en quelque sorte coupés de lui.

De ce moment, l'objet de notre travail fut d'intégrer le mime, les masques, la musique, la peinture, etc., dans un vaste ensemble, une sorte d'événement, qui aurait amené chacun à se réinventer. Nous n'y sommes parvenus qu'à certains moments électifs. Que les mutiques aient pu se montrer bavards (dans leur langage phonématique), derrière la protection du masque ou le truchement de l'instrument musical, montre bien qu'une certaine parole peut advenir dans une situation où se trouve abolie la distinction entre intérieur et extérieur, gauche et droite, bas et haut. La signification de ce qui se trouvait joué s'évanouissait, pour laisser la place à ce qu'il en était d'un ordre signifiant par lequel l'enfant se sentait interpellé : une parole devenait alors possible [1].

1. L'enfant, comme l'a fait remarquer Lacan, *sait qu'il est un corps, mais le perçoit de façon incomplète, puisqu'il est dedans.* C'est en tant

La réussite a été inégale. Un tel travail supposait en effet une disponibilité de notre part — dont nous n'étions pas les maîtres. Il exigeait même une rupture avec ce qui s'opposait en nous à toute émergence de vérité. L'exigence de l'enfant allait au-delà de tous les déguisements et faire-semblant.

Au-delà du quotidien, le théâtre ouvre la porte à tous les dépassements. Mais, dans la mesure où quelque chose de l'ordre inconscient l'y interpelle, l'enfant peut faire comme l'adulte : opposer de solides défenses et rêver d'un système conventionnel, qui lui permettrait d'exclure une insupportable vérité.

« La musique, nous disait Jacques, j'aime ça quand c'est cohérent, quand ça ne s'affole pas. La musique inconsidérée et baroque, non, et encore il y a une forme de baroquerie qui est pas mal. Ici, dans cette musique, c'est toute la folie qui ressort là-dedans. Tout un étalage de rachacha incurable... Le théâtre c'est plus cohérent, c'est pas comme la pop' qui te fout les oreilles en l'air. La pop', on ne sait pas ce qu'il y a dedans, ça n'a ni queue ni tête, ni bras ni pieds, ni estomac ni cœur, ça n'a rien dans le buffet... d'ailleurs ta pop'-music, c'est le reflet de toi-même, c'est-à-dire un reflet de folie... qui pourra peut-être s'échapper un jour, on sera obligé d'appeler le psychiatre avec sa camisole de force. »

Cette folie qui se donne le droit de courir n'est rien de moins qu'une forme de rapport au vrai, dont l'expression est rendue de plus en plus difficile dans les structures sociales actuelles. Un certain dire de vérité ne peut aujourd'hui s'exprimer que dans la folie ou la délinquance. Le verbe a perdu son pouvoir de transmutation.

Si tout peut se dire dans un monde devenu sourd, que faisons-nous là, et pourquoi vivons-nous ? S'il ne peut y avoir de lieu où porter cette question, elle se figera dans le

---

que l'image de la forme de l'autre est assumée, que s'introduit dans le sujet ce rapport de l'au-dedans à l'au-dehors par où le sujet apprend à se connaître comme corps. L'image (du corps) devient l'anneau par lequel va se frayer besoin et désir dans sa structure imaginaire. (Séminaire 1953-1954.)

symptôme. Pour nous, nous participons de ce malaise : nous sommes avec les enfants à la recherche d'un autre discours à tenir.

S'il est facile de contester les idées reçues, il est cependant beaucoup plus difficile de se laisser remanier par les effets d'une telle contestation.

Or, il y a justement quelque chose que l'enfant ne pardonne pas à l'adulte : cette forme de tromperie qui a pour support la crédulité de l'enfance, sauf dans le domaine bien défini des fables et des mythes.

V

Gérer, administrer

10

Les contraintes économiques

EXPOSÉ-DÉBAT INTERDISCIPLINAIRE AVEC UNE ÉCONOMISTE, SIMONE BENHAÏM [1]

Simone Benhaïm a entrepris une analyse approfondie de la situation de Bonneuil dans le cadre économique présent. Cette étude s'insère dans un travail plus général (thèse de doctorat d'État de sciences économiques) concernant les institutions psychiatriques et pédopsychiatriques françaises contemporaines.

Simone Benhaïm a accepté de nous accorder un entretien et d'apporter des éléments de réponse à des questions écrites que nous lui avions adressées. Nous avons retenu de cet entretien ce qui peut éclairer certains problèmes soulevés dans ce livre.

Nous remercions Simone Benhaïm d'avoir accepté cette publication, en dépit de sa position de neutralité d'économiste qu'elle tient à garder à l'égard des diverses orientations thérapeutiques (les informations retenues renvoient, rappelons-le, à un travail de recherches très précis, qui fera l'objet de publication ultérieurement).

Bonneuil, lieu de questionnement.

Première question.

En Angleterre, il suffit d'être considéré temporairement comme « malade mental » pour toucher soi-même une subvention. Le patient qui a reçu cette subvention se fait ou non « soigner » dans un lieu de son choix (y compris un lieu

1. Transcription d'un débat enregistré entre Simone Benhaïm, Maud et Octave Mannoni. Nous avons conservé le caractère parlé.

dit d'anti-psychiatrie). En France, la Sécurité sociale est beaucoup plus directive. Elle a « ses » institutions hautement hiérarchisées. Si Bonneuil était reconnu par la Sécurité sociale, nous nous trouverions dans l'impossibilité de fonctionner suivant les critères qui nous sont propres, qui nous sont essentiels et qui ont fait leurs preuves.

S. B. — J'ai localisé plusieurs éléments d'ordre législatif, réglementaire ou administratif, *susceptibles* d'apparaître incompatibles avec le fonctionnement de Bonneuil selon vos critères. Toutefois, les interprétations des textes sont plus ou moins restrictives. Les hasards de mon enquête m'ont amenée à constater que, dans un même département, le préfet ou le directeur de la DASS[1] accordent à certains établissements l'autorisation de pratiques qu'ils refusent à d'autres.

O. M. — Vous voulez dire qu'il y a à la fois des incompatibilités de principe et des accommodements de fait.

S. B. — C'est un peu cela. Je veux dire que la possibilité de surmonter les difficultés de fonctionnement éventuelles, plus ou moins importantes pour Bonneuil, consécutives à ces points d'ordre réglementaire ou administratif, n'est pas totalement exclue. Elle dépendrait en grande partie des aléas de l'appréciation subjective d'un fonctionnaire de bonne volonté, acceptant de prendre des risques ou simplement des libertés avec les règlements. Elle dépend surtout du rapport de forces établi en votre faveur. Compte tenu de la notoriété de Maud Mannoni et de ses possibilités d'alerter l'opinion publique, de telles facilités ou dérogations exceptionnelles sont tout à fait concevables. Mais, d'un point de vue socio-économique, l'intérêt présenté par Bonneuil, c'est de fonctionner, du fait même qu'il arrive à s'y soustraire pour l'essentiel, comme révélateur des contraintes *communes* pesant sur l'ensemble des établissements dits pédopsychiatriques. A cet égard, et pour préciser un peu mes réflexions sur ce que vous nommez des

1. DASS : Direction (départementale) de l'action sanitaire et sociale.

« incompatibilités de principe », il me semble nécessaire — bien que je ne puisse ici développer mon analyse des prix de journée — d'attirer votre attention sur le paradoxe de cette technique de financement. Les servitudes qu'elle instaure par rapport à l'organisme payeur sont infiniment moins importantes que la dépendance qu'elle organise à l'égard des instances administratives et des représentants locaux des pouvoirs politiques. Pour s'en convaincre, il suffit de lire attentivement l'analyse que Coudurier[1] donne du rôle dévolu au préfet en vertu de la réglementation et de la jurisprudence du prix de journée, et d'interroger quelques chefs d'établissements pédo-psychiatriques.

O. M. — Notre problème n'est pas de savoir à quel prix Bonneuil pourrait rentrer dans les structures officielles. C'est plutôt d'essayer d'éclairer, à la lumière de l'expérience de Bonneuil, les contraintes et les empêchements qu'il y a quand on suit les structures officielles.

S. B. — C'est en effet la question principale. Le recensement de ce que vous nommez les « incompatibilités de principe » me paraît être un mode d'approche indirect mais concret de ce problème. Repérer ces incompatibilités de principe, c'est donner *a contrario* des exemples de ce qui a été possible à Bonneuil et qui ne l'est pas ailleurs. Cela revient à montrer le type d'innovation exclue par les réglementations existantes, et les voies et moyens de cette exclusion. Je reviens donc à ces incompatibilités de principe du fonctionnement de Bonneuil avec son agrément par la Sécurité sociale. J'en ai dénombré au moins sept. Elles ne sont pas classées par ordre d'importance.

1. *Le type d'enfants :* S'il existe des établissements recevant des enfants de différents types, la réglementation impose qu'à l'intérieur de l'établissement existent des groupes très différenciés et homogènes d'enfants, présentant le même type de troubles.

M. M. — Il y a donc tolérance, au prix d'introduire la ségrégation dans l'établissement.

1. Coudurier, *Les Prix de journée*, éd. Berger-Levrault, 1971.

S. B. — Oui, exactement.

2. La deuxième difficulté, c'est l'*autogestion de la nourriture* par les enfants, qui me semble devoir être exclue par les mécanismes de fixation et de contrôle des prix de journée tels que les instaurent la réglementation et la jurisprudence existantes.

Le préfet a le pouvoir non de déclarer que le prix de journée global est excessif, mais que chacun des chapitres du budget donne lieu à des dépenses excessives. Il a le pouvoir de réduire les dépenses prévisionnelles de chaque chapitre ou de les augmenter : mais l'augmentation est, en réalité, très rare.

Selon Coudurier, les préfets ou les directeurs de DASS établissent des prix de journée rationnaires moyens ; il s'agit du coût moyen de la journée d'alimentation. Il peut être utilisé comme une norme. Si vous bénéficiez d'un prix de journée, vous risqueriez de vous voir imposer un montant impératif de frais pour la nourriture. Comment expliquer aux enfants qu'ils doivent pendant un an respecter cette somme ?

M. M. — Ce n'est pas le problème le plus grave. La somme qu'ils gèrent n'a guère varié depuis quatre ans et ils doivent réaliser de véritables acrobaties.

S. B. — 3. Le troisième point, c'est la non-conformité de la *composition qualitative* et *quantitative du personnel* de Bonneuil aux normes de personnel imposées aux établissements privés pour enfants dits inadaptés, selon les conditions réglementaires actuelles d'autorisation pour les soins aux assurés sociaux.

J'ai préparé la liste du personnel qu'il serait nécessaire d'employer à Bonneuil à condition d'appliquer *strictement* les textes.

Il faudrait que Bonneuil s'assure les services d'un médecin de médecine générale.

M. M. — Nous avons recours aux services d'un médecin de Créteil à titre de consultant, lorsque nous avons un problème d'hygiène à poser.

S. B. — Il faut une vacation d'une demi-journée de psychiatre.

M. M. — Elle est assurée par R. Lefort, et j'assure moi-même quatre demi-journées par semaine. Si j'y ajoute le temps consacré aux parents, cela fait l'équivalent d'un mi-temps.

S. B. — Il vous faudrait des rééducateurs de la parole et rééducateurs psychothérapiques. Les textes ne comportent pas de normes quantitatives sur ce sujet.

M. M. — C'est là que les choses se compliquent, puisque nous sommes opposés aux techniques traditionnelles de rééducation, comme nous sommes opposés à toute psychothérapie effectuée à Bonneuil même. Bonneuil est là comme lieu de vie. Les adultes, qu'ils soient médecins, psychologues, éducateurs, n'occupent pas une fonction correspondant à leur spécialisation. C'est le masque du spécialiste qui doit être abandonné. C'est (comme cela sera mis en évidence dans un chapitre sur la formation [1]) du lieu où quelque chose s'est trouvé perdu pour l'adulte que s'opère une forme de rencontre avec l'enfant psychotique.

O. M. — Rééducateur psychothérapique, c'est une bien curieuse formule.

M. M. — On les appelle aussi « psychothérapeute de soutien »... Soutien à l'idéologie en place.

S. B. — Il vous faudrait une infirmière diplômée d'État. Son emploi à plein temps n'est pas nécessaire, mais, chose curieuse, la formulation du décret implique l'obligation de sa présence à plein temps dans l'établissement.

M. M. — Une infirmière à Bonneuil, cela n'a strictement aucun sens.

S. B. — Il vous faudrait un psychologue faisant des investigations psychologiques. Il n'y a pas de normes quantitatives réglementaires pour ce type de service.

1. Cf. ci-dessus, chap. 8.

M. M. – Les investigations psychologiques, nous les refusons. C'est une nécessité purement administrative : nécessité contestable puisqu'elle se trouve utilisée à des fins ségrégatives.

Les enfants rencontrent Lefort avant leur admission à Bonneuil (celle-ci se fait selon les besoins du groupe. Tantôt nous pouvons accepter un enfant autiste, tantôt nous réclamons un enfant « normal » en difficulté sur le plan scolaire ou affectif. Tantôt il y a place pour un « débile ». L'équilibre est fourni par l'apport du handicap de chacun. C'est cela qui permet qu'un effet thérapeutique se dégage du mélange de types d'enfants et du mélange d'âges. C'est la non-ségrégation qui est opérante au niveau « thérapeutique »).

S. B. – Il vous faudrait un enseignant par classe de quinze au maximum.

M. M. – Il n'y a pas d'enseignant à Bonneuil. Le maître est ailleurs (pour ceux qui demandent leur inscription au cours de Télé-enseignement). Ils trouvent à Bonneuil même mathématiciens, physiciens ou professeurs de lettres, mais ils font rarement appel à eux. Ils font appel plus volontiers à un étudiant à l'extérieur, de préférence à peine plus âgé qu'eux.

S. B. – Il vous faudrait un éducateur par quinze enfants au maximum et un moniteur d'éducation physique. Un éducateur qui ne serait pas employé à plein temps dans l'établissement pourrait compléter son service en remplissant les fonctions de moniteur d'éducation physique.

M. M. – Nous avons deux éducateurs, un éducateur stagiaire à l'année et une monitrice d'enseignement ménager.

S. B. – Il vous faut un directeur.

M. M. – La directrice remplit en même temps des fonctions d'éducatrice. C'est pourquoi la présence d'un éducateur stagiaire est indispensable. Yves Guérin fait fonction à la fois de chauffeur de car, moniteur d'éducation physique, éducateur, menuisier ou jardinier.

S. B. – Les textes se taisent sur le personnel des services généraux et administratifs.

M. M. – Nous n'avons pas de femme de service, ce sont les enfants qui entretiennent la maison, font les courses et la cuisine.

S. B. – Si vous étiez agréés par la Sécurité sociale, j'estime qu'il vous faudrait aussi une personne à temps plein, pour s'occuper des problèmes administratifs.

L'énoncé de ces normes de personnel appelle deux remarques. Ces normes sont nettement plus contraignantes que les normes imposées aux cliniques psychiatriques privées pour adultes. Il me semble aussi que ces normes imposées aux établissements pour enfants répondent au souci manifeste, et légitime, de réunir toutes les garanties de compétence requises.

O. M. – Oui, il y a là une raison sociologique très importante. Les enfants sont une source de profit, et s'il n'y a pas d'interdiction il y aura des tas de gens qui demanderont à s'occuper des enfants.

S. B. – C'est en effet de ce point de vue que le souci de réunir des garanties de compétence me paraît légitime. Il s'agit de protéger l'enfance de l'exploitation économique qui peut en être faite.

M. M. – La garantie des compétences ne garantit que le monopole des professions. L'enfant ne s'en porte pas mieux, au contraire. La thèse de R. Gentis, que la psychiatrie devrait être faite par tous, est beaucoup plus proche d'une vérité que n'importe quel impératif administratif.

O. M. – Bien entendu, toutes ces dispositions administratives ne protègent pas les enfants contre l'exploitation. J'ai voulu dire que c'est à partir de cette idée-là que les textes ont été faits.

M. M. – On crée de cette façon-là une demande quasi artificielle sur le plan de la consommation médicale et paramédicale.

S. B. — Je reviendrai sur le problème des effets de ces normes. Il faut, avant de terminer ce troisième point, relativiser la conclusion qui peut en être tirée sur l'incompatibilité de nature entre le personnel de Bonneuil et les normes requises pour l'agrément par la Sécurité sociale, en faisant deux remarques.

Dans le tableau comparatif des prix de journée 1967-68-69 établi par l'URIOPSS[1] Ile-de-France, j'ai trouvé cinq établissements de capacité similaire à celle de Bonneuil (entre dix et vingt enfants). Leurs prix de journée sont très modérés. Il me semble qu'on peut en déduire, puisque les frais de personnel constituent le poste le plus important de dépenses, que les normes de personnel donnent lieu à des interprétations souples.

Une seconde remarque s'impose : dans la perspective d'un agrément de Bonneuil par la Sécurité sociale, vous pourriez employer un personnel qui, tout en justifiant des qualifications requises, accepterait de se dé-professionnaliser pour jouer les rôles tout à fait spécifiques des membres de votre équipe. Les tenants de la psychiatrie institutionnelle arrivent bien à imposer aux membres de leur personnel — qui ne sont pas médecins, il est vrai — la suppression de la division du travail.

4. Un quatrième point relatif à ce que nous avons convenu de nommer les « incompatibilités de principe » mérite d'être souligné. Il s'agit du rôle contestable dévolu aux CREAI (centres régionaux de l'enfance et de l'adolescence inadaptées). Le rapport Ramoff[2], qui est une annexe du rapport Bloch-Laîné consacré à l'étude du problème général de l'inadaptation des personnes handicapées, dénonce sévèrement ce qu'il appelle leur « réelle ambiguïté ».

En effet, c'est le moins qu'on puisse en dire.

Les CREAI sont des associations fonctionnant sous le

1. *Tableau comparatif des prix de journée* 1967-68-69. Etablissements pour inadaptés mentaux et infirmes physiques, enfants et adultes [URIOPSS, Union régionale interfédérale des organismes privés sanitaires et sociaux, Ile-de-France].

2. *Rapport Ramoff, Les problèmes administratifs,* annexe D du rapport Bloch-Laîné.

régime de la loi du 1er juillet 1901, ils disposent de conseillers techniques dont un bon nombre sont des chefs d'établissements privés d'enfants dits inadaptés. Le décret de fondation de ces CREAI stipule que « le centre régional peut à la demande de l'inspecteur divisionnaire de la population et de l'action sociale être chargé... (d')assister sur le plan technique les directeurs départementaux de la population et de l'action sociale dans l'exercice de leurs pouvoirs de contrôle des établissements d'enfants inadaptés ». C'est dire que l'État accepte de se dessaisir de ses fonctions publiques pour les confier à des organismes privés.

J'ai interrogé des responsables de CREAI sur le pouvoir effectif de contrôle qui revient aux centres. Un bon nombre m'ont déclaré que leur avis est particulièrement important pour l'agrément par la Sécurité sociale. Autrement dit, vous qui revendiquez vos affinités avec l'anti-psychiatrie, pour être agréés par la Sécurité sociale, vous risqueriez d'avoir à être jugés, *a priori*, par des praticiens — dont la compétence n'est pas ici mise en question — mais qui paraissent avoir pour la plupart des options théoriques radicalement opposées aux vôtres.

Des institutions privées sont ainsi à la fois juge et partie.

Ces centres ont été fondés par le gouvernement dans le but d'atténuer les oppositions entre les diverses familles d'associations qui s'occupent d'enfants dits inadaptés. Mais il y a dans ces centres, en réalité, un éventail de possibilités d'anomalies et de freinage — dont les difficultés rencontrées par Bonneuil montrent qu'il est largement ouvert — dans un domaine où la rareté relative des ressources par rapport aux besoins créés est notoire, et pour lequel tout le monde s'accorde à reconnaître le manque de certitudes scientifiquement établies, ainsi que la nécessité impérieuse de favoriser et développer le pouvoir d'innovation.

C'est une situation qui manifeste clairement, voire à l'extrême, les contradictions pesant sur le secteur public en système capitaliste avancé, notamment dans les rapports avec le secteur privé.

M. M. — Un deuxième Bonneuil doit s'ouvrir prochainement.

S. B. — Ce sera un test intéressant. Les difficultés rencontrées au cours de l'existence de Bonneuil sont révélatrices d'une situation d'ensemble. Cette situation apparaîtra encore plus clairement quand un autre Bonneuil se créera sans bénéficier des possibilités ouvertes par la notoriété des animateurs.

5. Cela m'amène à la cinquième source de difficultés éventuelles, induite par *l'agrément de la Sécurité sociale.*

La Sécurité sociale dispose — ce qui est bien normal — du droit de faire procéder à une inspection de la qualité des *soins* dispensés par les établissements qu'elle agrée.

Vous rejetez la chimiothérapie, vous tolérez des périodes d'a-scolarité radicale, vous supprimez les rééducations et les investigations psychologiques.

Si ces pratiques avaient lieu dans un établissement fondé sur le modèle de Bonneuil mais ne bénéficiant pas de la garantie de votre compétence notoire, elles pourraient fort bien être assimilées à une carence de la qualité des soins. Il ne faut pas perdre de vue que votre notoriété fausse tout ; elle vous permet notamment d'obtenir la confiance des parents et de leur faire accepter de renoncer à la demande sociale de scolarisation systématique et de médicalisation.

6. J'en arrive au sixième point. Il s'agit là d'une incompatibilité radicale, me semble-t-il, entre le fonctionnement de Bonneuil suivant vos critères et l'agrément par la Sécurité sociale. Les *pratiques « d'institution éclatée »* sont impossibles à réaliser dans les établissements pédopsychiatriques agréés, actuels.

M. M. — Quand nous envoyons les enfants chez les paysans, Bonneuil n'est pas payé pendant ce temps-là. Pour l'internat chez les paysans, les parents payent 1 200 F par mois (nous avons appliqué à la province les prix de Paris lorsque les enfants de Bonneuil sont dans une famille d'accueil, les parents payent 540 F par mois qui s'ajoutent aux 680 F payés à Bonneuil. Il faut noter que Deligny demande des sommes équivalentes).

C'est parce que ce prix est payé aux paysans qu'ils

acceptent qu'un enfant difficile vienne les perturber. Les enfants s'y retrouvent, spécialement les enfants autistes. Les mêmes familles paysannes acceptent aussi de faire payer peu les déshérités. Les riches payent pour les autres.

S. B. — Dans un ouvrage collectif relatif aux hôpitaux de jour pour enfants, le Dr Bailly Salin [1] affirme, en substance et incidemment, qu'il y a des possibilités de modalités diversifiées de prises en charge par la Sécurité sociale.

M. M. — Les prises en charge variées dont vous parlez, sont variées dans un contexte d'hyper-médicalisation. Si on envoie un enfant « dangereux pour lui-même et les autres » dans la forêt des Cévennes, le séjour n'est pas remboursé. La Sécurité sociale préfère l'asile à cette solution-là.

O. M. — Alors, les enfants aidés par la Sécurité sociale ne sont pas les plus favorisés ?

M. M. — En Angleterre la subvention va au patient, qu'il se « soigne » ou non. Cela change bien des choses.

S. B. — Avant de développer mon analyse des incompatibilités entre l'agrément par la Sécurité sociale et « l'institution éclatée », j'aimerais que vous précisiez les différences, théoriques et pratiques, entre ces prises en charge diversifiées dans le temps d'une part, et les pratiques d'institution éclatée, d'autre part.

M. M. — Ce problème est abordé dans le livre. Dans le système officiel, il y a médicalisation des troubles, et la vie d'autrui se trouve administrée. Bonneuil vient comme rupture avec le système : nous cherchons nos assistants dans le monde rural, et on leur paye « le prix de Paris ». Bonneuil est un symptôme.

S. B. — Ce que vous cherchez à promouvoir à certains moments de « rupture », c'est une forme de placement familial spécialisé ?

1. Études et recherches sur l'enfance : *La Psychiatrie infantile*, éd. Privat, 1971. *L'Équipe de psychiatrie infantile et son Psychiatre*, éd. Privat, 1957.

O. M. – Il faut plutôt voir les choses comme un recul devant les structures modernes et un mouvement vers l'ancienne absence de structure. Un enfant qui ne peut vivre ni dans une usine, ni dans une école, ni dans rien de moderne, peut aller vivre dans quelque chose qui n'a pas encore été touché par les structures modernes : par exemple, une bergerie.

M. M. – Nos structures hospitalières et scolaires ne sont pas mises en place pour sauvegarder la santé de l'enfance, mais pour sauvegarder le cloisonnement hiérarchique et ses privilèges.

S. B. – Revenons alors, si vous le permettez, à l'impossibilité des pratiques « d'institution éclatée » pour des établissements autorisés à dispenser des soins aux assurés sociaux. C'est la preuve *a posteriori* manifeste de ce qu'on pouvait supposer : les contraintes imposées en contrepartie de l'agrément par la Sécurité sociale entravent le pouvoir d'innovation dans les établissements pour enfants dits inadaptés. En effet, le prix de journée est prévisionnel au niveau du prix de revient global et au niveau du nombre de journées de présence des « malades ». Généralement, ce dernier nombre est calculé sur la base du nombre effectif de journées des trois années précédentes.

O. M. – C'est absurde.

S. B. – Il y a plus absurde encore. Dans les externats, le prix de journée implique un taux d'occupation à 100 %. L'administration admet tout de même un taux d'absentéisme de 4 à 6 %.

M. M. – L'enfant est destiné à devenir physiquement le garant de la survie de l'institution. L'institution meurt si on la quitte.

O. M. – L'enfant devient un capital.

S. B. – L'enfant supporte les conséquences de la contradiction fondamentale du prix de journée, qui est véritablement une unité d'anti-gestion et peut-être même d'antithérapeutique dans le type d'établissement qui nous préoccupe. Pour vous en donner une idée, je me référerai au constat d'un directeur d'établissement pédopsychiatrique : il me disait « quand un enfant s'absente un jour, je perds 108 F de recettes et j'économise 5,50 F de dépenses ». Avec cette technique de financement, la disproportion entre le coût économisé et la diminution de recettes du fait d'une absence de l'enfant est telle qu'elle constitue une incitation vigoureuse à « faire du prix de journée », comme disent les professionnels.

C'est ainsi, par exemple, qu'un responsable de CREAI, qui est chef d'établissement, m'a avoué, selon son expression, « frauder honnêtement ». Ce qui veut dire qu'il organise des « samedis de rattrapage ». Les enfants sont condamnés, pour des besoins de récupération de recettes, à être présents dans l'établissement six jours par semaine au lieu de cinq.

O. M. — Je savais déjà que l'on donnait des soins inutiles pour avoir des remboursements, mais je m'aperçois que la présence même du malade suffit.

S. B. — Cette technique de financement aboutit en fait à deux types de distorsions. Elle rend impossibles certaines pratiques à visée thérapeutique — notamment les innovations —, et elle incite à multiplier des pratiques dont la nécessité thérapeutique n'est pas indiscutablement établie, mais dont la nécessité économique est certaine.

O. M. — C'est l'essentiel : opposer les nécessités économiques aux besoins techniques de thérapeutique. C'est tout le problème. Comment cela se passe-t-il à Bonneuil ?

M. M. — Si les enfants manquent, la mensualité reste due, excepté l'allocation repas et transport. Si les enfants vont chez les paysans, nous ne sommes pas payés (c'est pourquoi nous avons quelques enfants en plus, pour permettre un certain battement).

S. B. — Ce financement proportionnel au nombre de journées de présence des enfants incite impérieusement les établissements à l'alternative de se livrer à des expédients ou de frauder. Un médecin directeur d'établissement affirme même que certains établissements sont tacitement « autorisés » à frauder, tandis que d'autres ne le sont pas. Il y a là un exemple de cette dépendance que j'évoquais tout à l'heure, à l'égard des instances administratives et des représentants locaux des pouvoirs politiques, et qui résulte des contraintes imposées en contrepartie du financement par la Sécurité Sociale.

L'« institution éclatée » nécessite des absences plus ou moins prolongées d'un nombre indéterminé et implanifiable d'enfants. Il est exclu que vous puissiez faire la prévision annuelle relativement très précise du nombre de journées de présence des enfants que nécessite la réglementation actuelle du prix de journée.

Par ailleurs, la prise en charge des séjours des enfants hors de Bonneuil impliquerait, si Bonneuil était agréé, l'agrément par la Sécurité sociale des établissements ou des lieux d'accueil. C'est tout le problème de la médicalisation de « l'inadaptation » et des troubles mentaux, induite par les conditions réglementaires d'autorisation pour les soins aux assurés sociaux, qu'il faudrait pour cela remettre en question.

Dans l'hypothèse où ces problèmes seraient résolus, il resterait une source non négligeable de difficultés : la complexité des formalités et la longueur des délais requis pour le règlement des problèmes administratifs soulevés par le transfert d'un enfant d'un établissement relevant d'une DASS déterminée à un établissement relevant d'une autre DASS. Interrogé sur ce point, un des chefs d'établissement que j'ai interviewés m'affirmait qu'il faut six à neuf mois environ pour organiser des séjours d'enfants hors de l'établissement où il est pris en charge. Le principe de « l'institution éclatée » exige que vous puissiez réaliser l'alternance de séjours au moment imposé par l'évolution des symptômes de l'enfant, ce qui exclut bien évidemment la possibilité de les prévoir et de les organiser six à neuf mois à l'avance.

Plus généralement, en l'état actuel de mes travaux, je serais tentée d'avancer l'hypothèse selon laquelle les établissements pédo-psychiatriques sont fréquemment dans l'impossibilité matérielle, en raison des contraintes administratives et économiques, de prendre au moment requis par l'évolution de la « maladie » les mesures thérapeutiques qu'ils jugent nécessaires, et ceci quelle que soit leur option théorique.

Pour l'analyse des incompatibilités de « l'institution éclatée » avec l'état actuel des contraintes administratives imposées en contrepartie du financement par la Sécurité sociale, je voudrais remarquer qu'une solution simple est concevable. Elle consisterait à vous allouer une somme forfaitaire correctement évaluée, dont vous disposeriez comme vous l'entendez, quitte à vous imposer — ce qui est bien normal — un contrôle *a posteriori*.

7. Je vous avais annoncé sept éléments « d'incompatibilité de principe ». Le septième est relatif aux stages que les enfants de Bonneuil effectuent *chez l'artisan*.

Si vous étiez agréés, vous ne pourriez pas organiser ce type de formation professionnelle dans le cadre de Bonneuil. L'article 46 de l'annexe XXIV du décret du 9 mars 1956 concernant « les établissements pour enfants inadaptés » indique que « l'établissement qui n'accorde pas une formation professionnelle ne peut héberger au-delà de l'âge de quatorze ans les enfants susceptibles de bénéficier d'une telle formation... L'établissement doit être alors en relation avec un établissement de même catégorie qui assure une formation professionnelle et sera en mesure de recevoir les enfants de plus de quatorze ans qui lui seront adressés. »

Ce qui est en cause dans cette affaire, ce n'est pas la mauvaise volonté des employés de la Sécurité sociale, qui refusent d'immatriculer les enfants, ce sont les dispositions réglementaires, qui ont pour effet de consacrer un monopole éducatif (passage par des établissements non de production mais d'éducation). Les enfants « inadaptés » sont prisonniers d'un double enfermement : enfermement dans des institutions scolaires en tant qu'enfants et dans des institutions spécialisées en tant qu'« inadaptés ». Toutefois, le maniement de la critique de ce monopole éducatif me semble délicat. C'est une arme à double tranchant. On ne peut en user à bon escient qu'en tenant compte de la genèse historique de l'école laïque obligatoire et gratuite —

et d'autre part en tenant compte du contexte socio-économique dans lequel nous vivons.

En ce qui concerne la genèse historique, on oublie trop souvent de dire que l'école obligatoire est une conquête ouvrière, voire même essentiellement syndicale.

M. M. — L'école n'est pas obligatoire, c'est l'enseignement qui est obligatoire. C'est ce que les gens oublient. Les parents peuvent se charger de l'enseignement (et être inspectés).

S. B. — Les fameuses lois organiques sur l'école obligatoire n'ont fait que couronner les luttes syndicales qui ont jalonné le XIXe siècle pour faire reculer l'âge de l'entrée au travail des enfants.

Comme vous le savez, le capitalisme a été caractérisé au XIXe siècle par l'exploitation éhontée des enfants et des femmes. Une première étape dans la lutte en faveur des enfants devait aboutir à l'obtention des écoles de fabrique. L'expérience a très rapidement montré que cette formule d'éducation pouvait être révolutionnaire : elle joignait la formation professionnelle à la formation scolaire sur le plan des principes. L'expérience a très vite montré, aussi, qu'elle donnait lieu à des abus et à des caricatures de formation. Marx l'a très bien mis en évidence : ce sont les lois objectives du capitalisme qui, au XIXe siècle, ont provoqué l'émergence du droit des enfants. A notre époque, le droit des enfants est encore dominé par le souci de protection hérité de ce passé de luttes contre leur exploitation. La scolarité obligatoire et la remise des enfants entre les mains d'autres gens que les capitalistes qui subissent les lois du profit — en l'occurrence les enseignants —, c'est d'abord et avant tout une énorme conquête ouvrière sur le travail des enfants et sur l'école de fabrique.

Aujourd'hui, on n'en est plus là. Comment le disent les économistes, le capitalisme s'est « civilisé ». En fait, bien que le stade actuel du capitalisme soit un stade spécifique, la loi économique fondamentale reste celle du Capital. On a vu ce que cela donne : les jeunes sont devenus le volant du prolétariat le plus soumis à l'exploitation, tant du point de vue du chômage que de la rémunération. Et d'autre part, quand on a essayé de réglementer les problèmes de l'apprentissage, il y a eu en France de très sérieux problèmes, parce qu'on s'est heurté à un contexte économique où les enfants restent exploités quand ils sont mis dans le circuit de la production. Il y a eu d'énormes remous à ce sujet.

La critique des monopoles éducatifs est fondée du point de vue de l'éducation mais la lutte contre ce monopole n'est pas sans ambiguïtés et sans risques. On ne peut faire abstraction de ce contexte socio-économique.

M. M. — Le monopole éducatif, c'est le monopole des diplômés. Et on ne peut pas dire que la compétence soit nécessairement de ce côté-là.

Marx estimait que n'importe quel enfant de l'âge de neuf ans pouvait participer à un travail productif (limité à deux heures par jour). Il souhaitait combiner l'éducation avec ce travail productif. Je suppose qu'il s'agit là des « écoles de fabrique » dont vous parliez ?

Lénine a repris cette idée dans ses réflexions sur l'éducation. Il estimait que « l'un des plus grands maux et des plus grands fléaux que nous ait légués l'ancienne société capitaliste, c'est la rupture entre le livre et la pratique de la vie ». Il ajoutait que l'école oblige les gens à « assimiler une masse de connaissances inutiles, superflues, sans vie, qui encombre le cerveau et transforme la jeune génération en bureaucrates bâtis sur le même gabarit ». Sa critique des enseignants était sévère. Il les rendait responsables d'une forme de collusion avec les préjugés et habitudes bourgeoises.

La gauche française semble avait bel et bien oublié tout cela, et la volonté de certains d'obtenir une prolongation de la scolarité jusqu'à dix-huit ans va dramatiquement à l'encontre de l'intérêt de certains enfants, que l'on « mutile dans leurs forces vives », pour reprendre ici une expression de Françoise Dolto. On les met en position de devenir délinquants ou « malades » (je pense à toute cette frange qui est allergique à l'école et ne demande qu'à gagner sa vie. Il s'agit d'un symptôme. Un symptôme, comme le rappelle Winnicott, c'est l'envers d'un discours, ça ne doit pas se supprimer, ça doit être entendu).

S. B. — Du point de vue pédagogique, je suis d'accord avec vous sur bon nombre de points. En tant qu'économiste, ma position est différente. Le tort d'Ivan Illich, qui a dénoncé avec vigueur le monopole éducatif des enseignants, c'est d'avoir complètement perdu de vue le contexte socio-économique. Il a tout simplement oublié que l'école est une institution sociale, insérée dans un contexte social déterminé. Ce contexte, il le réduit à la juxtaposition de consommateurs d'une part, d'institutions d'autre part. C'est une sociologie singulièrement réductrice, qui débouche sur des propositions de changements du système scolaire extrêmement dangereuses et d'autant plus dangereuses qu'elles font illusion.

M. M. — Quel est ce danger ?

S. B. — La société est structurée. Nous sommes en société capitaliste…

M. M. — Ce qu'Illich propose concerne les sociétés les plus défavorisées. Il montre comment l'enseignement obligatoire y sert d'alibi et ne résout rien sur le plan des inégalités sociales, bien au contraire. Grâce au mythe du diplôme, un climat est créé dans lequel celui qui échoue est appelé à se résigner et à accepter ses limites. Cette résignation à garder cette place qui est la sienne lui est inculquée par les institutions familiale, scolaire, religieuse. C'est dans ce même chemin que nous nous engageons lorsque nous coupons l'enfant qui le demande de toute participation à la vie active. On l'oblige à « s'adapter » (se résigner) à ce pour quoi il n'est pas fait (ou à ce à quoi de tout son être il s'oppose). On a retenu de la scolarité obligatoire l'instruction, on l'a vidée de son contexte politique de formation. On a fait de la scolarité obligatoire un instrument de conditionnement à une certaine conception de l'ordre qui sert des intérêts qui ne sont pas nécessairement ceux des enfants.

S. B. — Je ne serai pas d'accord avec vous : ce qu'Illich propose ne concerne pas spécialement les sociétés les plus défavorisées. Si Illich avait parlé des sociétés défavorisées, ses propositions de limitations de la consommation prendraient une consonance encore plus insolite. Il fait une sorte de théorie générale des systèmes scolaires dans des sociétés indifférenciées où consommateurs et institutions s'affrontent ou se superposent. Cette position est particulièrement nette dans le numéro spécial d'*Esprit*[1]. Le danger que je dénonçais tout à l'heure est tout simplement celui de remplacer l'école capitaliste en France par l'école *du* capitalisme.

M. M. — On pourrait tenir compte de ce qui se fait en Chine. Dès la première classe de l'école primaire, un ouvrier vient doubler l'instituteur. Une classe sans référence à un travail réel (ouvrant sur une pratique à l'extérieur), ça n'existe pas. Chez nous, il y a le faire-semblant. On sait que les classes professionnelles d'IMP ne mènent à rien. Les enfants veulent bien aller travailler chez l'artisan ou l'agriculteur, mais le professeur jouant l'artisan dans sa classe, ça ne les intéresse plus du tout.

S. B. — En Chine, la loi du profit ne règne plus ; de plus, les Chinois font leur révolution idéologique. Ce qui est possible en Chine ne l'est pas en France actuellement.

M. M. — Il ne s'agit pas de proposer une application simpliste des idées d'Illich…

S. B. — Ce sont les mesures qu'Illich propose de prendre qui sont simplistes, bien que ses critiques du système scolaire soient tout à fait pertinentes du point de vue pédagogique.

M. M. — Néanmoins Illich pose des questions, là où en France l'administration les bloque. Il y a actuellement en France mise en place de structures responsables de la mort morale de toute une frange de la jeunesse. Après tout, n'est-ce pas Lénine qui a souligné que l'ordre bourgeois n'est plus que désordre ? Que la vérité de l'État soit la violence, n'est-ce pas à cela que nous aboutissons aujourd'hui ?

1. *Esprit,* « Illich en débat », 1971, numéro spécial, n° 6.

S. B. — Vous posez là des questions tout à fait passionnantes. Mais je n'ai abordé jusqu'ici qu'un aspect de la question que vous m'aviez posée par écrit : le problème des points d'incompatibilité entre le fonctionnement de Bonneuil et les normes en vigueur. Je vous propose d'examiner rapidement un second aspect : la *réduction de la liberté de choix* du médecin induite par le système français de sécurité sociale. Il y a là une illusion typique des fondateurs de cette institution qui est indéniablement par ailleurs le produit de l'une des conquêtes sociales les pus importantes de notre époque. Ces fondateurs ont cru pouvoir soustraire le secteur de la santé à la logique du profit, en aménageant quelques points qu'ils jugeaient sans doute stratégiques, tels que l'autonomie institutionnelle de gestion, la réglementation de la tarification des honoraires, la réduction de la liberté de choix aux médecins ou aux établissements agréés par la Sécurité sociale.

Un cours prononcé par Clément Michel, président de la FNOSS[1], au Centre supérieur de la Sécurité sociale, 7e promotion, octobre 1968, est tout à fait caractéristique à ce sujet. La cristallisation des conflits entre l'État et la Sécurité sociale sur le problème de l'aménagement institutionnel de l'autonomie de gestion, et les conflits apparents entre la Sécurité sociale et les médecins sur le problème de la fixation des honoraires recouvrent en fait la même illusion d'optique sur ce qui permettrait de soustraire le secteur de la santé à la logique du profit. Clément Michel traduit explicitement l'illusion des fondateurs de la Sécurité sociale. « Ce système du médecin imposé présente un avantage certain, dit-il. Le médecin qui n'est plus soumis aux impératifs commerciaux ne connaît plus de “ clients ” mais seulement des “ malades ”. »

En réalité, à quoi aboutit ce système ? Dans le domaine de la maladie mentale, Bonneuil montre clairement que, pour employer une image, le « système fonctionne à l'envers ». Il aboutit tout simplement à l'exclusion des établissements qui risquent de remettre fondamentalement

1. FNOSS : Fédération nationale des organismes de sécurité sociale. Clément Michel, *L'Assurance et le Corps médical.*

en question l'idéologie dominante. J.-C. Polack[1], qui est médecin, est étrangement timide dans son analyse politique de la Sécurité sociale. La logique de sa problématique, « la médecine du capital », aurait dû le conduire bien plus loin que ce constat principal du chapitre qu'il consacre à la Sécurité sociale, à savoir qu'elle bloque toute problématique véritable de la Santé.

Un deuxième point, relatif au même problème, mérite d'être souligné rapidement : il s'agit de l'effet des incohérences, bien connues, de la prise en charge des enfants « inadaptés » ou « malades mentaux ». Si les enfants sont placés dans une école ou une classe de perfectionnement, les parents ont les mêmes charges que les parents d'enfants « normaux ». Si les enfants sont pris en charge par un établissement agréé par la Sécurité sociale, les parents sont dispensés des frais d'entretien, d'éducation et de soins. S'il s'agit d'un établissement non agréé ou si les parents ne bénéficient pas de la Sécurité sociale, ils perçoivent une allocation d'éducation spécialisée, dont le montant est relativement dérisoire par rapport aux tarifs courants des établissements privés d'enfants dits inadaptés et notamment aux tarifs pratiqués dans les établissements agréés par la Sécurité sociale. La demande est ainsi artificiellement orientée vers les établissements agréés par la Sécurité sociale.

Du point de vue économique, les établissements privés pour enfants dits inadaptés constituent ainsi un secteur privé singulier : les établissements à but non lucratif y sont les plus nombreux, ils peuvent être contrôlés par des techniciens dont un bon nombre sont des salariés ou des chefs d'établissements privés fonctionnant dans le même secteur d'activité, ils bénéficient d'une demande assurée dont l'importance ne varie pas avec la reconnaissance par le consommateur de la qualité du service rendu, ils bénéficient en outre d'une politique gouvernementale dont une annexe du rapport Bloch-Laîné[2] souligne judicieusement

1. J.-C. Polack, *La Médecine du Capital,* éd. Maspero, 1971.
2. Rapport Bloch-Laîné, *Étude sur le problème général de l'inadaptation des personnes handicapées,* in *Documentation française,* 1969.

qu'elle dépasse le « laisser-faire » libéral traditionnel pour atteindre véritablement un « faire-faire ».

O. M. – C'est tout un livre qu'il faudrait consacrer aux aberrations de l'administration.

Seconde question.

La Sécurité sociale impose une hiérarchie médico-rééducative qui aggrave le cloisonnement dans lequel l'enfant se trouve enfermé. C'est l'administration qui impose ses normes à elle (nombre d'éducateurs, médecins, etc.) dans un lieu dit de « soins ». La ségrégation, c'est l'administration qui la désire (nous faisons problème dans la mesure où nous réunissons « normaux », psychotiques et débiles, relevant en fait chacun d'établissements spécialisés différents. Or, c'est ce mélange qui est capital.) Pourquoi cette rigidité ?

S. B. – Votre question sur la ségrégation imposée par l'administration me paraît tout à fait pertinente et importante. Néanmoins, avant d'y répondre, j'aimerais vous proposer quelques éléments de réflexion sur les effets contradictoires des normes de personnel imposées par l'administration. Ces normes, nous l'avons dit tout à l'heure, mais je tiens à le répéter, procèdent de l'intention principale de réunir des garanties de compétence destinées à protéger l'enfance contre l'exploitation qui en est faite. En réalité, leur application produit des effets contradictoires.

a) Elles sont manifestement insuffisantes pour produire l'effet de protection escompté. Ce n'est ni une fiction, ni une malveillance, ni même inconnu de l'administration, qu'un bon nombre d'IMP ne sont que des instituts de gardiennage. Il n'y a rien d'étonnant à cela. Les normes ne sont qu'un élément d'un ensemble de dispositions administratives et financières qui sont de nature à annuler l'effet de protection attendu d'elles. Je ne peux guère m'étendre sur ce point ; néanmoins quelques chiffres relatifs au financement des équipements en faveur de « l'enfance inadaptée » illustreront mon propos. Ils sont extraits du rapport

Euvrard (p. 110) qui est une autre annexe du fameux rapport Bloch-Laîné[1]. Au moment de la rédaction de ce rapport, les sources de financement se répartissaient en moyennes nationales aux niveaux suivants :

— Subventions de l'État 30,71 %.

— Subventions de la Sécurité sociale 38,88 %.

— Subventions des communautés publiques autres que l'État 5,60 %.

— Emprunts 17,56 %.

— Apports propres 7,13 %.

Ce mode de financement des équipements, joint au financement du fonctionnement et des coûts de maintien de l'actif par le prix de journée, auxquels s'ajoutent les possibilités offertes par la législation et la réglementation existantes et la liberté de fait laissée aux établissements de l'emploi des dotations d'amortissement expliquent que très souvent — comme le remarque le très officiel rapport Euvrard — des propriétaires particuliers se cachent derrière la structure transparente des associations à but non lucratif : on aboutit ainsi à la constitution de « plus-values en capital difficilement récupérables par la collectivité[2] ».

Ce constat n'exclut pas l'existence, d'ailleurs certaine, de dévouements désintéressés, généreux. Mais il incite à présumer, sans qu'il soit actuellement possible de fournir une mesure précise de l'ampleur du phénomène, que la Sécurité sociale, qui fournit à peu de chose près 40 % du financement des équipements et le plus fréquemment 100 % des coûts de fonctionnement et de maintien de l'actif par le biais du prix de journée, contribue notablement à ce résultat paradoxal pour une conquête sociale de la plus grande importance : servir d'instrument privilégié —

1. *Rapport Euvrard, Les problèmes financiers,* annexe du rapport Bloch-Laîné.

2. « De petites associations (ou des propriétaires particuliers placés derrière la structure transparente qu'elles constituent parfois) reçoivent des subventions représentant 70 % de la construction ou de la remise en état d'un bâtiment tout en étant libres de l'emploi des dotations d'amortissement et en bénéficiant, si l'immeuble est ensuite affecté à d'autres usages, d'une plus-value en capital difficilement récupérable par la collectivité » (extrait du *rapport Euvrard*).

à son insu, cela va de soi — à l'accumulation de capitaux privés, pour certaines couches de la population, dans le domaine spécifique des établissements privés pour enfants dits inadaptés.

Au risque de surprendre vos lecteurs habitués au mode d'administration de la preuve spécifique à la psychanalyse, je terminerai cette argumentation, dont le caractère sommaire est imposé par les nécessités et les limitations inhérentes à ce type d'entretien inter-disciplinaire, par l'évocation de deux chiffres extraits de l'annexe F du rapport Bloch-Laîné. En 1963, sur 536 IMP recensés, l'ensemble privé en réunissait 463, dont 342 étaient des établissements à but non lucratif gérés par une association. Trente-sept établissements seulement étaient des établissements à but lucratif. La différence entre cette structure juridique des établissements privés pour enfants dits inadaptés et celle des cliniques psychiatriques privées pour adultes appelle une interrogation et doit faire remonter à ses raisons.

Je serai amenée encore une fois tout à l'heure, pour répondre à l'une de vos questions écrites, à citer quelques chiffres supplémentaires. Permettez-moi de faire une courte digression à ce sujet. Le recours aux chiffres comme mode d'administration privilégiée et spécifique de la preuve en économie procède d'une option théorique délibérée, négativement caractérisée par la réfutation dûment motivée de la dichotomie prévalente dans la science économique contemporaine de type néo-classique entre « économie pure » et « économie positive ». En simplifiant beaucoup, je dirai que « l'économie pure » (dont Hicks[1] donne l'exemple contemporain le plus brillant) se propose de décrire ce que serait un ensemble économique reposant sur des hypothèses dont le caractère *conventionnel* est revendiqué avec insistance. L'économie positive consiste alors à montrer comment et pourquoi la « réalité » n'est pas conforme à ce système d'exploration logique et rigoureuse d'hypothèses posées *a priori* comme « irréelles ». Ce

1. Hicks, *Valeur et Capital*, éd. Dunod, Paris.

système d'une théorie conçue comme « modèle idéal » d'une « réalité » volontairement décrochée de toute référence au réel, assortie du mouvement inverse consistant à analyser « l'irréalité » de ce qui l'était déjà par définition, aboutit à rejeter dans l'enfer, hautement dévalorisé, de « l'économie appliquée » toute tentative de sortir d'un discours étroitement clos, enfermé dans ce qu'Althusser nomme une structure spéculaire de reconnaissance.

Vos lecteurs auront sans doute compris que je me réfère à une économie puisant ses matériaux dans des phénomènes « réels », dûment constatés, notamment par les enquêtes sur le terrain et les statistiques. Dans cette optique, la théorie économique consiste à prendre les faits comme des réalités sociales qui ne sont que des apparences et renvoient à une vérité se situant ailleurs que les représentations « spontanées » auxquelles elles donnent lieu : à montrer autant que possible par quelles voies et moyens ces faits peuvent se prêter à des représentations qui sont étrangères à la vérité même qu'elles manifestent.

b) S'agissant de ces normes de personnel imposées par l'administration, une seconde remarque s'impose, touchant le secteur des établissements privés pour enfants inadaptés : elles sont suffisamment rigides et contraignantes pour entraver notablement les hardiesses novatrices.

c) Les normes accréditent enfin fortement la croyance que la qualité des soins dispensés varie proportionnellement avec la quantité et la diversité des spécialistes employés. Comme le prix de journée dépend pour l'essentiel de cette composition qualitative et quantitative du personnel, le niveau du prix de journée obtenu par un établissement constitue un indice de l'importance et de la qualité de l'équipe placée sous la responsabilité du chef d'établissement, et constitue de ce fait une mesure appréciée de son prestige. A ce sujet, un chef d'établissement de province me disait qu'il était devenu un notable dans sa région depuis que son prix de journée avait dépassé le chiffre symbolique de 100 F.

Mais votre question portait principalement sur les raisons de la rigidité consécutive notamment à la ségrégation désirée par l'administration.

Vous avez tout à fait raison de dire que cette ségrégation, c'est l'administration qui la désire. Les textes réglementaires confirmant cette affirmation sont nombreux : article 3 de l'annexe 24 du décret du 9 mars 1956, circulaire du 20 juillet 1970 relative aux IMP et aux IMPro, paragraphe 3, catégories de déficients mentaux à recevoir, et paragraphe 2, types d'établissements. Etc.

Pour quelles raisons cette ségrégation est-elle préconisée ? Quelques passages des textes réglementaires fondamentaux l'expliquent clairement. J'ai trouvé à l'article 37 de l'arrêté du 7 juillet 1957 un passage indiquant qu'il convient d'appliquer une pédagogie spéciale pour chaque catégorie de troubles. Dans ce même texte, l'article 38 indique que « c'est la catégorie des troubles qui commande les traitements et techniques éducatives appropriées ». La circulaire du 20 juillet 1970, relative aux IMP et IMPro, stipule : « L'expérience montre en effet qu'il importe avant tout particulièrement à l'âge des acquisitions d'éviter que les plus évolués ne régressent au contact d'enfants plus gravement handicapés. » Il s'agit là véritablement d'une conception *administrative* de ce que doivent être la thérapeutique et l'action éducative.

Je dis que cette conception est administrative parce que de nombreux praticiens refusent, comme vous, cette ségrégation, et préconisent un certain dosage d'enfants souffrant de troubles différents. Il est vrai qu'ils n'envisagent pas d'inclure, dans ce mélange dosé, des normaux.

Parmi ces praticiens, dont on pourrait multiplier les exemples, je citerai Mme M.-J. Bailly-Salin, qui indique clairement, dans l'ouvrage collectif relatif aux hôpitaux de jour [1] pour enfants, que la constitution de groupes équilibrés (il s'agit de l'équilibre entre les enfants présentant diverses catégories de troubles) est à la fois une hygiène mentale pour les soignants et un facteur dynamisant pour les enfants eux-mêmes.

1. *Hôpitaux de jour et Externats psychothérapiques pour enfants*, éd. Privat, 1969

Troisième question.

Un éducateur célèbre me donna dans une lettre son avis sur toute forme de « reconnaissance » de la part de la Sécurité sociale : « De là où j'en suis, j'ai très consciencieusement déjoué, ces années dernières, des invites à un agrément plus ou moins larvé. Je ne tiens pas du tout à être “ reconnu ” et habilité, et j'aurais donc mauvaise grâce et peu d'aplomb à faire état de difficultés dont je peux dire que c'est bien tout à fait exprès que je m'y suis mis en plein. C'est dans ce sens que je parle quelquefois de guérilla. On ne demande pas à un “ État ” de subventionner une telle entreprise qui ne peut susciter que des complices, ici ou là et hors-fonction, en tout risque tout honneur. »

Cette position qui, dans une certaine mesure, rejoint la nôtre laisse cependant entier le problème du payement : des placements ou séjours du type ici indiqué sont dans la réalité ouverts avant tout aux enfants de la classe aisée. Certaines Mutuelles acceptent cependant, de temps à autre, de prendre entièrement en charge ce type de séjours et cela sans exiger un droit de contrôle. La Sécurité sociale — et, dans une certaine mesure, l'Aide sociale à l'enfance — n'accorde de subventions que dans un cadre de dirigisme autoritaire (c'est son idéologie qu'elle impose ; si on ne s'y plie pas, les subsides sont retirés...). Tant que demeureront en place des structures aussi rigides (et, il faut bien le dire, paternalistes), toute idée de changer la psychiatrie (et l'école) demeurera illusoire.

S. B. — Comme toutes vos questions, celle-ci est encore à multiples facettes. Leurs réponses requièrent des développements longuement argumentés et nuancés. Renoncer à ce type de réponses c'est prendre le risque de donner une vision schématique de l'état actuel de mes réflexions. Vous comprendrez aisément, je n'en doute pas, qu'il n'est guère possible de procéder autrement dans le cadre d'un entretien interdisciplinaire.

S'agissant de l'énoncé de votre question, je privilégierai un constat : « Ce type de séjour est, dans la réalité, ouvert avant tout aux enfants de la classe aisée. » Ce constat renvoie à deux problèmes graves dont l'un est relatif à la Sécurité sociale et l'autre à l'école de Bonneuil-sur-Marne, voire à la psychanalyse — notamment lacanienne — dans son ensemble.

Il est grave en effet pour la Sécurité sociale que les dispositions administratives dans le cadre desquelles elle accepte de fonctionner aboutissent à ce résultat navrant pour une conquête sociale de cette importance : l'exclusion des enfants de classes populaires du droit à bénéficier des « soins » permis par le dernier état de la science[1]. Par là, la Sécurité sociale, en acceptant de fonctionner dans le cadre des dispositions administratives qui lui sont imposées, devient un instrument non négligeable de réintroduction de l'inégalité profonde de statut des diverses couches sociales devant la maladie et la mort. Je crois que ce constat assez préoccupant et important invite à poser le *problème plus général de « la logique objective inconsciente »* de cette institution qu'est la Sécurité sociale.

Bourdieu et Passeron[2] nous ont appris à considérer l'existence d'une « logique objective inconsciente » comme un fait sociologique, commun à toutes les institutions sociales ; ils nous ont magistralement montré en quoi consiste cette logique objective de l'institution scolaire, et comment elle fonctionne à l'insu des agents de l'institution. Il est temps qu'une analyse du même type soit faite pour la Sécurité sociale.

Néanmoins, il me paraît inutile et peu souhaitable de le faire dans ce langage ésotérique que Bourdieu et Passeron dénoncent, bien qu'ils en usent largement. Le langage ésotérique n'est pas un signe inoffensif d'appartenance à une communauté savante. Il ne signifie que l'appartenance à une fraction de la classe dominante qui se voit assigner la tâche de légitimer et l'appartenance à cette classe et la domination de cette classe par un savoir dont la qualité se

1. Il ne faut voir dans cette affirmation aucun élément de jugement sur la valeur de pratiques thérapeutiques — jugement qui, de toute évidence, ne relève pas de ma compétence.

2. Bourdieu et Passeron, *La Reproduction*, éd. de Minuit, 1970. *Le Métier de sociologue*, éd. Mouton-Bordas, 1968.

mesure à l'ampleur de la masse dépourvue des moyens d'y accéder.

S'agissant de la logique objective inconsciente de la Sécurité sociale en particulier, il n'est guère possible de parler de cette institution sans mentionner les luttes incessantes avec l'État qui ont jalonné son histoire, et dont les résultats ont été pour elle négatifs. Un examen attentif des faits montre que, dans ce domaine de l'enfance dite inadaptée, la Sécurité sociale produit des effets secondaires totalement étrangers, voire contradictoires avec ses finalités originelles principales.

A cet égard, je suis très frappée d'un fait : pour bon nombre de médecins et pour le public, les intérêts de la Sécurité sociale et ceux des médecins sont en conflit. En fait, contrairement aux apparences, la vérité se situe ailleurs. La vérité c'est que la Sécurité sociale joue un rôle très important dans le maintien et l'extension des monopoles que vous dénoncez. Sans que ses agents en soient responsables (la vérité objective d'une institution échappe par nature aux agents de l'institution), la Sécurité sociale est un instrument privilégié du monopole de la légitimation sociale, du savoir officiel sur la maladie mentale, du fait même qu'elle ne reconnaît que les psychiatres diplômés et que tous les textes relatifs aux modalités de sa reconnaissance donnent la prééminence au psychiatre, ou confient le rôle prévalent au psychiatre. Cela me paraît d'autant plus navrant que tout le monde reconnaît l'inadaptation de la formation des psychiatres et surtout dans le domaine de l'enfance (cf. déclaration du docteur Misès dans *Le Livre blanc de la psychiatrie*).

Il y a un second point : la Sécurité sociale se fait un instrument privilégié de la perpétuation des monopoles de production du savoir officiel sur la maladie mentale, qui sont détenus actuellement par l'élite médicale universitaire. C'est ainsi que la Sécurité sociale, qui, par ailleurs, accepte de financer des dépenses d'enseignement pour l'enfance inadaptée, qui accepte de financer dans les hôpitaux des dépenses pour la recherche, refuse à des médecins éminents de compétence notoire, mais non officiellement consacrés comme chercheurs et enseignants, de reconnaître et de financer la participation de leur équipe aux travaux de recherches et d'enseignement. Le livre du docteur Lang sur la rééducation en externat est très net sur ce sujet.

Il y a un troisième point : il faut insister sur le fait que la Sécurité sociale est devenue un instrument privilégié de l'extension des monopoles médico-psychiatriques dans des domaines qui sont loin de relever naturellement de la compétence des psychiatres (je pense à un texte où Georges Mauco[1] cite Freud, qui pensait que la psychanalyse trouverait dans l'éducation un terrain ne pouvant pas lui être disputé par les médecins, la pédagogie n'ayant rien à voir avec la médecine). L'extension des monopoles psychiatriques à l'éducation est patent et récent.

Cette analyse appelle une remarque qui ne dément pas, me semble-t-il, la logique de vos raisonnements sur la nocivité des monopoles. Il n'est pas question d'ôter le monopole aux uns pour le confier aux autres, de dénoncer le monopole psychiatrique pour revendiquer le monopole psychanalytique.

En outre, réclamer la levée du monopole psychiatrique et revendiquer le droit pour la psychanalyse, discipline non médicale, d'être reconnue compétente dans le domaine de la « maladie mentale » soulèvent les délicats problèmes de la formation des psychanalystes, des dissensions et de la diversité des écoles de psychanalyse.

M. M. — C'est la plus grande erreur, de vouloir reconnaître la psychanalyse. Elle ne peut demeurer elle-même que dans la mesure où elle ne se trouve pas digérée par les règlements administratifs. La critique de l'administration nous conduit à nous sentir bien proches des Chinois.

S. B. — Vous acceptez donc que la psychanalyse reste une pratique de classe. Je comprends alors de moins en moins que vous puissiez dire de la psychanalyse qu'elle est a-sociale.

1. Georges Mauco, *Les Vingt-Cinq Ans de Claude Bernard 1945-1970,* éd. Privat, 1967.

M. M. — Prenons les choses par l'autre bout : l'école obligatoire, qu'en est-il resté ? Des règlements pour conditionner les élèves à une certaine conception de l'ordre.

Il ne faut pas perdre de vue l'utilité des contre-institutions, qui ne peuvent pas en elles-mêmes changer la société, mais qui forcent les gens à poser des questions là où l'administration les ferme. Ce que nous faisons déborde le circuit des « soins » et fait surgir une remise en cause ailleurs.

S. B. — Je disais, en commençant ma réponse à votre question, que le constat : « Ce type de séjours est dans la réalité ouvert avant tout aux enfants de la classe aisée » renvoie aussi à un problème grave pour Bonneuil.

Certes, votre choix fondamental de vous situer en marge des institutions établies, pour préserver votre pouvoir d'innovation, paraît, après trois ans d'existence, tout à fait légitime. Mais ce choix vous met aussi en situation de complice involontaire d'une société qui réserve aux seuls privilégiés le droit de bénéficier des « soins » permis par l'état actuel de la science. Que comptez-vous faire pour sortir de cette complicité imposée ?

Il me semble que R. Castel [1] a raison de vous reprocher de ne pas poser le problème des conditions sociales d'une généralisation des écoles du type de Bonneuil. Ma position ne différera de la sienne que sur un point. Je me demande s'il n'appartient pas aux sociologues et aux économistes de poser et de résoudre ce problème, qui est finalement extra-analytique.

Bonneuil questionné.

Quatrième question.

Le reproche qui nous est fait, à Bonneuil, c'est que nous ne sommes pas « rentables ». Est-ce votre avis ?

Une autre critique plus sérieuse qui nous a été faite, c'est

1. R. Castel, *L'Institution psychiatrique en question,* in *Revue française de sociologie,* XII, 1971.

que Bonneuil n'est viable que dans la mesure où il y a des bénévoles. Le bénévolat ne serait pas gênant si les étudiants étaient payés pour faire leurs études, mais ce n'est pas le cas.

D'autre part, les efforts de certains administratifs contre les vacataires, afin de ne retenir que des travailleurs à plein temps, seraient, en ce qui nous concerne, une erreur. Ce serait la mort de Bonneuil, si nous n'avions pas ce va-et-vient continu d'éléments étrangers. C'est le remue-ménage provoqué par les gens de l'extérieur qui entretient « la vie ».

S. B. – Quant à ce que vous nommez « le remue-ménage provoqué par les gens de l'extérieur », je n'ai pas la compétence requise pour émettre le moindre jugement sur la valeur pratique et thérapeutique des conditions de vie réunies à l'école de Bonneuil. Ma position d'économiste impose la plus stricte neutralité à l'égard des diverses options théoriques et implique que je prenne cette diversité et ces divergences comme un fait. Néanmoins, j'ai assisté, pendant le court stage que vous avez eu l'amabilité de me laisser faire à Bonneuil, à quelques événements surprenants pour la profane que je suis.

En deux jours, trois mutiques ont parlé spontanément et clairement avec moi. René m'a mise en situation de jouer au ballon avec lui, jusqu'au moment où il m'a dit : « Tu sais, je suis bien occupé. » Frédéric s'est blotti à plusieurs reprises contre moi ; puis il m'a amenée par la main jusqu'à la balançoire. A un moment, distraite par ce qui se passait à l'autre bout du jardin, j'ai omis de le pousser, et cet enfant surnommé nanan (seuls vocables qu'il daigne apparemment prononcer) m'a apostrophée en me disant : « Mais pousse donc. » Christine, elle, s'est adressée à moi à la suite d'un léger incident avec une « caractérielle » à qui j'avais dû rappeler fermement qu'à Bonneuil « on peut embêter autant qu'on veut les arbres et les cailloux », mais qu'il est interdit « d'empêcher les autres de vivre ». Christine a eu alors un regard de reconnaissance. Puis elle m'a dit en souriant : « Tu es grosse Titine. » J'ai répondu : « Je ne m'appelle pas Titine, je m'appelle Simone. » Elle a éclaté de rire, puis un long dialogue s'est amorcé. Il s'est poursuivi le lendemain. J'ai eu la nette impression que ces discours spontanés et clairement articulés des mutiques étaient provoqués par ma position de passagère attentive.

J'ai été étonnée aussi de la facilité avec laquelle un certain nombre de psychotiques et de « débiles » ont engagé spontanément avec moi, dans un laps de temps aussi court, un dialogue sonnant « vrai », où ils inséraient des réflexions saisissantes sur le monde des normaux, la société, la mort, le sens de la vie... Par là, ils m'acculaient à une position de complice tacite. Je me demande si la marginalité permise par les conditions de vie réunies à Bonneuil n'a pas un effet thérapeutique [1].

Mais revenons, si vous le voulez bien, au bénévolat et à la question de la « rentabilité [2] » de Bonneuil.

Il est certain que le bénévolat ne peut être qu'une solution *exceptionnelle* et *provisoire* au problème créé, en *l'état actuel des choses*, par l'obligation qui vous est faite de renoncer au bénéfice de l'agrément par la Sécurité sociale, pour préserver votre pouvoir d'innovation. J'irai même plus loin : ce bénévolat serait une mesure regrettablement ambiguë si elle n'était imposée qu'à vos stagiaires ; mais votre activité à Bonneuil est bénévole. Elle représente approximativement un mi-temps. Quant à vos stagiaires, s'ils ne perçoivent pas une rémunération monétaire, ils bénéficient, en contrepartie du temps qu'ils peuvent consacrer à Bonneuil, d'une formation sérieuse et régulière, assurée par vous-même et par le Dr Lefort [3].

1. La valeur thérapeutique du « remue-ménage » pose un problème à l'économiste que je suis : dans l'hypothèse d'une généralisation de Bonneuil, comment institutionnaliser le remue-ménage ?

2. La question de la rentabilité de Bonneuil est ici traitée sur le plan des *principes*. Une étude concrète aurait supposé des documents comptables dont on verra qu'ils nous ont fait défaut.

3. Les avatars de la demande d'estimation comptable, postérieurs à cet entretien, confèrent au bénévolat des divers membres du personnel de Bonneuil, dans l'organisation qui prévalait jusqu'à présent, une signification supplémentaire, qui n'est pas exemple d'ambiguïté (S. B.).

Les documents comptables ont été rendus publics en janvier 1973. En avril 1973, l'aide apportée par le *Comité de soutien* permettra le payement de quatre permanents ainsi que le payement de sept vacations par semaine d'ex-stagiaires (M. M.).

A ce sujet, je trouve assez édifiant du point de vue de la logique objective inconsciente de la Sécurité sociale que des établissements bénéficiant d'un prix de journée et du remboursement hors prix de journée des actes médicaux multiples qui y ont lieu, dirigés en outre par d'illustres médecins dont les opinions politiques sont notoirement révolutionnaires, soient condamnés à une politique bien plus ambiguë à l'égard de leurs stagiaires. Ainsi, dans une clinique privée à but lucratif, j'ai constaté que les stages de formation sont payants, bien que les stagiaires rendent souvent plus de services qu'ils ne reçoivent de formation. La raison en est que des circulaires récentes de plafonnement des prix de journée avaient provoqué, dans cet établissement comme dans beaucoup d'autres, d'importantes difficultés économiques, qui obligeaient à faire des économies sur l'alimentation qui n'est pourtant pas un poste important de dépenses, d'envisager des licenciements et d'utiliser des stagiaires comme main-d'œuvre d'appoint non négligeable et payante. Les stagiaires payants à plein tarif sont, il est vrai, des cadres dont les entreprises prennent en charge les frais de stage. Mais alors, que signifie le fait que des entreprises envoient leurs cadres prendre des leçons de management dans une clinique d'avant-garde ? C'est encore un autre problème, que je n'ai guère la possibilité d'aborder dans le cadre de cet entretien.

S'agissant du problème de la « rentabilité » et de la « viabilité » de Bonneuil, qu'il me soit permis de remarquer que cette objection n'a pas de sens précis, parce qu'elle peut signifier plusieurs choses nettement distinctes qu'il convient alors d'énoncer précisément.

L'affirmation « Bonneuil n'est viable que dans la mesure où il y a des bénévoles » appelle deux remarques. Le bénévolat des stagiaires, de vous-même et du Dr Lefort, permet, il est vrai, de limiter les sommes payées par les parents. Cela ne signifie nullement que Bonneuil n'est viable que dans la mesure où il y a des bénévoles. En effet dans le tableau comparatif des prix de journée établi par l'URIOPSS et précédemment cité, j'ai découvert qu'il existe, dans la région parisienne, des établissements d'une capacité d'accueil similaire à celle de Bonneuil, qui rémunèrent leur personnel et bénéficient d'un prix de journée tout à fait modéré.

Qu'en est-il alors de cette notion de « rentabilité de Bonneuil » ? Votre association est une association sans but lucratif régie par la loi du 1er juillet 1901, il faut donc écarter la notion traditionnelle de rentabilité applicable aux entreprises à but lucratif.

Que reste-t-il de cette notion de rentabilité ? Un extrait du fascicule 70-48 *bis*, consacré à la circulaire du 20 juillet 1970, peut donner d'utiles éclaircissements sur ce point. Il y est dit : « La capacité *minimale* compatible avec une rentabilité financièrement acceptable semble se situer autour d'une quarantaine de places pour les semi-internats. » Cette affirmation renvoie à un postulat de théorie économique et à la nécessité d'une analyse empirique des facteurs de variation du prix de journée. En vertu du postulat économique théorique ici en question, les coûts unitaires devraient être d'autant plus bas que les quantités produites sont plus importantes. Ils diminueraient ainsi jusqu'à un point optimal au-delà duquel ils deviennent croissants. C'est dire que, jusqu'à un certain point, il existe des économies d'échelle ou, ce qui revient au même : que la production d'un nombre restreint d'unités de biens ou de services nécessite des coûts très élevés. Dans cette optique, Bonneuil ne serait pas financièrement « rentable » parce que le nombre d'enfants est trop restreint.

Sur la base de données extraites du tableau comparatif des prix de journée URIOPSS précédemment cité, j'ai fait calculer par Bruno Mannoni, que je tiens à remercier vivement ici, une série de coefficients de corrélation entre les prix de journée et les nombres d'enfants accueillis par les établissements pour enfants dits inadaptés bénéficiant de ces prix de journée. Les valeurs obtenues sont éloquentes par elles-mêmes : pour les externats de la région parisienne, le coefficient de corrélation s'élève en 1967 à – 0,17 ; pour ces mêmes externats il atteint en 1968, avant mai : – 0,28 et pour 1969 : – 0,29. La corrélation est aussi faible pour les internats de la région parisienne. Afin d'éliminer les effets de distorsion éventuels, dus au fait que ces coefficients ont été calculés pour plusieurs départements réunis dans une même région, j'ai demandé de calculer, pour les départements pour lesquels je disposais d'un nombre suffisant de données, ces mêmes coefficients de corrélation entre la capacité des établissements et leurs prix de journée. Pour les internats du Val-de-Marne en 1969, ce coefficient est 0,183, c'est dire que la corrélation est très faible ; son signe positif indique même que les prix de journée auraient une légère tendance à augmenter parallèlement au nombre de places. Pour les externats des Hauts-de-Seine en 1969, des remarques similaires s'imposent et la corrélation est encore bien plus faible. Le coefficient est égal à 0,009.

J'ai établi un histogramme résumant les informations relatives aux externats et internats pour enfants inadaptés de la région parisienne. Les prix de journée moyens des internats et externats de la région parisienne y sont reportés par catégorie de capacité d'accueil des établissements ; 0 à 10, 11 à 20, 21 à 30, 31 à 40, etc. Ce graphique montre clairement qu'il n'y a pas d'économie d'échelle et qu'il n'y a pas de capacité optimale minimisant les coûts. Les prix de journée des externats ou demi-internats ne sont pas nécessairement inférieurs aux prix de journée des internats. Loin d'être confirmée, l'affirmation précitée, extraite de la circulaire du 20 juillet 1970, est complètement démentie. Pour les semi-internats, le prix de journée moyen le plus élevé est celui de la catégorie « 31 à 40 enfants ».

Il n'est guère possible de clore ces réflexions sur la « rentabilité » de Bonneuil sans aborder le problème de la confrontation — *sur des bases comparables* — de l'estimation des prix de journée de Bonneuil et des prix de journée payés par la Sécurité sociale à des établissements qui peuvent en être proches d'un point de vue ou d'un autre. Il est même permis de se demander si les prix de journée estimés pour Bonneuil ne sont pas notablement inférieurs à des prix de journée que la Sécurité sociale accorde à des établissements agréés par elle [1].

1. Le prix de journée estimé pour Bonneuil — pension des parents ou de la DASS + subsides du Comité de soutien — ne dépasse guère 50 F par jour (M. M.).

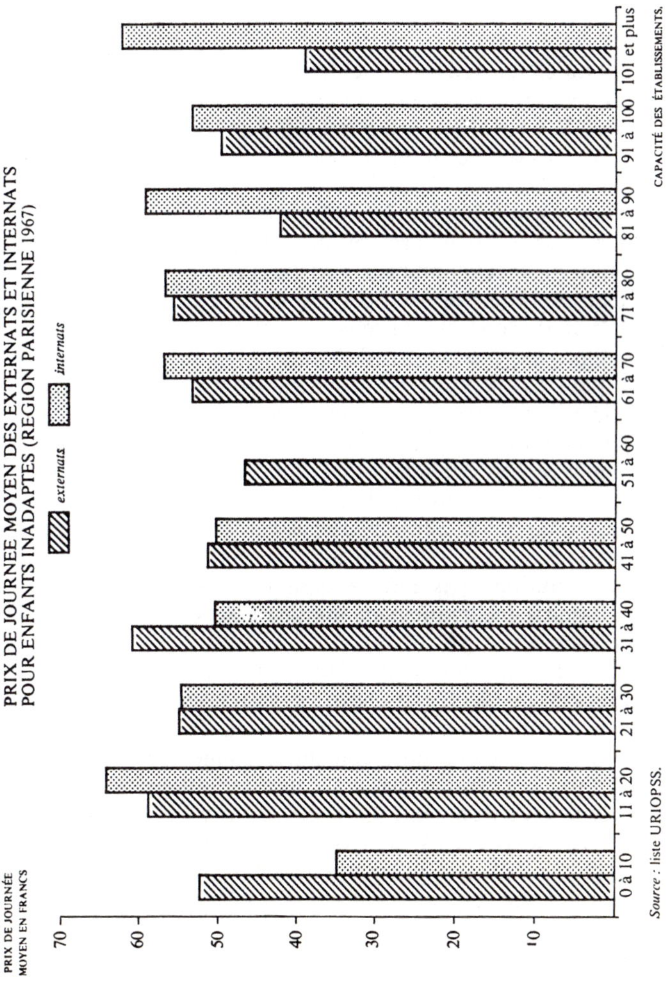

Source : liste URIOPSS.

M. M. — On ne peut donner Bonneuil comme lieu idéal, étant donné que les salaires effectivement payés sont insuffisants (et qu'il y a le bénévolat). Ceux qui sont payés (sous-payés) accomplissent un travail dans un contexte qui, ailleurs, pourrait être dénoncé comme une exploitation. En tant qu'artisans, ils ne se sentent pas exploités. En tant que salariés, ils se sentiraient exploités.

L'administration accepterait-elle de donner un forfait pour nous permettre de demeurer en marge ? C'est tout le problème.

Le travail à Bonneuil est un travail expérimental, et qui s'est proposé, dans l'intérêt de la recherche, d'ignorer les contraintes économiques. On ne peut donc en aucune façon prendre Bonneuil comme terme de comparaison en matière d'économie. Si ceux qui y travaillent étaient payés à un prix normal, le prix de journée y serait plus élevé. On ne peut pas reprocher à Bonneuil de travailler au rabais. Cela n'aurait pas de sens dans un travail de recherche. Cependant, on peut tirer certaines indications économiques de l'expérience. Elles vont dans le sens d'une thèse bien connue, et que j'ai déjà mentionnée, à savoir que l'économie de la Santé n'est pas contraignante seulement dans la mesure où elle interdit des initiatives : elle contraint les institutions existantes à appliquer des mesures (thérapeutiques) techniquement inutiles mais économiquement indispensables.

Il existe au moins une Mutuelle[1] qui paye aussi bien Bonneuil que le séjour chez le paysan breton. Il suffit que je lui fournisse une attestation. La Sécurité sociale pourrait faire de même et nous reconnaître comme lieu expérimental (en supportant que nous demeurions en marge du système). A Bonneuil, il y a des enfants « normaux » qui ne sont pas tolérés au lycée. Du même coup, c'est le problème de l'enseignement qui se trouve mis en question. Ce problème (et bien d'autres) se trouve escamoté par une

1. La DASS prend également en charge les enfants du Val-de-Marne qu'elle nous adresse — ce qui nous permet actuellement de ne pas avoir comme unique clientèle des enfants d'une classe bourgeoise privilégiée (M. M.).

mise en place rigide de structures exclusives de « soins ». Et l'éducation ? En France, l'administration a fini par tout stériliser. L'adulte, à qui toute initiative est ravie, ne peut que former des robots... qui font des « symptômes », que l'on « soigne ». C'est un engrenage infernal.

S. B. — Il n'est pas question de donner les prix actuels de journée de Bonneuil comme « normes idéales ». Je propose de procéder à une *estimation* des prix de journée de Bonneuil, dans l'hypothèse où tout le personnel serait payé et correctement rémunéré, et où la Sécurité sociale accepterait de vous allouer une somme forfaitaire pour perpétuer les pratiques d'institution éclatée dans les conditions requises par vos normes. Cette estimation comptable me paraît utile et importante pour plusieurs raisons.

Je vous ai donné mon analyse des incompatibilités, en l'état actuel des choses, entre le fonctionnement de Bonneuil selon vos critères et l'agrément par la Sécurité sociale. Je les ai situées d'emblée aux niveaux administratifs et réglementaires. Ces incompatibilités se *situent-elles* à ces seuls niveaux ? Ou l'école de Bonneuil-sur-Marne est-elle une de ces écoles pilotes parmi d'autres qui servent de vitrine — c'est-à-dire une de ces écoles de luxe dont on ne peut guère tirer d'enseignement pour la masse des écoles, parce qu'elles exigent des conditions matérielles tellement privilégiées qu'il est exclu de les reproduire ailleurs ? L'histoire de l'école française, et notamment celle des écoles maternelles à une époque récente, est jalonnée par la création de ces écoles « pilotes » qui n'ont finalement servi qu'à masquer, au-delà de leur apparence spectaculaire de recherche d'une transformation de l'école, l'immobilisme sur le plan global. J'ajouterai même que ces écoles ont abouti à l'exploitation croissante de la masse des obscures et anonymes institutrices d'écoles maternelles. De ce premier point de vue, il me semble indispensable de montrer que les prix de journée « estimés » de Bonneuil, établis sur des bases réalistes et comparables, n'atteignent pas un niveau financièrement incompatible avec les possibilités de la Sécurité sociale.

Vous dénoncez avec fougue et éloquence les ravages des

institutions scolaires et psychiatriques ; mais c'est l'école gratuite qui s'occupe de l'éducation ou l'instruction – appelez cela comme vous le désirez – de l'immense majorité des enfants, et c'est l'institution psychiatrique publique et assimilée qui traite l'immense majorité desdits « malades mentaux ». Je le répète et le crois très sincèrement, votre souci de préserver votre pouvoir d'innovation est légitime et fondé ; mais faut-il pour autant abandonner à leur destin social cette immense majorité ? En tant qu'économiste, j'estime que cet entretien n'a de sens que s'il contribue au minimum à localiser dans les conditions sociales existantes ce qui fait obstacle à la possibilité, pour *tous ceux* qui désirent le faire, de fonder une école sur le modèle de Bonneuil – et surtout à la possibilité, pour tous ceux d'entre eux qui le désirent, d'y recevoir des enfants des classes populaires.

M. M. – Les autres Bonneuil ne seront-ils pas récupérés dans les réglementations de la Sécurité sociale ? Une innovation n'a de sens qu'à demeurer dans une remise en cause continue. Institutionnaliser « l'institution éclatée », n'est-ce pas une aberration ?

O. M. – Il y a trois attitudes possibles :

1) L'une : la Sécurité sociale telle qu'elle est, nous n'en voulons pas, nous travaillons en marge.

2) L'autre : la Sécurité sociale étant ce qu'elle est, il est possible de généraliser Bonneuil.

3) La Sécurité sociale étant ce qu'elle est, il n'est pas possible de généraliser Bonneuil, mais cela pourrait être une incitation à chercher des accommodements avec la Sécurité sociale.

S. B. – A cela je voudrais répondre deux choses. Vous parlez de « la Sécurité sociale » en bloc. Vous laissez de côté le fait que les employés de la Sécurité sociale ne font qu'appliquer les règlements établis par le législateur. Remettre ces règlements en question, c'est poser un problème politique.

Toute réflexion faite, aucune des trois attitudes possibles que vous discernez ne me paraît souhaitable. La troisième paraît réaliste, mais elle n'est pas sans ambiguïté. Sous la pression de l'opinion publique, il se pourrait fort bien que ce soit la Sécurité sociale qui cherche des accommodements avec Bonneuil. Elle aurait au moins deux bonnes raisons de le faire : 1) chercher à placer Bonneuil en position de débitrice personnelle à l'égard de la Sécurité sociale, c'est-à-dire à la merci d'un retrait, possible à tout moment, de la dérogation exceptionnelle accordée ; 2) escamoter les problèmes d'intérêt général relatifs aux contraintes *communes* pesant sur l'ensemble des établissements dits pédopsychiatriques, et soulevés à partir de Bonneuil, en faisant pour Bonneuil une exception spectaculaire qui pourrait dispenser la Sécurité sociale d'opérer la mise en question radicale des cadres administratifs et des dispositions réglementaires qu'elle accepte de se laisser imposer.

M. M. — Le problème important, c'est la possibilité d'accueil d'enfants normaux contestataires du système scolaire actuel. Ce que nous promouvons à ce moment-là va dans le sens des contre-institutions.

S. B. — J'ignore s'il s'agit là du problème le plus important. Permettez-moi, pour en terminer avec ces considérations sur la Sécurité Sociale et sur ce qu'on pourrait nommer plus généralement la non-neutralité technique, sociologique et politique des techniques de financement et des cadres administratifs et réglementaires imposés à la Sécurité sociale, de vous signaler que la forfaitisation assortie d'un contrôle *a posteriori* n'a rien d'une solution utopique. Le dernier rapport annuel de l'Inspection générale la considère comme une solution audacieuse. Des études actuellement en cours examinent les possibilités d'opérer une complète transformation des techniques de financement du secteur qui nous préoccupe.

La forfaitisation ne résoudrait pas tous les problèmes, c'est évident. Néanmoins, elle pourrait déjà contribuer à apporter des changements non négligeables dans une situation qui est actuellement notablement bloquée.

S'agissant de votre désir d'avoir la possibilité d'accueillir des enfants normaux contestataires du système scolaire actuel, un fait social d'importance s'y oppose. En France, l'école est gratuite : la Sécurité sociale doit-elle ou peut-elle accepter de payer, plus qu'elle ne le fait déjà, les carences du système scolaire ?

M. M. — L'école gratuite que fait-elle ? Elle oriente autoritairement tout un type d'enfants en classes pratiques, alors que ces classes ne mènent à rien. Tout le monde le sait. Seuls les enfants de la classe aisée y échappent, en empruntant le circuit privé et payant (ils échappent ainsi à des verdicts sans appel).

S. B. — Vous m'aviez demandé de m'expliquer aussi sur ce que j'appelle « l'impact de l'économique sur le thérapeutique dans les institutions psychiatriques et pédopsychiatriques françaises contemporaines [1] ». Ce problème me paraît trop important et complexe pour que je puisse accepter de publier un résumé nécessairement sommaire et risquant d'être schématique, de l'état actuel de mes réflexions sur ce sujet [2].

Annexe sur la demande d'estimation comptable d'une somme forfaitaire globale et d'un prix de journée approximatifs, comparables avec ceux pratiqués par la Sécurité sociale et ses avatars.

Dans le but de tester l'hypothèse de la comptabilité financière du fonctionnement de Bonneuil et de sa reconnaissance par la Sécurité sociale, il a été demandé aux

1. Je tiens à remercier ici tous les psychiatres et chefs d'établissement qui, comprenant que ce problème se pose pour *tous* les établissements, quelle que soit l'option théorique à laquelle ils se réfèrent, ont accepté de m'accorder des entretiens sur ce sujet et de me laisser faire librement des stages d'observation plus ou moins prolongés dans leur établissement. Je remercie vivement d'avance aussi tous les praticiens et directeurs intéressés par ce travail interdisciplinaire, qui accepteront de m'accorder les facilités requises par l'enquête en cours.

2. Je me propose de publier prochainement une étude entièrement consacrée à ce sujet.

gestionnaires de l'établissement de faire procéder par leur comptable à une étude comportant les éléments suivants :

1. Analyse sur la base des documents comptables officiels existants, des frais d'exploitation et coût de maintien de l'actif — personnel exclu —, classés par chapitres du budget des établissements agréés par la Sécurité sociale, à savoir : 60, matières - 62, impôts - 63, entretien - 64, transports - 65, vie sociale - 66, frais de gestion - 67, frais financiers - 68, amortissements.

Un commentaire de cette analyse était prévu ; il était destiné à fournir des explications des disparités éventuelles de coûts de chaque chapitre par rapport à un autre établissement choisi comme point de référence.

2. Évaluation des frais de personnel sur la base des besoins définis par M. et Mme Guérin, en fonction de leur expérience du fonctionnement de l'École de Bonneuil. Nous avons corrigé à la hausse les normes de personnel nécessaires, chaque fois qu'apparaissaient des fonctions multiples de M. ou Mme Guérin et qu'ils n'auraient pas à remplir s'ils n'étaient que directeur et éducateur salariés.

En définitive ces besoins ont été estimés à 5 vacations d'analyste d'une demi-journée par semaine, 1 vacation de psychiatre d'une demi-journée par semaine, 1 emploi à plein temps de directrice rémunérée au moins sur la base de la convention collective de 1966, 4 éducateurs à plein temps (dont l'un serait chargé spécialement des accompagnements des enfants envoyés en séjour hors de Bonneuil et l'autre chargé du transport journalier des enfants), une monitrice d'enseignement ménager à temps plein, 10 vacations hebdomadaires d'une demi-journée de psychologues chargés de la responsabilité des ateliers. Le nombre de 10 vacations hebdomadaires, inférieur au nombre actuel de demi-journées de stagiaires, a été obtenu en tenant compte des heures de complément de service restantes pour les éducateurs transporteurs et accompagnateurs. A ces besoins doivent être ajoutés les services d'un agent d'entretien, dont les fonctions sont actuellement remplies par M. Guérin.

Il convient aussi d'ajouter à cette évaluation les impôts supplémentaires, liés aux emplois supplémentaires salariés.

3. Évaluation de l'indemnité forfaitaire nécessaire pour couvrir le coût des frais engagés par les pratiques d'institution éclatée.

Le nombre d'enfants envoyés en séjour hors de Bonneuil est variable et implanifiable ; le chiffre de 4 enfants en permanence hors de Bonneuil, dépassant largement les maxima observés, a été retenu.

Le montant total annuel de cette indemnité forfaitaire nécessaire pour quatre enfants en séjour en permanence hors de Bonneuil a été évalué, en y incluant les trajets d'enfants, les trajets d'accompagnateurs, les frais de transport de la gare au lieu d'accueil, dont l'unité était évaluée à 30 F et le paiement de la pension totale de l'enfant dans le lieu d'accueil, évaluée à 1 200 F par mois.

La demande que soit faite cette étude s'est vu opposer un refus catégorique, assorti de réactions violentes. L'argument principal invoqué à l'appui de ce refus sur le mode répétitif, était « *qu'aucune association de 1901* non reconnue par la Sécurité sociale ne publie son bilan ».

Le problème ne se situe évidemment pas à ce niveau. L'école de Bonneuil est conçue statutairement comme un centre de recherche, et c'est à ce titre qu'une économiste a pu demander des renseignements qui, pour un établissement à but lucratif, auraient été considérés comme strictement confidentiels.

Le budget prévisionnel établi pour un éventuel Bonneuil n° 2 estime à 1 430 F par mois la mensualité à demander aux parents. Ce qui confirme le fait — évident pour tout passager attentif à Bonneuil — que les parents peuvent ne payer la somme relativement modique de 680 F par mois qu'en raison du bénévolat des stagiaires, de la psychanalyste, du psychiatre consultant et parce que M. et Mme Guérin paient largement de leur personne pour le fonctionnement de Bonneuil.

L'argument de ces fonctions multiples nous a été opposé à plusieurs occasions comme facteur d'erreur d'évaluation. Pour réfuter cette objection, nous avons accepté une estimation très large des besoins en personnel.

Pourquoi refuser de faire procéder à l'estimation de la

somme forfaitaire globale et du prix de journée approximatifs, dans l'hypothèse où Bonneuil bénéficierait des services de tout le personnel salarié requis, employé et rémunéré, c'est-à-dire dans le cas où M. et Mme Guérin n'auraient à remplir que leurs fonctions de directrice et éducateur ?

La question se pose d'autant plus que la comparaison entre les besoins en personnel définis précédemment et l'estimation des besoins personnels de Bonneuil n° 2, établis selon les indications de M. et Mme Guérin, montre une très large supériorité des besoins estimés dans le cadre de ce projet d'étude.

Le refus de cette étude appelle donc des explications. Il ne nous a pas été donné de disposer des éléments susceptibles de fournir des bases objectives d'appréciation de ce refus.

En toute rigueur, l'économiste ne peut, dans ce cas, que constater que si Bonneuil accepte de constituer un lieu de questionnement des contraintes économiques communes à l'ensemble des institutions dites pédopsychiatriques, ses gestionnaires ont pu refuser, voire interdire, tout questionnement — fût-il indirect — de ses aspects économiques. On refuse ainsi à l'économiste de lui donner le moindre moyen de questionner sérieusement ce refus.

Ce double constat appelle une conclusion évidente : si l'école de Bonneuil arrive pour l'essentiel à se soustraire aux contraintes économiques *communes* à la majorité des établissements dits pédopsychiatriques, ce refus d'estimation comptable prouve qu'en dépit du désir qu'avait manifesté plus haut Maud Mannoni d' « ignorer les contraintes économiques dans l'intérêt de la recherche » ces contraintes existent — car que peut un tel refus, sinon en manifester avec éclat l'existence ? *Il n'y a pas de territoire social échappant à la société, c'est-à-dire au primat de l'économique.*

Ce qui est ici en jeu ne concerne pas des intérêts particuliers, mais une idéologie de l'indépendance de l'idéologique par rapport à l'économique — qui conduit à une véritable forclusion du discours économique.

Il est regrettable enfin que les gestionnaires de Bonneuil n'aient pas compris la portée scientifique d'une telle étude ou n'aient pas voulu en tenir compte. Tant qu'une telle étude ne sera pas faite, il sera légitime de se demander si Bonneuil est ou n'est pas une école pilote ou expérimentale de luxe et si la validité des résultats de la recherche entreprise en ce lieu se limite ou non, en conséquence, à une minorité de privilégiés.

Ces avatars illustrent avec netteté la complexité des problèmes institutionnels, d'ordre théorique et stratégique, soulevés par une recherche qui vise l'élaboration d'un savoir effectivement utilisable.

Vous avez voulu que je dispose de la liberté de conclure ce chapitre. Une conclusion sur les multiples thèmes abordés au cours de cet entretien, qui a souvent pris la forme d'un exposé-débat, ne me paraît pas souhaitable en l'état actuel d'une analyse de la situation socio-économique des institutions psychiatriques et pédopsychiatriques, que j'essaie de promouvoir.

En guise de conclusion, je vous proposerai quelques remarques transgressant délibérément les canons traditionnels et académiques de la bonne conclusion, que tout universitaire compétent se doit de respecter.

A ma connaissance, ce chapitre constitue le premier dialogue interdisciplinaire jamais tenté entre l'économie et la psychanalyse. Le bel article de Castel : « L'inconscient social de la psychanalyse [1] » m'a donné la tentation de faire une analyse du même type que la sienne, des conditions de possibilité et d'impossibilité d'une confrontation économie-psychanalyse. De cet article, je retiendrai cependant que l'hypothèse relative à l'interdisciplinarité, « selon laquelle la relation productrice de véritables connaissances n'est pas la collaboration conçue comme une bourse d'informations directement communicables parce que coupées des conditions objectives de leur découverte, mais la confrontation de deux modes d'accès au savoir ». Cette proposition met au premier plan la *disparité radicale des registres* sur

1. R. Castel, *L'Inconscient social de la psychanalyse*, in *Topique I*, PUF, 1969.

lesquels se situent les discours des deux disciplines qui se confrontent.

Bien que l'entreprise fût difficile, vous avez su accepter et respecter cette étrangeté relative de nos discours, au point de publier au sein même de votre livre des points de vue parfois radicalement divergents des vôtres. Je tiens à vous en remercier vivement.

S'agissant de la contribution spécifique possible de la science économique, à ce qu'à défaut de termes plus adéquats je nommerai « les idéologies scientifiques » relatives à la maladie mentale : psychiatrie, antipsychiatrie, psychanalyse, il serait concevable de la situer à plusieurs niveaux : analyse des conditions objectives d'exercice de ces « idéologies scientifiques » ; analyse des affinités ou dépendances liant ces conditions objectives aux données socio-économiques globales structurales et structurelles ; contribution à l'analyse de l'autonomie relative, c'est-à-dire — comme écrit Althusser — de la dépendance relative, de l'idéologie par rapport à l'économique dans ce secteur spécifique d'activité.

De ce dernier point de vue, cette contribution spécifique d'une analyse économique des institutions dites psychiatriques et pédopsychiatriques pourrait déboucher à long terme sur l'élaboration d'un élément de la théorie des idéologies qui reste toujours à faire.

S. B.

C'est autour de la question posée par Simone Benhaïm que se joue actuellement l'avenir même de Bonneuil. En effet, les adolescents, à leur tour, ne se contentent plus d'une « autogestion » qui ne concerne en fait que les 5 F par jour donnés par les parents pour les repas. Ce qu'ils questionnent, c'est : « Ce que ça rapporte, l'inadaptation. » Ce qu'ils veulent interroger en fait, ce sont les recettes et dépenses de Bonneuil ; mais ils se heurtent alors, quoique de façon voilée, à une réponse qui les renvoie « à leurs affaires ». Or, l'adolescent, le jour où il n'est plus mutique, sait très bien que « ses affaires », ce sont justement les choses qui le gouvernent (et le réduisent, lui, comme sujet, à l'état de chose échangeable). Ce ne sont pas les calculs de boutiquier qui l'intéressent, mais ce qui peut le conduire, à partir des chiffres, à une recherche liée à la vie, c'est-à-dire liée à la compréhension des conditions socio-économiques de l'environnement dans lequel il se trouve pris. Les effets d'un savoir soustrait à la lutte rendent ce savoir inutile (comme est devenu inutile le savoir universitaire).

Lorsque l'enfant pose la question : à quoi ça sert ? cette interrogation en recouvre une autre : à quoi ça sert, pour que ça change ?

Décembre 1972, M. M. [1]

1. Voir p. 315 « Note sur l'économique ».

11

Documents : un combat contre l'Administration

Un historique

1969-1972

Août 1969.

Constitution d'un dossier en vue d'une ouverture légale, dossier adressé à l'Éducation nationale : *il se perd.*

12 septembre 1969.

Déclaration de l'association (CERPP) à la préfecture de police. L'association est régie par la loi du 1er juillet 1901 et le décret du 16 août 1901. Parution au *Journal officiel* le 3 octobre 1969.

Fin d'année scolaire 1969-1970.

Demande en vue de l'allocation d'éducation spécialisée. Le dossier de l'Éducation nationale est parvenu à la DASS[1], *mais s'est reperdu.*

Octobre 1971.

Nous obtenons l'agrément de l'organisme gérant l'allocation d'éducation spécialisée. Il y a effet rétroactif depuis octobre 1970 (mais comme nous sommes une école expérimentale l'aide ne sera accordée que jusqu'en avril 1973, les accords devront ensuite être revus).

1. Direction de l'action sanitaire et sociale.

— Des contacts sont pris durant le *3e trimestre 1970-1971*, afin de situer légalement nos stages pratiques et de couvrir les employeurs (contacts avec l'académic du Val-de-Marne). Il n'y a pas de difficultés, nous dit-on :

— Il faut un protocole d'accord avec l'employeur,

— une inscription de l'enfant à la Sécurité sociale,

— l'école conserve la prise en charge et la responsabilité.

Mais :

— Il est impossible d'inscrire les enfants à la S. S. [1] car nous n'avons pas le numéro d'agrément de la préfecture (le dossier d'ouverture légale s'est perdu). Un employeur téléphone à l'Inspection du travail et demande s'il a le droit de garder l'adolescent : on lui répond par la négative.

— Où s'adresser pour légaliser les stages pratiques et couvrir l'employeur ?

— Nous sommes renvoyés de notre siège au lieu de travail, du lieu de travail au lieu de résidence de l'enfant, etc.

Lettre ouverte parue dans la presse, janvier 1972 (cf. ci-dessous).

— Intervention de M. Guichard auprès de l'académie du Val-de-Marne. Un projet est avancé puis abandonné.

— Inspecteur d'académie et DASS se réunissent : une demande d'inscription à la Sécurité sociale est faite par l'intermédiaire de l'inspecteur général, directeur régional de la Sécurité sociale.

— Mais qui tranchera les problèmes avec l'Inspection du travail ?

Ce qui serait nécessaire : une confrontation entre représentants de l'Éducation nationale, du Travail, de la Santé, afin d'obtenir une solution plus générale et que nous ne soyons pas seulement soumis à des tolérances ou dérogations temporaires.

Mars 1972.

Intervention de M. le Ministre de la Santé publique. J'ai une entrevue avec le docteur S. Lebovici (cf. lettre).

1. Sécurité sociale.

Avril 1972.

Une solution provisoire est enfin trouvée (grâce à l'appui de la presse) : elle va permettre la poursuite de l'expérience.

— Il est à noter que nous n'avons jamais rencontré de façon ouverte d'obstacle à l'échelon ministériel. C'est la bureaucratie administrative qui oppose la force de l'inertie à toute velléité de changement.

À MONSIEUR LE MAIRE
BONNEUIL-SUR-MARNE

Ce 12 novembre 1971.

Monsieur le Maire,

Nous avons reçu l'autorisation de l'inspecteur d'Académie de faire accomplir des stages pratiques à nos adolescents de 14 à 16 ans. Certains travaillent ainsi de quelques heures à deux jours par semaine dans un restaurant ou chez un mécanicien.

Nous aurions aimé dans l'immédiat trouver d'autres possibilités pour deux ou trois filles de 15 à 17 ans (des possibilités comme aides dans des services de nettoiement ou de cuisine). Cette possibilité de mise au travail à l'extérieur (ne fût-ce que quelques heures) joue pour ces enfants comme outil thérapeutique. Nous aurions souhaité faire participer les aînés à un système de services à rendre à leur commune (au titre d'une mise en pratique d'une véritable éducation civique).

L'inspecteur d'Académie est prêt à nous épargner toutes les démarches administratives : il suffit d'un protocole d'accord qu'il ratifie.

En espérant que vous pourrez nous venir en aide, je vous prie de croire, Monsieur le Maire, à l'expression de nos sentiments dévoués.

Maud Mannoni.

Le Maire n'a jamais donné suite à cette lettre. L'autorisation de l'Inspection d'académie ne pouvait en aucun cas suffire. Il fallait l'inscription des enfants à la Sécurité sociale, inscription que la S. S. a toujours refusée.

LETTRE OUVERTE[1] AUX MINISTRE DE L'ÉDUCATION NATIONALE, MINISTRE DE LA SANTÉ, MINISTRE DE L'INTÉRIEUR, AUX ADMINISTRATEURS DES HÔPITAUX

Je m'adresse à vous, en désespoir de cause, par la voie de la presse, après avoir tenté en vain pendant deux ans auprès de vos ministères de légaliser la situation dans laquelle se trouvent certains de nos enfants élèves de l'École expérimentale de Bonneuil-sur-Marne (lieu dit d'anti-psychiatrie).

Nous demandions que certains adolescents de quatorze ans puissent, au même titre que les élèves des CET, bénéficier d'une disposition de la loi les autorisant à effectuer des stages dans le monde du travail. Notre communauté, gérée par les enfants (des débiles, psychotiques, mais aussi des « normaux » anorexiques scolaires), a une structure toute particulière qui n'entre dans aucun cadre administratif, c'est une école expérimentale, qui devrait au moins pour un temps (celui de l'élaboration théorique d'une pratique) pouvoir bénéficier d'un statut spécial.

Notre communauté n'accueille en demi-pension qu'un nombre de quinze à dix-sept enfants, ceux qui ont échoué dans le système traditionnel de l'enseignement, ceux à qui les structures traditionnelles des organismes dits de « soins » ne conviennent pas.

Nous leur offrons un lieu de vie, c'est-à-dire un lieu que l'on peut quitter, en semaine pour travailler chez le mécanicien, au restaurant ou chez un artisan ; pendant l'année pour travailler avec les paysans. Ces enfants (les parents peuvent en témoigner) sont arrivés bavant dans leur camisole de force chimique, l'air hébétés et idiots, faisant même des tentatives de suicide.

Grâce à la possibilité qui leur a été donnée de travailler un à deux jours par semaine dans le monde des adultes, ils sont devenus intelligents et responsables. Ils ont même repris une scolarité (dont nous ne nous occupons pas beaucoup) avec le Centre national d'enseignement par correspondance. Un de ces adolescents, déclaré « inapte aux études », suit une classe

1. *Politique hebdo* du 20-1-1972.

de troisième fort honorablement, à condition qu'il fasse de la mécanique. La mécanique le passionne. Le garagiste a été son meilleur « soignant ». Si nous lui ôtons la mécanique, il redeviendra « schizophrène », justifiant des « soins », et abandonnera ses études (qu'il estime être d'intérêt tout relatif).

Le restaurant vient de nous faire savoir qu'il a reçu l'Inspection du travail et nous dit son regret de ne plus pouvoir offrir un lieu de stage à un autre de nos adolescents. Celui-là, Messieurs les Ministres, n'avait, à quatorze ans, malgré huit ans de « soins » et classes spécialisés, même pas un niveau de 10e. Le jour où il s'est passionné pour le restaurant, il nous a demandé comment faire pour calculer le 12 %. Il ne se suicide plus. Par contre il se pose des questions : ce que la commune fait pour ses administrés, ce que l'État fait pour ses communes, à qui va l'argent de la TVA. L'ennui des enfants débiles et psychotiques, c'est que, quand ils commencent à poser des questions, on se demande parfois jusqu'où ça va aller. Pour ça, il faut les sortir des institutions, ne pas les enfermer dedans ; ou bien ils sont « schizophrènes » ou bien ils se passionnent. La machine administrative, Messieurs les Ministres, risque d'avoir raison de leur passion, définitivement.

Et pourtant, c'est après avoir réussi précocement à se constituer comme rebuts d'une société (qui ne voyait pour certains que l'hôpital psychiatrique comme issue) que certains ont pu redonner un sens à une vie *qu'ils avaient renoncé à vivre* avant même l'âge de quatorze ans.

Si l'administration nous supprime la possibilité de sortir ces adolescents de quatorze ans dans le monde vrai du travail on nous condamne à devenir une Institution fermée, coupée de la vie, dont la structure alors rappelle celle des asiles ou des prisons ; c'est cela que disent les adolescents que l'on nomme psychotiques ou ceux que nous rendons délinquants, faute de pouvoir leur donner de quoi vivre (dans le sens d'un enthousiasme).

D'autres que nous assistent d'ailleurs en France impuissants aux effets néfastes d'une législation qui, en prolongeant la scolarité jusqu'à seize ans, n'a laissé qu'à des privilégiés l'accès au travail manuel réclamé. Nos structures enseignantes fabriquent les révoltés que l'on récupère ensuite à l'asile ou en prison.

C'est cela que nous cherchions à éviter en introduisant un

style de vie à la place des structures de « soins », lorsque les « soins » viennent à être refusés.

L'Académie du Val-de-Marne a compris notre problème, mais n'a aucun pouvoir. Elle se heurte à une administration insaisissable qui accorde un jour ce que le lendemain elle refuse.

Notre situation administrative est la suivante : Nous dépendons du *ministère de l'Intérieur*, car nous sommes une association loi de 1901.

Nous dépendons, par nos structures, *du groupe hospitalier* (la législation régissant les hôpitaux), mais nous ne pouvons en faire partie puisque nous refusons d'être enfermés dans les structures « hôpitaux de jour » qui n'ont justement pas réussi à ceux qui viennent chez nous.

Nous dépendons de la *Sécurité sociale.* C'est elle qui est responsable du désarroi dans lequel nos jeunes actuellement se trouvent, car elle refuse l'immatriculation dont ils ont besoin pour pouvoir continuer à travailler.

La Sécurité sociale serait prête à les immatriculer si elle avait l'agrément de la Préfecture qui ne demande qu'à le donner si nous étions reconnus par l'Éducation nationale

Nous dépendons de l'*Éducation nationale*, mais nous ne pouvons être reconnus par elle, puisque nous n'acceptons pas les structures traditionnelles, celles qui n'ont pas convenu au type d'enfants que nous avons.

Nous n'avons certes qu'un nombre très réduit d'adolescents qui risquent de souffrir gravement du blocage d'une administration empêchant toute innovation. Mais ce qui se passe a valeur d'exemple pour ceux qui, en province, se débattent sans espoir avec des jeunes que l'on condamne définitivement, pour les avoir, ensuite, à charge à vie.

Si, dans notre expérience, nous refusons les structures de l'administration, notre équipe se compose d'un neuropsychiatre (le Dr R. Lefort), d'éducateurs (Rose-Marie et Yves Guérin) et d'étudiants de 3e cycle. Pierre Felida (Maître assistant à Censier) nous assiste dans nos travaux.

Puis-je me permettre de vous faire entendre la voix d'un de ces élèves qui, s'il réintègre le secondaire l'an prochain, le devra au fait d'avoir pu parler, d'avoir pu renoncer aux études, pour les reprendre ensuite à partir de sa passion pour la mécanique ?

« Ça m'intéresse plus d'apprendre la mécanique que de me coller le cul sur une chaise au lycée X, d'entendre un professeur décliner les verbes machin. C'est barbant, c'est chiant pour être franc. Il y a trop de trucs qui ne servent à rien, on perd du temps, on perd des points. On pourrait passer plus de temps à moins s'emmerder. »

Des travaux se font à l'étranger, qui ne peuvent se faire en France. La recherche se trouve inutilement bloquée, comme si la vérité (du symptôme) devait être oblitérée.

Nous vous serions reconnaissants, Messieurs les Ministres, de nous permettre de poursuivre une expérience qui peut non seulement apporter beaucoup à ces enfants, mais éclairer lc législateur. Les structures administratives sont loin de reposer toujours sur des données scientifiques.

Pour poursuivre cette expérience, le droit à l'accès au vrai monde du travail (un jour ou deux par semaine) devrait être – pour des raisons thérapeutiques – reconnu à ces jeunes gens, par une dérogation aux règlements existants. Cela même pourrait être considéré comme expérimental.

Maud Mannoni.

Lu et approuvé :
Gilles Deleuze, Michel Foucault, Roger Gentis,
qui ont signé.

DR S. LEBOVICI
CONSEILLER TECHNIQUE AUPRÈS DU
MINISTRE DE LA SANTÉ PUBLIQUE

Paris, ce 9 mars 1972.

Monsieur,

Je me permets – à l'intention de Monsieur le Ministre de la Santé publique – et en vue de notre entretien du 16 mars, de vous faire parvenir les documents suivants :

1. Une photocopie de la « Lettre ouverte aux Ministres »,
2. Un résumé concernant trois ans de blocage administratif,
3. La liste des personnes qui sont intervenues en notre faveur.

L'aide que nous sollicitons se situe à deux niveaux :

a) Un niveau d'*urgence* : on nous empêche de fonctionner depuis trois mois. La décompensation actuelle d'un des adolescents est en relation directe avec l'arbitraire administratif. Son renvoi du restaurant (en attendant l'accord de l'administration) a été vécu de façon persécutive, comme sanction d'une « guérison ».

C'est dans la mesure où la chimiothérapie est absente, que nous avons besoin de réinventer un style de vie convenant à des enfants qui ont derrière eux un passé psychiatrique assez lourd.

b) Un niveau de *stabilité administrative* : autorisation de bénéficier, à titre d'École expérimentale, d'une dérogation sur le plan des stages (choisis parmi les artisans, restaurants, etc., que nous connaissons et avec lesquels un travail remarquable a déjà été accompli).

Monsieur Guichard est intervenu auprès de l'inspecteur d'Académie du Val-de-Marne pour que cette affaire se règle, mais rien ne peut, semble-t-il, se régler au niveau bureaucratique, puisque aucune des instances ne veut se compromettre (ni la Mairie, ni l'Académie, ni le Préfet, ni la DASS).

Seule une décision au niveau le plus élevé peut nous tirer de l'impasse dans laquelle nous nous trouvons.

En vous remerciant de bien vouloir me recevoir, je vous prie de croire, Monsieur, à l'expression de ma considération.

Maud Mannoni.

DR S. LEBOVICI
CONSEILLER TECHNIQUE AUPRÈS
DU MINISTRE DE LA SANTÉ

Paris, ce 3 mai 1972.

Cher Monsieur,

Nous avons obtenu une solution provisoire pour quatre de nos enfants, et vous sommes tous très reconnaissants d'avoir pu intervenir auprès de Monsieur l'Inspecteur de l'Académie du Val-de-Marne.

Nous demeurons à votre disposition pour une réunion à l'échelon ministériel.

Je vous prie de croire, cher Monsieur, à l'expression de mes sentiments reconnaissants.

Maud Mannoni.

Cette réunion à l'échelon ministériel va dans la suite nous être refusée. Personne ne désire vraiment régler le problème.

La solution « provisoire » permet d'isoler Bonneuil et rend ainsi impossible un débat à l'échelon national.

Lettres de soutien.

Monsieur le Président de l'UNAPEI, Monsieur Georges Mauco (il était déjà intervenu en 1969 auprès du ministre du Travail), Monsieur Domenach (Monsieur Delors promet d'intervenir auprès de Monsieur Chaban-Delmas); une équipe de psychiatres et psychologues de Pau 64 écrit au ministre de la Santé publique; des enseignants et médecins de Province et de Belgique nous écrivent.

La Presse.

Politique hebdo, 20.1.1972; *Nouvel Observateur*, 24.1.1972; *la Croix*, 27.1.1972; *le Figaro*, 29.1.1972; *Sud-Ouest Bordeaux*, 30.1.1972; *l'Express*, 14.2.1972; *la Haute-Marne libérée*, 17.2.1972; *l'Est républicain*, 17.2.1972; *le Comtois Besançon*, 17.2.1972.

Conclusions

La menace que représente l'adolescent s'adresse à cette partie de nous qui n'a pas eu réellement son adolescence, et qui fait que nous en voulons à ceux qui peuvent avoir ce passage. Cela nous fait souhaiter de trouver une solution pour eux. Il y a des centaines de fausses solutions ; nous avons tort dans tout ce que nous disons et faisons.

D. W. WINNICOTT

Il était logique que l'on essayât de résoudre le problème de la folie par la loi, et qu' « au nom de la société » cette tâche fût confiée à l'État.

Comme a su le montrer Stanley Diamond[1], cette tendance étatiste a ses origines dans un type de société archaïque : le délit a été inventé pour justifier la loi et la constitution de l'État. Née de la violation d'un *ordre coutumier*, la loi apparaît ainsi – pour paradoxal que cela paraisse – comme *désordre*. A l'autorité de la coutume se substitue la contrainte de la loi[2] – et la loi finit par amener le règne de l'arbitraire.

Alors que la communauté du village comprenait et gardait dans son sein ses déviants, la société moderne (réduite de plus en plus à l'existence impersonnelle d'une bureaucratie juridique et technocratique) « prend en charge » le nombre grandissant de ses « inadaptés », c'est-à-dire les rejette à l'asile ou en prison.

La réussite des Chinois, sur le plan de l'éducation et des « soins », tient au fait qu'ils ont su conserver leurs coutumes communautaires – les modifier sans les affaiblir. Le peuple a été encouragé à s'administrer, et une diversification très grande des expériences et initiatives a été rendue possible, dans le domaine de l'éducation comme dans celui de la santé.

Tandis que les Chinois combattaient le dogmatisme, l'autoritarisme, et traquaient la « fausse » culture, l'Occi-

1. Stanley Diamond, *La Contrainte de la loi et l'Ordre de la coutume,* in *Les Temps modernes,* avril 1972.
2. Développé par Stanley Diamond.

dent accentuait au contraire le culte de la technique, en consolidant un appareil d'État situé au-dessus des masses. Le peuple, en France, ne s'administre pas : il est administré.

Le problème de la compétence s'efface devant la règle des investitures. Les titres et les diplômes donnent accès aux postes clefs de l'administration. Aucune garantie de valeur professionnelle (celle-ci peut être réelle aussi bien que nulle) ne correspond à la valeur administrative de ces diplômes. Dans des structures sociales différentes, des sujets sans compétence réelle devant la pratique s'élimineraient d'eux-mêmes.

L'orientation politique française concernant l'Éducation nationale et la Santé publique n'a cessé d'aggraver le poids du monopole administratif. On envisage aujourd'hui, par exemple, une prolongation scolaire jusqu'à dix-huit ans, alors que la pratique nous montre les méfaits parfois irréversibles d'un maintien prolongé, contre sa volonté, d'un adolescent dans le circuit scolaire qui lui interdit pratiquement tout contact avec la production. La lutte qu'on nous promet d'engager contre les retards scolaires et le souci de dépister dès la naissance tout signe d'anormalité psychique témoignent en fait de la voie répressive, policière et inefficace, dans laquelle s'engagent les réformes françaises. Tout se passera comme si l'on avait besoin de plus en plus d'inadaptés pour justifier le développement des moyens administratifs.

Un certain malaise à vivre, perceptible à l'école, à l'hôpital, sur les lieux de travail, ne peut alarmer ni même intéresser l'administration. Loin d'être attentive aux failles du système, elle n'a d'autres recours que d'accroître la rigidité de ses structures bureaucratiques.

Toute innovation véritable dans les domaines de la santé et de l'éducation risque de devenir impossible. Soignants et patients, maîtres et élèves sont, avant tout, des administrés, et on les reconnaît officiellement comme tels. Les textes administratifs établis par le législateur orientent la thérapeutique ; et les psychiatres, comme le révèle une étude inédite de S. Benhaïm, ne font que rationaliser secondairement un type de « soins » instaurés et mis en place pour le « bien » du patient, quand ce choix correspond de façon patente à une pure nécessité économique (imposée par la Sécurité sociale). Des textes administratifs pesants gèrent également l'enseignant, particulièrement dans le cycle primaire ; l'instituteur est dépossédé de toute initiative, il lui est impossible de faire œuvre d'imagination. L'administration française (qui est peut-être l'une des plus contraignantes) a réussi ainsi à détourner l'école publique de sa mission originelle (l'un des effets de la détérioration de l'enseignement s'exprime dans la façon dont la majorité des élèves est « vaccinée » contre la lecture).

L'enfance inadaptée pose un problème d'éducation au sens large ; on en a fait arbitrairement un problème médical, monopolisé par les institutions de la Santé.

La recherche (laissée en France aux seuls officiels) est elle-même très compromise : ce qui peut ailleurs se réaliser à un niveau clinique ou pédagogique (créations de lieux expérimentaux divers) risque de devenir impossible en France du fait des contraintes croissantes de l'administration. Les monopoles des diplômes sont protégés, et l'enfance sacrifiée aux institutions (l'institution n'est plus au service des enfants, mais les enfants, par leur présence, assurent à l'institution les revenus que l'administration lui octroie). L'administration française, en un mot, gère la « maladie » et ceux qui la traitent ou l'exploitent.

Le *désir* de l'enseignant, ou du soignant, se trouve ramené à un système d'offres et de simples demandes. L'adulte en est victime : on lui ôte la satisfaction personnelle qu'il tirerait de son travail ; et l'enfant est victime de la contrainte subie par l'adulte.

De son côté, l'expérience de Bonneuil met en relief la nécessité d'orientations diverses, ce qui n'est possible qu'à s'écarter des rails scolaires étroits qui sont les nôtres (d'autant plus qu'ils mènent à une impasse : celle bien connue des IMP professionnels, des classes pratiques, etc.).

Que des enfants français débiles (0,60), ignorant tout de la langue anglaise, trouvent en Angleterre de quoi devenir intelligents, en dit long sur les limites du système français. Que des schizophrènes deviennent de bons vivants parce qu'ils ont trouvé, avant l'âge de quatorze ans, de quoi les passionner dans le monde du travail adulte (celui de l'artisanat qui, justement, se trouve en voie de disparition), n'est pas sans nous laisser songeurs.

Que d'autres (comme Jacques) réussissent une entrée en 2e C au lycée, après avoir passé le plus clair de leur temps à ce que monsieur l'Inspecteur à qui l'affaire Hurst a donné quelque notoriété [1] appellerait du « bavardage », voilà qui devrait faire réfléchir l'Éducation nationale (qui avait jugé Jacques inapte à entrer en 6e et à faire des études longues) et la Santé publique (ses représentants firent, eux aussi, pression sur les parents de Jacques pour qu'ils renoncent au secondaire pour leur fils : « Avec la psychose, on ne fait pas de miracles »).

Et les enfants autistes ? Ceux qui demeurent mutiques ne font problème que parce que notre société ne leur offre rien, si ce n'est l'exploitation dans un travail pour handicapés à l'usine. Un ex-mutique de Bonneuil (douze ans) se prépare à partir pour l'Angleterre dans un type de « ferme-école » inexistant chez nous. Qu'il ne sache pas encore lire ne fera pas problème là-bas, et d'ailleurs son « désordre » pourra être mis par les Anglais au compte de son statut d'étranger et non de sa personnalité (statut de folie). Les Anglais sont très conventionnels, aussi défendus que nous contre le risque de contagion de la « maladie mentale ». Mais les critères par lesquels nous croyons pouvoir assurer qu'un enfant est anormal sont assez inconsistants pour s'effacer, ou presque, devant des problèmes banaux d'adaptation. Qu'un enfant de Bonneuil envoyé dans une école anglaise semble ignorer l'usage des w. c. ou de la fourchette, cela passe pour inadaptation chez un étranger. De même s'il est illettré. Mais qu'il ne s'aventure pas à maltraiter un chat ; car alors, une fois diagnostiqué « fou », il risquera de le devenir vraiment.

Si l'avenir de Pierre apparaît comme préoccupant, c'est dans la mesure où son symptôme est plus nettement articulé avec la scène et les structures de la société industrielle. Georges Devereux a insisté sur le fait que chaque société propose à ses membres des « modèles

1. L'affaire Hurst, *Nouvel Observateur,* 26 juin 1972.

d'inconduite » : on ne pourrait guère, sans cette hypothèse, expliquer la conduite de Pierre, qui se sert d'un de ces modèles pour mettre le groupe à l'épreuve. Fasciné par la transgression du « modèle d'inconduite [1] » même qui lui est en quelque sorte offert, Pierre cherche à mettre le groupe à l'épreuve de ce qu'il ne peut tolérer. Son trajet hors-institution va de la bergerie à la ferme-école anglaise, via les Cévennes, la demande d'un séjour chez les hippies et le logement indépendant en banlieue ouvrière. Dans sa recherche d'un type « non reconnu » de folie [2], Pierre se révèle néanmoins tristement conventionnel, oscillant entre la délinquance et le « prêt-à-porter » de la folie, que le milieu culturel lui fournit. Qu'il soit hippie ou bourgeois, le milieu lui indique ses repères, lui signifiant du même coup la règle du jeu et les limites offertes à l'hospitalité. Que ce soit cet enfant-là qui ait le plus contesté notre type de civilisation moderne, assimilant le monde dans son ensemble à une énorme prison, n'a pas été sans poser quelque problème. Méprisant, hautain, il laissait tomber un jugement qui ne souffrait aucune réplique : « Il n'y a pas de quoi vivre ici, ni ailleurs, ni nulle part. »

Le projet de Pierre : ne pas avoir assez de toute une vie pour se venger du mal qu'on lui a fait (avant trois ans) ressemble assez aux projets et à la révolte de ces autres adolescents décrits par Fernand Deligny [3], et pour lesquels il avait, dès 1938, mis en place sur le territoire français tout entier des « réseaux d'existence », prêts à accueillir un enfant en difficulté. Ces réseaux ou lieux d'accueil en marge des institutions permirent en leur temps à bien des adolescents d'échapper à l'asile ou à la prison. Mais l'administration (celle de gauche ou de droite) fit, comme on le sait, échouer l'œuvre entreprise [4]. Nous avons pensé à

1. Linton.
2. Georges Devereux, *op. cit*
3. Emile Copferman, *Pour saluer Deligny,* in *Partisans* n° 50.
4. Emile Copferman, *ibid. :* « Je comprendrai plus tard que, même lorsqu'elle veut se donner pour révolutionnaire, l'institution pédagogique tend peu à peu à se muer en son contraire au nom du sacro-saint principe de réalité. Elle peut, sans heurts graves, développer deux types de discours, l'un supérieur, l'autre inférieur, à sa base, en faveur

ces réseaux d'existence, dans la mise en place de notre propre réseau[1]. Les temps ont changé depuis 1938 et l'espace où survivre pour un psychotique ou un délinquant s'est considérablement réduit. Dès qu'elles se muent en cités dortoirs ou cités de secours, les banlieues ouvrières perdent leur potentiel humain d'accueil, et le monde paysan est lui aussi en train de disparaître – pour céder la place aux industriels de la terre. De plus en plus réduite à des rouages anonymes, la société est en train de se vider de toute valeur (culturelle, éthique, etc.). La plainte de ceux qui affirment *qu'il n'y a plus de quoi vivre* doit dès lors être prise au sérieux : il y a là une vérité que l'on ne peut méconnaître[2].

---

de la liberté, sous toutes ses formes reconnues, jusques et y compris la dynamique de groupe, l'anarchie spontanéiste ; au sommet, pour le renforcement de son pouvoir bureaucratisé. Car leur coexistence suppose la préservation de l'essentiel : de l'institution en tant que telle. C'est au sommet que s'établissent les rapports avec les officines du pouvoir, dispensatrices de visas, autorisations, fonctions, subventions, moyennant le respect du terrain fixé par elles, des attributions, bref, de la finalité pédagogique. »

1. Notre réseau, constitué en Bretagne par les Guérin et en Dordogne par J.-J. Bouquier, s'est formé principalement dans le monde paysan. Il faut signaler en France l'existence d'un « réseau underground » composé d'ouvriers et bourgeois en rupture avec le système social actuel. Décidés à changer leur propre vie, ils se sont installés de façon parfois précaire dans certaines régions déshéritées de France. Ils acceptent, en plus de leurs propres activités, l'accueil d'un jeune en difficulté. La tolérance à la « folie » est parfois plus grande chez eux qu'en milieu paysan Ce mouvement de « communautés », de « Free Clinics », « d'écoles en marge », qui se développe actuellement en France et à l'étranger, doit être pris au sérieux. L'avenir est de ce côté-là, et non du côté des institutions régies par les impératifs administratifs.

2. Dans notre univers réglementé, une fugue anodine peut conduire un adolescent de seize ans à l'asile, si l'opération « vérification d'identité » a lieu de façon trop orageuse. Cette mésaventure est arrivée à Pierre. L'absence de papiers d'identité le rendit nerveux à l'arrivée d'un agent qu'il malmena. Emmené à Lariboisière, il reçut une « piqûre calmante » – qui augmenta son angoisse. Dirigé vers un hôpital psychiatrique, il y resta attaché trois nuits durant, malgré l'intervention de Robert Lefort. A peine sorti de ce qu'il qualifia « d'enfer », Pierre récidiva, c'est-à-dire répéta l'événement traumatisant. L'enfant ne se retrouva pas à l'asile parce qu'on put, cette fois,

La situation marginale de Bonneuil a servi de révélateur à une situation qui ailleurs se trouvait bloquée[1]. Notre totale indépendance nous a permis un type d'expérience

---

éviter l'intervention de la police. Dans son cas, l'agression chimiothérapique a toujours eu un effet destructeur. La réponse médicale, devant une « maladie » aggravée par la médecine, a toujours été : l'asile. Si l'enfant a pu y échapper, il le doit à la situation sociale de sa famille qui, devant l'aggravation des troubles, a renoncé au circuit officiel des « soins ». Cette question de la « dangerosité » fabriquée par les drogues « soignantes » n'a guère été étudiée.

1. Bonneuil a voulu ignorer toute contrainte économique et ne pas faire dépendre les séjours d'enfants en Bretagne et ailleurs, thérapeutiquement nécessaires, des nécessités économiques de l'institution. Mais l'économique — qui appartient au registre du symbolique — s'il se trouve soustrait à toute possibilité d'analyse, risque de reparaître dans le réel sous forme d'îlot paranoïaque non dialectisable. Tout lieu qui doit son fonctionnement au bénévolat des stagiaires devrait pouvoir livrer le bilan de son exploitation. Il éviterait ainsi que ne se déplacent sur l'*imaginaire* des questions qui, parce qu'elles appartiennent au registre du symbolique, font apparaître aussi une dimension éthique.

Lorsqu'une association a non seulement le pouvoir de soustraire l'économique à l'analyse, mais peut interdire qu'on en parle, elle se constitue comme le pôle paranoïaque de l'institution. Tout refus de l'association de répondre à une demande des adultes (en outils de travail, etc.) risque, dès lors, de se trouver intériorisé comme violence. C'est une situation qui reproduit l'arbitraire et le caprice de la loi paternelle, dans un type de famille où le père ne se manifeste que pour dire : non.

La reprise avec les parents de ce problème de la *fonction* de l'économique a fait apparaître leur parfait accord avec une idéologie morale à effets répressifs : — L'argent, il ne faut pas qu'on en parle.

Le plaisir de l'enfant menace l'adulte, qui situe un tel plaisir dans une atmosphère de chaos ou de fin du monde. Ce qui est demandé à l'enfant, c'est « d'obéir et de se taire ». Ainsi, une institution qui serait mise en place par les parents ne pourrait-elle à l'évidence qu'être une institution oppressive (oppression qui peut aller de pair avec des convictions libérales, chrétiennes, etc. Seuls les parents anarchistes sont capables de poser le problème correctement). On se heurte ici aux défenses inconscientes de l'adulte, face à ce qui en lui le menace. Il fait appel aux valeurs morales d'un monde patriarcal pour détruire ce qui risquerait de le conduire (lui et ses enfants) au chaos (sexuel et moral). Mais c'est cette *réglementation morale* pathologique qui est directement responsable du « chaos » que la société cherche à contrôler. On peut (comme l'a souligné W. Reich) dire qu'une certaine conception de la morale s'oppose à la moralité naturelle (et à une vie amoureuse saine), maintenant enfants et adultes dans une forme d'esclavage génératrice de *haine*.

qui, pour ne pas se scléroser, a besoin d'échapper à une réglementation bureaucratique.

Un inspecteur d'Académie nous a d'ailleurs dit : « Si vous réussissez ce que vous faites, c'est parce que vous êtes en marge. Dès que les autorités administratives tireront de votre expérience un règlement, ce sera terminé. Il en a été ainsi de toutes les expériences menées en France. Aucune n'a résisté à son officialisation. » C'est en effet tout le problème

Il était donc clair pour certains que Bonneuil serait (et ne pourrait que demeurer) un lieu d'exception, de caractère expérimental : en quelque sorte une expérience réussie dont il n'y aurait rien à tirer. Cette prise de position autoritaire est celle de la gauche aussi bien que de la droite. Enseignants, soignants, usagers n'ont droit, dans les programmes politiques qui nous sont présentés, à aucune initiative : les *organes administratifs* en tant que tels doivent demeurer inchangés.

A chaque campagne électorale on nous promet de nouvelles élites (mais dans une perspective où il s'agit de maintenir intactes les structures). Il faut amener élèves, patients, enseignants, soignants à mettre leur travail au service d'une idéologie de rendement et d'efficacité. Le réarmement moral est à l'ordre du jour. On en voit les effets dans le mécanisme d'*orientation-sélection* mis en place pour servir les exigences de la vie industrielle ; dans la procédure de *promotion* des cadres : la nomination des soignants dans le « secteur » dépend de plus en plus du service des Renseignements généraux ; dans le type d'*institutions* agréées par les pouvoirs publics : les subsides sont donnés aux hôpitaux de jour très hiérarchisés, CMPP [1] très « structurés », etc. L'enseignement et les « soins » doivent devenir *rentables,* ils ont partie liée avec l'économie et l'expansion.

Ce renforcement des structures administratives aggrave l'empire exercé sur l'enfant par la cellule familiale moderne. L'enfant en arrive à « appartenir » aux parents et

1. Centres médico-psycho-pédagogiques.

aux institutions[1], avant d'avoir eu le temps de pouvoir s'interroger sur qui parle à travers lui. « Mon enfant, me dit une mère de schizophrène, je la veux comme elle est, avec moi pour toujours. Comme elle est, elle me convient, elle est ma garantie. » On ne saurait de façon plus parfaite exprimer jusqu'à l'absurde la finalité de l'institution familiale, mais aussi celle de toute institution (scolaire, hospitalière). Et qui, mieux que les débiles et les fous, peut en assurer la pérennité ?

Les structures hiérarchisées mises en place par l'administration ont pour effet de perpétuer la séparation entre *pratique* et *théorie*. Dans toutes les disciplines, loin d'informer la pratique, la théorie semble avoir d'abord et avant tout comme unique finalité celle de *produire des théoriciens* — qui « l'accaparent et la confisquent ». Comme le souligne O. Mannoni[2], cette situation « n'est pas liée à la nature du savoir, elle est idéologique et politique » : ce qui frappe en Chine, c'est l'importance accordée, au contraire, à ce qui pourrait se définir comme une *politique de la théorie*[3].

En France, les structures hiérarchiques font, plus qu'on ne veut bien en convenir, barrage au savoir. Une idéologie fondée sur la concurrence et la lutte de prestige est responsable de ce que l'on pourrait appeler une *perversion*

1. Lorsque la question du *pouvoir* surgit dans un lieu, il est toujours introduit par celui qui veut garder le privilège d'en priver l'autre. Ce que l'analyste introduit, c'est une dimension qui arrache le thérapeutique au pouvoir oppressif d'une idéologie petite-bourgeoise. C'est dans cette dimension que va pouvoir être interrogé le désir de l'éducateur et de l'enfant, que va pouvoir être réinterrogé ce qui touche à la transmission du savoir, sa fonction, et son incidence dans un système socio-économique global.

Le *plaisir* a pu être « rendu » à l'enfant, le jour où à Bonneuil s'est trouvée débusquée la position inconsciente de l'adulte qui avait l'impression qu'on lui demandait de payer de sa vie à lui (son argent) le droit au plaisir pris par l'enfant dans l'eau, etc. Ainsi Bonneuil a-t-il dû lutter quotidiennement contre le danger de récupération d'une expérience dans une idéologie « d'ordre, de Loi » qui, parce qu'elle forclôt la fantaisie et méconnaît le désir, risque de ne plus laisser en place que le vide de la mort.

2. O. Mannoni (dans un recueil à paraître chez Armando, Rome).

3. O. Mannoni, *ibid.*

du savoir. Le savoir est mis au service de la promotion hiérarchique et cela n'est pas sans effet sur l'orientation donnée à une recherche qui a pour garante l'institution.

Dès qu'une science, c'est le cas de la psychanalyse, devient « respectable », elle se trouve récupérée (et métabolisée) dans le discours dominant. Le proscrit de naguère, on cherche à le justifier culturellement. Une vérité qui aurait pu se dégager d'un moment de rupture avec les idées courantes se trouve dès lors *perdue* dans le modèle qu'on cherche à mettre en place. L'homme de science n'est jamais entièrement à l'abri de la tentation de mettre sa théorie au service d'un mystique[1]. Le psychanalyste n'échappe pas à ce danger : il a cherché tantôt à assimiler la psychanalyse aux croyances religieuses, tantôt à la conformer, pour des raisons de prestige, aux modèles scientifiques les plus récents, même à ceux des sciences exactes. Si elle n'est pas mise au service d'une pratique qui puisse la contester, sa recherche théorique risque de se stériliser (et de n'avoir pour seul garant que le statut professionnel de l'analyste).

Le système assurant la formation des analystes risque, à l'instar du système scolaire, de devenir une fin en soi. Coupés de problèmes surgis de la pratique psychiatrique, médicale, sociale, les analystes courent le danger de s'auto-alimenter, et de ne produire, à travers le type de formation donnée aux candidats, que des analystes identifiés à des rôles d'analystes (cela, comme le note Devereux, à une époque où on assiste à une reculturation de la psychanalyse devenue « idole de place publique »).

On peut considérer comme symptomatique la façon dont aucun analyste (même débutant) n'a voulu prêter son concours au démarrage de Bonneuil. Les plus contestataires d'entre eux avaient, sur le plan de la pratique, une carrière à préserver.

Ce sont les étudiants, les enfants et le couple d'éducateurs qui ont « fait » Bonneuil. Certains des étudiants se sont, depuis, engagés dans une formation analytique. S'ils

1. Georges Devereux, *Ethnopsychanalyse complémentariste*, éd. Flammarion, 1972.

deviennent analystes, ce sera, je l'espère pour eux, en rupture avec la façon traditionnelle de faire carrière au sein d'un groupe fermé.

Bonneuil est à situer comme moment dans une histoire [1].

Lorsque nous avons œuvré à notre propre éclatement, la

1. Nous ne nous sommes guère étendus dans ce livre sur la vie de Bonneuil au « Grand-Fougeray ». Cette expérience de vie communautaire, menée l'été par Rose-Marie et Yves Guérin en étroite collaboration avec les gens du pays, ainsi qu'avec l'aide de stagiaires venus de France et de l'étranger, est très importante. Ce type d'expérience devrait avoir un certain avenir (dans la mesure où les animateurs réussiront à garder à l'expérience son caractère « révolutionnaire » et sauront la protéger contre toute récupération par l'idéologie petite-bourgeoise).

L'accueil des « stagiaires d'été » n'est pas sans créer quelque problème. On distingue les « visiteurs » de ceux qui viennent pour s'intégrer à un style de vie ; ces derniers passent inaperçus et se font accepter par les gens du pays ; les premiers viennent pour « changer la mentalité des autres », oubliant dans leur zèle qu'on ne peut enseigner aux autres qu'en commençant d'abord à apprendre d'eux.

Ce que Rose-Marie et Yves Guérin ont réussi au Grand-Fougeray et dans les villages voisins, d'autres tentent de le réaliser dans les Pyrénées ou ailleurs. L'intérêt de telles tentatives est de montrer qu'il n'est pas nécessaire d'être spécialiste pour mettre en place, avec les paysans, des lieux de vie où les « fous » mais aussi le dit « normal » trouvent leur place. Il ne suffit toutefois pas d'avoir une ferme pour offrir à l'enfant mutique un lieu désaliénant. Si l'enfant est accueilli en tant que marchandise, au même titre que le cheptel, il deviendra, avec son handicap, le garant de la pérennité de l'exploitation (qu'elle s'appelle institution, lieu d'antipsychiatrie, ferme ou communauté). La seule chose qui puisse protéger l'enfant contre la réification de son symptôme (et contre le danger de se voir livré au sadisme inconscient des adultes), c'est que le discours (des adultes) dans lequel il se trouve pris soit un discours qui demeure ouvert à la critique et remanié par la contestation. Certains paysans, à l'instar des paysans canadiens, commencent à découvrir que l'accueil de « malades mentaux » constitue une source de revenus plus sûre et moins coûteuse que l'élevage d'animaux. Le jour où « l'industrie de l'enfance » fera concurrence à « l'industrie agricole », il n'y aura plus de lieu de vie possible pour l'enfant marginal. Tout ce qui démarre (comme tentatives d'accueil « d'inadaptés ») risque de se trouver un jour ou l'autre condamné, si le rapport à l'argent de ceux qui ont effectivement le pouvoir vient dicter là aussi sa loi. S'il est vrai que « la psychiatrie devrait être faite par tous », il est non moins vrai que les limites auxquelles nous nous heurtons sont bel et bien politiques : *une certaine conception du monde rend pathogène le rapport des êtres entre eux.*

dimension économique que nous avions négligée a surgi, et des contraintes sont apparues qui, pour camouflées qu'elles fussent, n'en étaient pas moins réelles. Si les dons ont permis de soulager notre mauvaise conscience, ils ne sauraient pour autant servir d'alibis à un système liant l'enfant, et son handicap, au capital. Que la situation soit pire dans le secteur public ne saurait nous dispenser de souligner l'ambiguïté de notre position.

La recherche psychiatrique et psychanalytique n'a rien à attendre des institutions. Celles-ci assurent la reproduction d'un type de folie et d'arriération conforme aux manuels de psychiatrie, aux présentations de malades et aux théories psychanalytiques[1]. C'est seulement d'un lieu en rupture avec une pratique sclérosée que la théorie est susceptible d'être réinterrogée et, pourquoi pas, renouvelée.

Mais, dès qu'un lieu (si réduit et informel qu'il soit) s'offre comme lieu idéal, il s'institutionnalise et court dès lors le risque de répondre à la demande (familiale) de « placement à vie » — piège double qu'il s'agit d'éviter. Le droit au risque (à travers l'échec et la « régression ») est un « bien » que l'enfant est en droit de revendiquer. Il nous importe de demeurer les supports d'une quête, fût-elle la

1. Nous n'avons pas réussi totalement dans ce livre à échapper à l'empire de ce qu'on pourrait appeler le « sur-moi de l'institution psychanalytique ». Nous avons été plus libres dans notre pratique que dans la façon d'en rendre compte. Cette liberté s'est trouvée, bien entendu, limitée par les repères théoriques qui étaient les nôtres : ces repères nous ont « tenus ». Il existe en France un autre mouvement qui (à l'instar de ce qui se fait aux USA) fonde sa pratique sur le rejet de toute théorie. Or, si la classe des théoriciens peut, en tant que classe, disparaître, la théorie articulée à la pratique conserve sa raison d'être. Le rejet de toute théorie peut conduire à une intransigeance et à un terrorisme dignes de l'inquisition.

L'absence de repères théoriques ne se double, au demeurant, pas — bien au contraire — de l'absence d'un savoir de l'inconscient. Winnicott attachait de l'importance à la compréhension intuitive des mères (particulièrement les femmes du peuple) capables de s'occuper des enfants sans avoir appris à le faire. La richesse essentielle de cette compréhension intuitive vient, nous dit-il, de ce qu'elle n'a pas été gâtée par le savoir. Winnicott souhaitait utiliser les mères comme spécialistes là où, d'après lui, le médecin ne devrait occuper qu'un poste d'assistant.

plus folle et la plus désordonnée qui soit ; ce n'est qu'à ce prix que l'enfant pourra découvrir la voie qui est la sienne. Il la découvrira d'autant mieux que nous n'aurons pas prématurément orienté sa vie à l'écart des combats du monde. Cela suppose que nous demeurions nous-mêmes remaniés par les effets d'une lutte qui nous arrache à l'idéologie d'ordre, de sacrifice et de vertu (c'est-à-dire de *tricherie*) sur laquelle repose toute institution familiale, scolaire et hospitalière.

Une éducation est réussie le jour où l'adolescent peut dire à ses parents et à ses maîtres (sans risque de se faire hospitaliser) : vous vous êtes trompés, votre univers, nous, on n'en veut pas.

Note sur l'économique

Le voile de l'économique une fois levé à Bonneuil [1], c'est le problème du *manque à gagner* [2] qui a fait surface dans le discours des adultes.

Le budget *dont on ne pouvait parler* avait ainsi eu pour fonction de masquer le masochisme présent dans toute entreprise charitable, masochisme qui sous sa forme *déniée* se profile, comme on le sait, dans la mise en acte (fantasmatique) d'une appréhension sadique de l'Autre.

— « On ne peut être parent à vie. »

1. Ce qui n'a pu se faire qu'à travers une crise (salutaire). Celle-ci eut pour effet la convocation d'une assemblée générale, le 30 janvier 1973, et la mise en place d'un nouveau conseil d'administration composé de représentants des stagiaires (Fl. Stevenin et J.-J. Bouquier), de psychiatres (J. Ayme, R. Gentis, Cl. Veil), de psychanalystes (J. Clavreul, Cl. Dumézil, M. Safouan, C. Simatos, Pierre Fedida, Colette Misrahi), de juristes (A. Frenkel) et des membres fondateurs (R. Lefort et Maud Mannoni écartés jusque-là des problèmes de gestion et d'administration). Il a fallu faire face ensuite aux difficultés financières posées par la mise en vente de la maison de Bonneuil et trouver un « fonds de roulement » suffisant pour éviter la fermeture de Bonneuil. Un comité de soutien s'est constitué. Ce 6 avril 1973.

2. Dans le budget prévisionnel 1973-1974, les frais de personnel passent de 66 828 F par an à 126 492 F (4 salaires à plein temps + 7 vacations par semaine d'ex-stagiaires. Lefort et moi-même demeurant non payés). Le déficit annuel prévu est de 70 000 F (somme couverte par le versement des membres bienfaiteurs). Si nous ajoutons à cette somme celle versée par les parents ou par la DASS (209 250 F par an pour 19 enfants), nous obtenons un prix de journée de 50 F (très inférieur aux sommes généralement allouées par la Sécurité sociale, là n'est pas le moindre paradoxe de la situation dans laquelle nous nous débattons). Avril 1973.

On a su, rappelons-le, en tirer à Browndale toutes les conséquences pratiques. On pourrait à cette constatation en ajouter une autre : « *Tout lieu d'accueil de la folie* (*mais aussi de* « *normaux* ») *risque au bout de trois à quatre ans de s'institutionnaliser, de se fonctionnariser. La vie d'autrui, une fois* « *administrée* », *se fige. Dans la routine qui s'installe, le* « *symptôme* » *trouve de façon définitive sa place, sa raison d'être et sa fonction.*

A cette « institutionnalisation », les adultes participent, dès l'instant où le lieu investi par eux est situé comme « leur chose » (avec ce que cela implique comme satisfaction de certains besoins légitimes – sécurité, mise en place de méthodes ou « techniques »).

Ce qui à ce moment-là s'évanouit, ce sont les désirs fous et leur part de rêve (tout ce qui avait motivé l'entrée dans un lieu en marge, situé comme lieu interdit).

Le bénévolat, limité dans le temps – trois à quatre ans – (dans un système où l'étudiant serait payé pour faire ses études) est, dans ses effets, moins dangereux qu'une fonctionnarisation de « spécialistes en enfance handicapée ». Dès que le handicap de l'enfant devient le garant de la pérennité de l'Institution – qui elle-même doit pourvoir à l'entretien de l'adulte vivant « de » la maladie – on tombe dans le domaine de la « prise en charge à vie » des déviants et de leurs tuteurs.

La rigidité des services administratifs de l'État, l'effet ségrégatif de leurs méthodes ont rendu impossible la participation de l'école de Bonneuil à la vie de la commune, l'exposant du même coup aux inconvénients de toute micro-société. Pour échapper à la sclérose, nous avons développé la notion d'*institution éclatée,* lieu de passage aussi bien pour les enfants que pour les adultes. Des voies sont là ouvertes, qu'enfants et adultes sont libres d'emprunter ou non. Désirer et ne pas vouloir désirer, c'est, comme l'a fait remarquer Lacan, une seule et même chose. La rencontre (de l'enfant et de l'adulte) avec un aspect de l'expérience analytique (le transfert) a amené ceux qui se sont laissé « prendre » au jeu de la vérité et de la tromperie à se constituer ensuite différemment comme sujet. Ils ont pu comme sujet se situer autrement par rapport à ce qui de leur propre désir ou non-désir s'était noué à un moment au niveau du désir de l'Autre.

Lieu en rupture, c'est ainsi que Bonneuil s'est défini. Cette volonté de garder à l'expérience son indépendance et son orientation propres nous ont exposés à des difficultés financières dont nous ne sommes pas encore sortis.

Indirectement, Bonneuil pose le problème de la recherche libre, à laquelle le monopole administratif, tel qu'il existe, ne fait pas assez de place.

Si, pour toute innovation, il faut obtenir d'abord l'autorisation de tel ou tel fonctionnaire, on se trouve condamné à la routine et à la stérilité.

Que soient ici remerciés ceux qui, avec générosité et sans y mettre de condition, ont répondu dans un moment critique à notre appel à l'aide. Sans leur appui moral et matériel Bonneuil (et son « réseau » en Bretagne et en Dordogne) n'existerait plus.

Le 6 avril 1973.

Sources

I

AICHHORN (August), *Wayward Youth,* préface par S. Freud, Viking press, 1966, 2e éd.

ALTHUSSER (Louis), *La Philosophie comme arme de la révolution*, in *La Pensée*, n° 138, avril 1968.

– * *L'Objet du capital* (*Lire le Capital*, coll. « théorie », éd. Maspero).

– * *Note sur les appareils idéologiques d'État*, in *La Pensée*, juin 1970.

– *Pour Marx*, coll. « Théorie », Maspero.

ANZIEU (Didier), *Étude psychanalytique des groupes réels,* in *Les Temps modernes*, juillet 1966.

ARIES (Philippe), *L'Enfant et la Vie familiale*, éd. Plon, 1960.

ARTAUD (Antonin), *Œuvres complètes*, éd. Gallimard.

AULAGNIER (Piera), *Aspect théorique des perversions*, cahiers Laennec, 1965.

– *Le Désir de savoir*, in *Inconscient*, n° 1.

BARNES (Mary) et BERKE (John), *Un voyage à travers la folie*, éd. du Seuil, 1973.

BASAGLIA (F.), *L'Institution en négation*, éd. du Seuil, 1970.

BAUDELOT (Christian), ESTABLET (Roger), *L'École capitaliste en France*, éd. Maspero, 1971.

* BAUDOT (rapport), *Résumé et Critique des statistiques recueillies*, annexe F. du rapport Bloch-Laîné.

BAUMEYER (Franz), KATAN (Mauritz), KITAY (Phillip M.), NIEDERLAND (William G.), *El caso Schreber*, sélection de Oscar Masotta et Jorge Jinkis, éd. Nueva Vision, Buenos Aires.

BERKE (Joseph), *Counter Culture*, in *Fire*, nos 3-9.

* Les ouvrages précédés d'un astérisque constituent la première partie de la bibliographie du chapitre 10 (Simone Benhaïm).

BERMAN (Gregorio), *La salud mental en China*, Jorge Alvarez, Buenos Aires, 1970.
BERNE (Eric), *Games People Play*, Penguin, 1964.
BION (W. R.), *Recherches sur les petits groupes*, PUF, 1965.
BLEGER (José), *Psychoanalysis of the social frame*, in *International journal of psychoanalysis*, vol. 48, n° 4, 1967.
* BLOCH-LAÎNÉ (rapport), *Étude sur le problème général de l'inadaptation des personnes handicapées*, in *Documentation française*, Paris, 1969.
BOLTANSKI (Luc), *Prime éducation et morale de classe*, éd. Mouton, 1969.
BOUCHUT (E.), *Hygiène de la première enfance*, éd. J.-B. Baillière et fils, Paris, 1862.
BOURDIEU (Pierre) et PASSERON (Jean-Claude), *Les Héritiers*, éd. de Minuit, 1966.
– * *La Reproduction*, éd. de Minuit, 1970.
– * *Le Métier de sociologue*, éd. Mouton, Bordas, 1968.
BROWN (Norman O.), *Eros & Thanatos*, éd. Denoël, 2e éd., 1971.
* CARDO DE OLIVEIRA (Velloso), *Les Pouvoirs normatifs de la Sécurité sociale*, rapport XVI présenté à la XVIIe assemblée générale de l'AISS Cologne, sept. 1970.
Collectif, *Lettres à une maîtresse d'école*, éd. Mercure de France, 1968.
* CASTEL (Robert), *L'Institution psychiatrique en question*, in *Revue française de sociologie*, XII, 1971.
– *L'Inconscient social de la psychanalyse*, in *Topique I*, 1969.
* C.E.R.S., *Sécurité sociale et Conflits de classe*, éd. Ouvrières, 1962.
CHAIGNEAU (Hélène), *Prise en charge institutionnelle des sujets réputés schizophrènes* in *Confrontations psychiatriques*, n° 2, déc. 1968.
CHATEAU (Jean), *Les Grands Pédagogues*, PUF, Paris, 1965.
CLARKE (Robin), *La Course à la mort*, éd. du Seuil, 1972.
COOPER (David), *Psychiatrie et Anti-Psychiatrie*, éd. du Seuil, 1971.
– *Mort de la famille*, éd. Seuil, 1972.
COPFERMAN (E.), *Problèmes de la jeunesse*, éd. Maspero, 1967.
– *Pour saluer Deligny*, in *Partisans*, n° 50.
* COUDURIER, *Les Prix de journée*, éd. Berger Levrault, 1971.

DAREMBERG (Ch.), *Histoire des sciences médicales*, Paris, 1870.

DELEUZE (Gilles), GUATTARI (Félix), *L'Anti-Œdipe*, éd. de Minuit, 1972.

DELIGNY (Fernand), *Vagabonds efficaces*, éd. Maspero.

DEVEREUX (Georges), *Essai d'ethnopsychiatrie générale*, éd. Gallimard, 1956.

– *Ethnopsychanalyse complémentariste*, éd. Flammarion, 1972.

DIAMOND (Stanley), *La Contrainte de la loi et l'Ordre de la coutume*, in *Les Temps modernes*, avril 1972.

DOLTO (Françoise), *Préface au premier rendez-vous avec le psychanalyste*, éd. Denoël/Gonthier, 1965.

– *Le Cas Dominique*, éd. du Seuil, 1971.

DONZELOT (Jacques), *Le Troisième Age de la répression*, in *Topique*, n° 6.

DROIT (Roger-Pol), GALLIEN (Antoine), *La Chasse au bonheur, les Communautés en France*, éd. Calmann Lévy, 1972.

ECO (Umberto), *La Structure absente*, éd. Mercure de France, 1972.

ENGELS (F.), *L'Origine de la famille, de la propriété privée et de l'État*, 1884.

* *Études et Recherches sur l'enfance, les hôpitaux de jour et externats psychothérapiques pour enfants*, éd. Privat, 1969.

* *Études et Recherches sur l'enfance, l'équipe de psychiatrie infantile et son psychiatre*, éd. Privat, 1967.

* *Études et Recherches sur l'enfance, la psychiatrie infantile*, éd. Privat, 1971.

L'École émancipée, la répression dans l'enseignement, éd. Maspero, 1972.

* *Esprit*, numéro spécial, *Illich en débat*, n° 6, 1971.

EUVRARD (* rapport), *Les Problèmes financiers*, annexe du rapport Bloch-Laîné.

FACHINELLI (Elvio) et coll., *L'École de l'Impossible*, éd. Mercure de France, 1972.

FEDIDA (Pierre), *L'Anatomie dans la psychanalyse*, in *Nouvelle revue de psychanalyse*, n° 3.

– *Le Discours à double entente*, Interprétation, délire et vérité, Bulletin de l'AFP, n° 5.

– *Le Signe et son Geste*, in *Expression et signe, études psychopathol.*, mars 1972, vol. 2, n° 1.

FOUCAULT (Michel), *Histoire de la folie*, éd. Gallimard, 1972.
– *Maladie mentale et Psychologie*, PUF, 1964.
– *L'Ordre du discours*, éd. Gallimard, 1970.
– *Naissance de la clinique*, PUF, 1964.
* FNOSS, *Le Médecin et la Sécurité sociale*, memento du praticien, 1966.
FREINET (Élise), *Naissance d'une pédagogie populaire*, éd. Maspero, 1968.
FREUD (S.), *Le Président Schreber*, in *Cinq Psychanalyses*, PUF.
– *L'Avenir d'une illusion*, PUF.
– *La Naissance de la psychanalyse*, PUF.
– *La Science des rêves*, Club Français du Livre.
– *Malaise dans la civilisation*, PUF.
– *La Vie sexuelle*, PUF.
GENTIS (R.), *Les Murs de l'asile*, éd. Maspero, 1970.
GOLDMANN (Lucien), *La Création culturelle dans la société moderne*, éd. Denoël/Gonthier, 1971.
– *Structures mentales et Création culturelle*, Anthropos, 1971.
GROTOWSKI (Jerzy), *Vers un théâtre pauvre*, éd. La Cité, Lausanne, 1971.
* HICKS, *Valeur et Capital*, éd. Dunod, Paris.
HOCHMANN (Jacques), *Pour une psychiatrie communautaire*, éd. du Seuil, 1971.
HUNTER (Richard) et MACALPINE (Ida), *Three hundred Years of Psychiatry 1535-1860*, Oxford University Press, New York.
ILLICH (Ivan), *Une société sans école*, éd. du Seuil, 1971.
– *Libérer l'avenir*, éd. du Seuil, 1971.
– *Déscolariser l'école*, in *Les Temps modernes*, juin 1970.
– *L'Urgence d'une révolution culturelle*, Idoc Ial, n° 40, éd. du Seuil.
IONESCO, *La Leçon*, théâtre I, éd. Gallimard, 1971.
* *Inspection générale des affaires sociales*, rapport annuel, Paris, 1971.
* *L'Idiot international*, livre journal contre la Psychiatrie.
JACKSON (George), *Les Frères de Soledad*, éd. Gallimard, 1971.
JACOBS (Janes), *Death and Life of Great American Cities,* Random, 1961.
JERVIS (Giovanni), *Notes sur la psychiatrie en Chine*, in *Tel Quel*, n° 50.

JONES (E.), *Freud Life and Work*, Londres 1953-1957, Hogarth Press.
KAFKA (Franz), *Lettre au père*, t. VII, in *Œuvres complètes*, Livre précieux.
KOYRE (Alexandre), *Études d'histoire de la pensée philosophique*, éd. Gallimard, 1971.
LACAN (Jacques), *Les Complexes familiaux dans la formation de l'individu*, t. VII de l'*Encyclopédie française sur la vie mentale*, 1938.
– *La Relation d'objet, les structures freudiennes*, séminaire 1956-1957 (inédit).
– *Séminaire sur Schreber*, 1955-1956 (inédit).
– *Séminaire sur l'identification*, 1961-1962 (inédit).
– *Les Quatre Concepts fondamentaux de la psychanalyse*, éd. du Seuil, 1973.
– *Le Symbolique, l'Imaginaire et le Réel*, juillet 1953 (inédit).
– *Le Mythe individuel du névrosé*, Centre doc. univ., 1953.
– *Kant avec Sade*, in *Critique*, 1963.
– *Écrits*, éd. du Seuil, 1965.
LAING (R. D.), *Le Moi divisé*, éd. Stock, 1970.
– *Soi et les Autres*, éd. Gallimard, 1971.
LAING (R. D.) et ESTERSON (A.), *L'Équilibre mental, la Folie et la Famille*, éd. Maspero, 1970.
* LANG (J. L.), *Rééducation en externat*, ESF, 1971.
LÉNINE, éd. du Progrès, Moscou, 1968, 3 vol.
LÉVI-STRAUSS (Cl.), *Le Cru et le Cuit*, éd. Plon, 1964.
– *Du miel aux cendres*, éd. Plon, 1966.
LINTON (R.), in Kardiner ABRAHAM, *The Individual and his Society*, New York, 1939.
* LIPSEY, *Positives Economics*, PUF International.
LOISEL (Ernest), *Bases psychologiques de l'éducation physique*, éd. Armand Colin, 1934.
LOURAU (R.), *Analyse institutionnelle et Pédagogie*, Epi, 1971.
LUKACS (Georg), *Histoire et Conscience de classe*, éd. de Minuit.
MACCIOCHI (M. A.), *Réponse à la « Nouvelle Critique »*, in *Tel Quel* nos 48-49.
– *De la Chine*, éd. du Seuil, 1971.
– *Lettere dell'interno del PCI à Louis Althusser*, Feltrinelli, 1969.
* MAGET (J.), *Gestion et Administration de l'hôpital privé*, éd. Berger-Levrault, 1969.

MALSON (Lucien), *Les Enfants sauvages, mythe et réalité*, suivi de *Victor de l'Aveyron*, par Jean Itard, 10/18.
MANNONI (Maud), *L'Enfant arriéré et sa Mère*, éd. du Seuil, 1964.
– *Le Premier Rendez-vous avec le psychanalyste*, éd. Denoël/Gonthier, 1965.
– *L'Enfant, sa « Maladie » et les Autres,* éd. du Seuil, 1967.
– *Le Psychiatre, son « Fou » et la Psychanalyse*, éd. du Seuil, 1970.
– *L'Administration de la folie en question*, in *Partisans*, n°s 62-63, éd. Maspero.
MANNONI (O.), *Psychanalyse et Enseignement,* in *Revue de psychologie et sciences de l'éducation,* vol. 5, n° 2, Louvain, 1970.
– *Freud,* coll. « Écrivains de toujours », éd. du Seuil, 1968.
– *Clefs pour l'Imaginaire,* éd. du Seuil, 1969.
* MARX (Karl), *Résolutions du premier congrès de l'AIT,* 1866, t. I, éd. Pléiade.
– *Le Capital,* t. I, éd. Pléiade.
– *Économie,* t. I et II, éd. Pléiade.
* MAUCO (Georges), *Les Vingt-Cinq Ans du centre Claude-Bernard, 1945-1970.*
- *La Paternité,* édit. Univ., 1971.
– *Psychanalyse et éducation,* Aubier Montaigne.
MICHAUD (Ginette), *Analyse institutionnelle et Pédagogie,* in *Recherches,* sept. 1969.
* MICHEL (Clément), *L'Assurance maladie et le Corps médical,* Centre d'études supérieures de Sécurité sociale, VIIe promotion, octobre 1968.
MICHELET (Jules), *L'Étudiant,* éd. du Seuil, 1971.
MILLER (Jacques-Alain) et REGNAULT (F.), *La Vie quotidienne dans l'empire du fer,* in Les *Temps modernes,* avril 1971.
* MISES (R.), *L'Organisation de la neuro-psychiatrie infantile,* in *Livre blanc de la psychiatrie française,* t. I.
MITZMAN (Arthur), *The Iron Cage, an Historical Interpretation of Max Weber,* Knopf, New York, 1970.
NEILL (A. S.), *Summerhill,* éd. Maspero, 1970.
NIEDERLAND (William), *The Miracled-up World of Schreber's Childhood,* in *Psychoanalytic study of a child,* n° 14.
– *Schreber and Flechsig,* in *Journal of the american psychoanalytic association,* 16, 4, 1968.

– *Schreber's Father*, in *Journal of the american association*, 8, 3, 1960.
* *Notes et études documentaires. La réforme de la Sécurité sociale*, in *La Documentation française*, Paris, 1968.
OURY (F.) et VASQUEZ (A.), *Vers une pédagogie institutionnelle*, éd. Maspero, 1967.
– *De la classe coopérative à la pédagogie institutionnelle*, éd. Maspero, 1971.
PLATON, *La République*, éd. Les Belles Lettres, Paris.
* POLACK (J. C.), *La Médecine du capital*, éd. Maspero, 1971.
* *Régime légal des associations à but non lucratif*, Étude du Centre national de documentation sociale.
* RAMOFF (rapport), *Les Problèmes administratifs*, annexe D du rapport Bloch-Laîné précité.
* *Revue française des affaires sociales*, numéro spécial 25e anniversaire de la Sécurité sociale, avril-juin 1971.
REICH (W.), *La Psychologie de masse du fascisme*, éd. Payot, 1972.
ROSSANDA (Rossana), *Il Manifesto*, éd. du Seuil, 1971.
ROSZAK (Theodore), *Vers une contre-culture*, éd. Stock.
ROTHSCHILD (H. de), *Allaitement mixte et artificiel*, éd. Masson, 1898.
ROUSSEAU (Jean-Jacques), *Émile ou De l'éducation*, éd. Garnier.
SAFOUAN (Mustapha), *Le Phallus dans le rapport mère enfant*, 1964 (inédit).
– *Psychanalyse et pédagogie*, in *Recherches*, sept. 1967.
– *De la structure en psychanalyse*, in *Qu'est-ce que le structuralisme*, éd. du Seuil, 1968.
SARTRE (J.-P.), *L'Être et le Néant*, éd. Gallimard, 1943.
SCHATZMAN (Morton), *Paranoia and Persecution, the case of Schreber*, in *Fire*, nos 3-9.
SCHMID (J.-R.), *Le Maître camarade et la Pédagogie libertaire*, éd. Maspero, 1971.
SCHREBER (D. G. M.), *Das buch der Gesundheit*, Leipzig, Friess, 1839.
– *Kallpädie oder Erziehung zur Schönheit*, Leipzig, Fleischer, 1858.
SCHREBER (Daniel Paul), *Memoirs of my nervous illness*, Londres, Dawson & son, 1955.
SERVAIS (J.), *Hygiène de l'enfance ou guide des mères de famille*, Bruxelles, L. Murquart, 1850.

* Sonrier, *Comptabilité hospitalière,* éd. Berger-Levrault, 1971.
– *Gestion et Finances hospitalières,* éd. Berger-Levrault, 1971.
Sylvester (E.), Int Panel : *Psychological consequences of physical illness in childhood,* 1959, J. am. Psa. Assn VII.
Szasz (Thomas), *Ideology and Insanity,* Anchor books, 1970.
– *The Psychiatrist : a Policeman in the School,* in *This Book is about Schools,* éd. Satu Repo, Pantheon, New York, 1970.
* *Tableau comparatif des prix de journée 1967-1968-1969, Établissements pour inadaptés mentaux et infirmes physiques enfants et adultes,* URIOPSS, Ile-de-France.
* Veil (Claude), *Handicap et Société,* éd. Flammarion, Paris, 1968.
– *Rapports avec l'administration et la Sécurité sociale,* in *Livre blanc de la psychiatrie française,* t. I.
Vinar (Marcelo N.) et coll., *Incidencia de la realidad social en el trabajo analitico,* Relato official al IX Congresso latino americano, Caracas, juillet 1972.
Weber (Max), *L'Ethique protestante et l'Esprit du capitalisme,* éd. Plon, 1964.
– *Le Savant et le Politique,* éd. Plcn, 1959.
Wilden (Anthony), *Epistemology and the Biosocial Crisis,* 1971 (inédit).
– *System and structure,* Tavistock, 1972.
Winnicott (D. W.), *Objets et Phénomènes transitionnels,* in *La Psychanalyse* n° 5.
– *De la pédiatrie à la psychanalyse,* éd. Payot.
– *L'Enfant et sa Famille,* éd. Payot.

II

PRINCIPAUX DOCUMENTS ADMINISTRATIFS, TEXTES LÉGISLATIFS ET RÉGLEMENTAIRES [1]

Association santé mentale et lutte contre l'alcoolisme dans le XIIIe arrondissement, Rapport annuel 1971. L'association de 1958 à 1971.

1. Les dix-huit derniers titres constituent la deuxième partie de la bibliographie du chapitre 10 (Simone Benhaïm).

Ordonnance du 18 décembre 1944 relative aux prix de journée.

Annexe XXIII du décret du 9 mars 1956 relative aux conditions d'autorisation pour les soins aux assurés sociaux des établissements privés pour enfants inadaptés.

Annexe XXIV du décret du 9 mars 1956 relative aux conditions d'autorisation pour les soins aux assurés sociaux des établissements privés pour enfants inadaptés.

Arrêté du 7 juillet 1957 fixant les conditions d'installation et de fonctionnement des établissements recevant des mineurs bénéficiaires du chap. VI du titre III du Code de la famille et de l'aide sociale.

Décret du 11 décembre 1958 relatif aux prix de journée.

Décret n° 63146 du 18 février 1963 complétant le décret n° 56284 du 9 mars 1956 qui a fixé les conditions d'autorisation des établissements privés de cure et de prévention pour les assurés sociaux.

Établissements privés de cure et de prévention, Conditions d'autorisation pour les soins aux assurés sociaux, JORF, n° 1064, 1962.

JORF n° 86, 11 avril 1964, ministère de la Santé publique et de la population. Institution d'un centre technique national pour l'enfance et l'adolescence inadaptées et de centres régionaux.

Arrêt du Conseil d'État, 14 mai 1965, relatif à la soumission des prix de journée à l'ordonnance du 30 juin 1945 relative au blocage des prix.

Circulaire n° 170 du 3 mai 1966 relative aux conditions d'autorisation des établissements privés de cure et de prévention pour les soins aux assurés sociaux (maladies mentales).

Décret 6742 du 2 janvier 1967 complétant l'annexe XXIV au décret modifié n° 56284 du 9 mars 1956.

Décret n° 701332 du 16 décembre 1970 modifiant l'annexe XXIV du décret du 9 mars 1956.
Aide sociale, JORF n° 1016, Paris 1970.

Bulletin officiel du ministère de la Santé publique et de la Sécurité sociale, fascicule 70, 48 bis, Institut médico-pédagogiques et Instituts médico-professionnels.

Recueil de textes. Numéro hors série du Moniteur des travaux publics, avril 1971, La construction et la création des établissements sanitaires et sociaux.

Circulaire 161 TH du 26 janvier 1972 relative à la fixation des prix de journée 1972 (plafonnement des hausses).

Circulaire n° 443 du 16 mars 1972 relative au programme d'organisation et d'équipement des départements en matière de lutte contre les maladies et déficiences mentales des enfants et des adolescents.

Index

Index analytique

Je remercie Marie-Antoinette Poisson d'avoir bien voulu se charger de la confection de l'index.

Index des noms propres

Index des cas cités

(cas suivis par les auteurs)*

Table

IV. Recherches

V. Gérer, administrer

IMPRIMERIE BCA À SAINT-AMAND (CHER)
DÉPÔT LÉGAL SEPTEMBRE 1994. N° 22879 (1453-94/376)

Collection Points

SÉRIE ESSAIS

1. Histoire du surréalisme, *par Maurice Nadeau*
2. Une théorie scientifique de la culture *par Bronislaw Malinowski*
3. Malraux, Camus, Sartre, Bernanos, *par Emmanuel Mounier*
4. L'Homme unidimensionnel, *par Herbert Marcuse* (épuisé)
5. Écrits I, *par Jacques Lacan*
6. Le Phénomène humain, *par Pierre Teilhard de Chardin*
7. Les Cols blancs, *par C. Wright Mills*
8. Littérature et Sensation. Stendhal, Flaubert *par Jean-Pierre Richard*
9. La Nature dé-naturée, *par Jean Dorst*
10. Mythologies, *par Roland Barthes*
11. Le Nouveau Théâtre américain *par Franck Jotterand* (épuisé)
12. Morphologie du conte, *par Vladimir Propp*
13. L'Action sociale, *par Guy Rocher*
14. L'Organisation sociale, *par Guy Rocher*
15. Le Changement social, *par Guy Rocher*
17. Essais de linguistique générale *par Roman Jakobson* (épuisé)
18. La Philosophie critique de l'histoire *par Raymond Aron*
19. Essais de sociologie, *par Marcel Mauss*
20. La Part maudite, *par Georges Bataille* (épuisé)
21. Écrits II, *par Jacques Lacan*
22. Éros et Civilisation, *par Herbert Marcuse* (épuisé)
23. Histoire du roman français depuis 1918 *par Claude-Edmonde Magny*
24. L'Écriture et l'Expérience des limites, *par Philippe Sollers*
25. La Charte d'Athènes, *par Le Corbusier*
26. Peau noire, Masques blancs, *par Frantz Fanon*
27. Anthropologie, *par Edward Sapir*
28. Le Phénomène bureaucratique, *par Michel Crozier*
29. Vers une civilisation des loisirs ?, *par Joffre Dumazedier*
30. Pour une bibliothèque scientifique *par François Russo* (épuisé)
31. Lecture de Brecht, *par Bernard Dort*
32. Ville et Révolution, *par Anatole Kopp*
33. Mise en scène de Phèdre, *par Jean-Louis Barrault*
34. Les Stars, *par Edgar Morin*
35. Le Degré zéro de l'écriture *suivi de* Nouveaux Essais critiques, *par Roland Barthes*
36. Libérer l'avenir, *par Ivan Illich*

37. Structure et Fonction dans la société primitive
par A. R. Radcliffe-Brown
38. Les Droits de l'écrivain, *par Alexandre Soljenitsyne*
39. Le Retour du tragique, *par Jean-Marie Domenach*
41. La Concurrence capitaliste
par Jean Cartell et Pierre-Yves Cossé (épuisé)
42. Mise en scène d'Othello, *par Constantin Stanislavski*
43. Le Hasard et la Nécessité, *par Jacques Monod*
44. Le Structuralisme en linguistique, *par Oswald Ducrot*
45. Le Structuralisme : Poétique, *par Tzvetan Todorov*
46. Le Structuralisme en anthropologie, *par Dan Sperber*
47. Le Structuralisme en psychanalyse, *par Moustapha Safouan*
48. Le Structuralisme : Philosophie, *par François Wahl*
49. Le Cas Dominique, *par Françoise Dolto*
51. Trois Essais sur le comportement animal et humain
par Konrad Lorenz
52. Le Droit à la ville, *suivi de* Espace et Politique
par Henri Lefebvre
53. Poèmes, *par Léopold Sédar Senghor*
54. Les Élégies de Duino, *suivi de* Les Sonnets à Orphée
par Rainer Maria Rilke (édition bilingue)
55. Pour la sociologie, *par Alain Touraine*
56. Traité du caractère, *par Emmanuel Mounier*
57. L'Enfant, sa « maladie » et les autres, *par Maud Mannoni*
58. Langage et Connaissance, *par Adam Schaff*
59. Une saison au Congo, *par Aimé Césaire*
61. Psychanalyser, *par Serge Leclaire*
63. Mort de la famille, *par David Cooper*
64. A quoi sert la Bourse ?, *par Jean-Claude Leconte* (épuisé)
65. La Convivialité, *par Ivan Illich*
66. L'Idéologie structuraliste, *par Henri Lefebvre*
67. La Vérité des prix, *par Hubert Lévy-Lambert* (épuisé)
68. Pour Gramsci, *par Maria-Antonietta Macciocchi*
69. Psychanalyse et Pédiatrie, *par Françoise Dolto*
70. S/Z, *par Roland Barthes*
71. Poésie et Profondeur, *par Jean-Pierre Richard*
72. Le Sauvage et l'Ordinateur
par Jean-Marie Domenach
73. Introduction à la littérature fantastique
par Tzvetan Todorov
74. Figures I, *par Gérard Genette*
75. Dix Grandes Notions de la sociologie, *par Jean Cazeneuve*
76. Mary Barnes, un voyage à travers la folie
par Mary Barnes et Joseph Berke
77. L'Homme et la Mort, *par Edgar Morin*
78. Poétique du récit, *par Roland Barthes,*
Wayne Booth, Wolfgang Kayser et Philippe Hamon
79. Les Libérateurs de l'amour, *par Alexandrian*

80. Le Macroscope, *par Joël de Rosnay*
81. Délivrance, *par Maurice Clavel et Philippe Sollers*
82. Système de la peinture, *par Marcelin Pleynet*
83. Pour comprendre les média, *par M. McLuhan*
84. L'Invasion pharmaceutique
par Jean-Pierre Dupuy et Serge Karsenty
85. Huit Questions de poétique, *par Roman Jakobson*
86. Lectures du désir, *par Raymond Jean*
87. Le Traître, *par André Gorz*
88. Psychiatrie et Antipsychiatrie, *par David Cooper*
89. La Dimension cachée, *par Edward T. Hall*
90. Les Vivants et la Mort, *par Jean Ziegler*
91. L'Unité de l'homme, *par le Centre Royaumont*
1. Le primate et l'homme
par E. Morin et M. Piattelli-Palmarini
92. L'Unité de l'homme, *par le Centre Royaumont*
2. Le cerveau humain
par E. Morin et M. Piattelli-Palmarini
93. L'Unité de l'homme, *par le Centre Royaumont*
3. Pour une anthropologie fondamentale
par E. Morin et M. Piattelli-Palmarini
94. Pensées, *par Blaise Pascal*
95. L'Exil intérieur, *par Roland Jaccard*
96. Semeiotiké, recherches pour une sémanalyse
par Julia Kristeva
97. Sur Racine, *par Roland Barthes*
98. Structures syntaxiques, *par Noam Chomsky*
99. Le Psychiatre, son « fou » et la psychanalyse
par Maud Mannoni
100. L'Écriture et la Différence, *par Jacques Derrida*
101. Le Pouvoir africain, *par Jean Ziegler*
102. Une logique de la communication
par P. Watzlawick, J. Helmick Beavin, Don D. Jackson
103. Sémantique de la poésie, *par T. Todorov, W. Empson*
J. Cohen, G. Hartman, F. Rigolot
104. De la France, *par Maria-Antonietta Macciocchi*
105. Small is beautiful, *par E. F. Schumacher*
106. Figures II, *par Gérard Genette*
107. L'Œuvre ouverte, *par Umberto Eco*
108. L'Urbanisme, *par Françoise Choay*
109. Le Paradigme perdu, *par Edgar Morin*
110. Dictionnaire encyclopédique des sciences du langage
par Oswald Ducrot et Tzvetan Todorov
111. L'Évangile au risque de la psychanalyse, tome 1
par Françoise Dolto
112. Un enfant dans l'asile, *par Jean Sandretto*
113. Recherche de Proust, *ouvrage collectif*
114. La Question homosexuelle, *par Marc Oraison*

115. De la psychose paranoïaque dans ses rapports avec la personnalité, *par Jacques Lacan*
116. Sade, Fourier, Loyola, *par Roland Barthes*
117. Une société sans école, *par Ivan Illich*
118. Mauvaises Pensées d'un travailleur social *par Jean-Marie Geng*
119. Albert Camus, *par Herbert R. Lottman*
120. Poétique de la prose, *par Tzvetan Todorov*
121. Théorie d'ensemble, *par Tel Quel*
122. Némésis médicale, *par Ivan Illich*
123. La Méthode
1. La nature de la nature, *par Edgar Morin*
124. Le Désir et la Perversion, *ouvrage collectif*
125. Le Langage, cet inconnu, *par Julia Kristeva*
126. On tue un enfant, *par Serge Leclaire*
127. Essais critiques, *par Roland Barthes*
128. Le Je-ne-sais-quoi et le Presque-rien
1. La manière et l'occasion, *par Vladimir Jankélévitch*
129. L'Analyse structurale du récit, Communications 8 *ouvrage collectif*
130. Changements, Paradoxes et Psychothérapie *par P. Watzlawick, J. Weakland et R. Fisch*
131. Onze Études sur la poésie moderne *par Jean-Pierre Richard*
132. L'Enfant arriéré et sa mère, *par Maud Mannoni*
133. La Prairie perdue (Le Roman américain) *par Jacques Cabau*
134. Le Je-ne-sais-quoi et le Presque-rien
2. La méconnaissance, *par Vladimir Jankélévitch*
135. Le Plaisir du texte, *par Roland Barthes*
136. La Nouvelle Communication, *ouvrage collectif*
137. Le Vif du sujet, *par Edgar Morin*
138. Théories du langage, Théories de l'apprentissage *par le Centre Royaumont*
139. Baudelaire, la Femme et Dieu, *par Pierre Emmanuel*
140. Autisme et Psychose de l'enfant, *par Frances Tustin*
141. Le Harem et les Cousins, *par Germaine Tillion*
142. Littérature et Réalité, *ouvrage collectif*
143. La Rumeur d'Orléans, *par Edgar Morin*
144. Partage des femmes, *par Eugénie Lemoine-Luccioni*
145. L'Évangile au risque de la psychanalyse, tome 2 *par Françoise Dolto*
146. Rhétorique générale, *par le Groupe* μ
147. Système de la mode, *par Roland Barthes*
148. Démasquer le réel, *par Serge Leclaire*
149. Le Juif imaginaire, *par Alain Finkielkraut*
150. Travail de Flaubert, *ouvrage collectif*
151. Journal de Californie, *par Edgar Morin*

152. Pouvoirs de l'horreur, *par Julia Kristeva*
153. Introduction à la philosophie de l'histoire de Hegel
par Jean Hyppolite
154. La Foi au risque de la psychanalyse
par Françoise Dolto et Gérard Sévérin
155. Un lieu pour vivre, *par Maud Mannoni*
156. Scandale de la vérité, *suivi de* Nous autres Français
par Georges Bernanos
157. Enquête sur les idées contemporaines
par Jean-Marie Domenach
158. L'Affaire Jésus, *par Henri Guillemin*
159. Paroles d'étranger, *par Élie Wiesel*
160. Le Langage silencieux, *par Edward T. Hall*
161. La Rive gauche, *par Herbert R. Lottman*
162. La Réalité de la réalité, *par Paul Watzlawick*
163. Les Chemins de la vie, *par Joël de Rosnay*
164. Dandies, *par Roger Kempf*
165. Histoire personnelle de la France, *par François George*
166. La Puissance et la Fragilité, *par Jean Hamburger*
167. Le Traité du sablier, *par Ernst Jünger*
168. Pensée de Rousseau, *ouvrage collectif*
169. La Violence du calme, *par Viviane Forrester*
170. Pour sortir du XXe siècle, *par Edgar Morin*
171. La Communication, Hermès I, *par Michel Serres*
172. Sexualités occidentales, Communications 35
ouvrage collectif
173. Lettre aux Anglais, *par Georges Bernanos*
174. La Révolution du langage poétique, *par Julia Kristeva*
175. La Méthode
2. La vie de la vie, *par Edgar Morin*
176. Théories du symbole, *par Tzvetan Todorov*
177. Mémoires d'un névropathe, *par Daniel Paul Schreber*
178. Les Indes, *par Édouard Glissant*
179. Clefs pour l'Imaginaire ou l'Autre Scène
par Octave Mannoni
180. La Sociologie des organisations, *par Philippe Bernoux*
181. Théorie des genres, *ouvrage collectif*
182. Le Je-ne-sais-quoi et le Presque-rien
3. La volonté de vouloir, *par Vladimir Jankélévitch*
183. Le Traité du rebelle, *par Ernst Jünger*
184. Un homme en trop, *par Claude Lefort*
185. Théâtres, *par Bernard Dort*
186. Le Langage du changement, *par Paul Watzlawick*
187. Lettre ouverte à Freud, *par Lou Andreas-Salomé*
188. La Notion de littérature, *par Tzvetan Todorov*
189. Choix de poèmes, *par Jean-Claude Renard*
190. Le Langage et son double, *par Julien Green*
191. Au-delà de la culture, *par Edward T. Hall*

192. Au jeu du désir, *par Françoise Dolto*
193. Le Cerveau planétaire, *par Joël de Rosnay*
194. Suite anglaise, *par Julien Green*
195. Michelet, *par Roland Barthes*
196. Hugo, *par Henri Guillemin*
197. Zola, *par Marc Bernard*
198. Apollinaire, *par Pascal Pia*
199. Paris, *par Julien Green*
200. Voltaire, *par René Pomeau*
201. Montesquieu, *par Jean Starobinski*
202. Anthologie de la peur, *par Éric Jourdan*
203. Le Paradoxe de la morale, *par Vladimir Jankélévitch*
204. Saint-Exupéry, *par Luc Estang*
205. Leçon, *par Roland Barthes*
206. François Mauriac
1. Le sondeur d'abîmes (1885-1933), *par Jean Lacouture*
207. François Mauriac
2. Un citoyen du siècle (1933-1970), *par Jean Lacouture*
208. Proust et le Monde sensible, *par Jean-Pierre Richard*
209. Nus, Féroces et Anthropophages, *par Hans Staden*
210. Œuvre poétique, *par Léopold Sédar Senghor*
211. Les Sociologies contemporaines, *par Pierre Ansart*
212. Le Nouveau Roman, *par Jean Ricardou*
213. Le Monde d'Ulysse, *par Moses I. Finley*
214. Les Enfants d'Athéna, *par Nicole Loraux*
215. La Grèce ancienne, tome 1
par Jean-Pierre Vernant et Pierre Vidal-Naquet
216. Rhétorique de la poésie, *par le Groupe* μ
217. Le Séminaire. Livre XI, *par Jacques Lacan*
218. Don Juan ou Pavlov
par Claude Bonnange et Chantal Thomas
219. L'Aventure sémiologique, *par Roland Barthes*
220. Séminaire de psychanalyse d'enfants, tome 1
par Françoise Dolto
221. Séminaire de psychanalyse d'enfants, tome 2
par Françoise Dolto
222. Séminaire de psychanalyse d'enfants
tome 3, Inconscient et destins, *par Françoise Dolto*
223. État modeste, État moderne, *par Michel Crozier*
224. Vide et Plein, *par François Cheng*
225. Le Père : acte de naissance, *par Bernard This*
226. La Conquête de l'Amérique, *par Tzvetan Todorov*
227. Temps et Récit, tome 1, *par Paul Ricœur*
228. Temps et Récit, tome 2, *par Paul Ricœur*
229. Temps et Récit, tome 3, *par Paul Ricœur*
230. Essais sur l'individualisme, *par Louis Dumont*
231. Histoire de l'architecture et de l'urbanisme modernes
1. Idéologies et pionniers (1800-1910), *par Michel Ragon*

232. Histoire de l'architecture et de l'urbanisme modernes
2. Naissance de la cité moderne (1900-1940)
par Michel Ragon
233. Histoire de l'architecture et de l'urbanisme modernes
3. De Brasilia au post-modernisme (1940-1991)
par Michel Ragon
234. La Grèce ancienne, tome 2
par Jean-Pierre Vernant et Pierre Vidal-Naquet
235. Quand dire, c'est faire, *par J. L. Austin*
236. La Méthode
3. La Connaissance de la Connaissance, *par Edgar Morin*
237. Pour comprendre *Hamlet*, *par John Dover Wilson*
238. Une place pour le père, *par Aldo Naouri*
239. L'Obvie et l'Obtus, *par Roland Barthes*
240. Mythe et Société en Grèce ancienne
par Jean-Pierre Vernant
241. L'Idéologie, *par Raymond Boudon*
242. L'Art de se persuader, *par Raymond Boudon*
243. La Crise de l'État-providence, *par Pierre Rosanvallon*
244. L'État, *par Georges Burdeau*
245. L'Homme qui prenait sa femme pour un chapeau
par Oliver Sacks
246. Les Grecs ont-ils cru à leurs mythes ?, *par Paul Veyne*
247. La Danse de la vie, *par Edward T. Hall*
248. L'Acteur et le Système
par Michel Crozier et Erhard Friedberg
249. Esthétique et Poétique, *collectif*
250. Nous et les Autres, *par Tzvetan Todorov*
251. L'Image inconsciente du corps, *par Françoise Dolto*
252. Van Gogh ou l'Enterrement dans les blés
par Viviane Forrester
253. George Sand ou le Scandale de la liberté, *par Joseph Barry*
254. Critique de la communication, *par Lucien Sfez*
255. Les Partis politiques, *par Maurice Duverger*
256. La Grèce ancienne, tome 3
par Jean-Pierre Vernant et Pierre Vidal-Naquet
257. Palimpsestes, *par Gérard Genette*
258. Le Bruissement de la langue, *par Roland Barthes*
259. Relations internationales
1. Questions régionales, *par Philippe Moreau Defarges*
260. Relations internationales
2. Questions mondiales, *par Philippe Moreau Defarges*
261. Voici le temps du monde fini, *par Albert Jacquard*
262. Les Anciens Grecs, *par Moses I. Finley*
263. L'Éveil, *par Oliver Sacks*
264. La Vie politique en France, *ouvrage collectif*
265. La Dissémination, *par Jacques Derrida*
266. Un enfant psychotique, *par Anny Cordié*

267. La Culture au pluriel, *par Michel de Certeau*
268. La Logique de l'honneur, *par Philippe d'Iribarne*
269. Bloc-notes, tome 1 (1952-1957), *par François Mauriac*
270. Bloc-notes, tome 2 (1958-1960), *par François Mauriac*
271. Bloc-notes, tome 3 (1961-1964), *par François Mauriac*
272. Bloc-notes, tome 4 (1965-1967), *par François Mauriac*
273. Bloc-notes, tome 5 (1968-1970), *par François Mauriac*
274. Face au racisme
1. Les moyens d'agir
sous la direction de Pierre-André Taguieff
275. Face au racisme
2. Analyses, hypothèses, perspectives
sous la direction de Pierre André Taguieff
276. Sociologie, *par Edgar Morin*
277. Les Sommets de l'État, *par Pierre Birnbaum*
278. Lire aux éclats, *par Marc-Alain Ouaknin*
279. L'Entreprise à l'écoute, *par Michel Crozier*
280. Nouveau Code pénal
présentation et notes de Me Henri Leclerc
281. La Prise de parole, *par Michel de Certeau*
282. Mahomet, *par Maxime Rodinson*
283. Autocritique, *par Edgar Morin*
284. Être chrétien, *par Hans Küng*
285. A quoi rêvent les années 90, *par Pascale Weil*
286. La Laïcité française, *par Jean Boussinesq*
287. L'Invention du social, *par Jacques Donzelot*
288. L'Union européenne, *par Pascal Fontaine*
289. La Société contre nature, *par Serge Moscovici*
290. Les Régimes politiques occidentaux
par Jean-Louis Quermonne
291. Éducation impossible, *par Maud Mannoni*
292. Introduction à la géopolitique, *par Philippe Moreau Defarges*
293. Les Grandes Crises internationales et le Droit
par Gilbert Guillaume
294. Les Langues du paradis, *par Maurice Olender*